智慧警务

——大数据环境下新时代公安信息化建设模式探索

刘绪崇　苏　欣　唐德权　主编

U0361671

清華大學出版社
北　京

内 容 简 介

本书对公安智慧警务的建设模式进行了探索。对智慧警务建设的背景和意义进行了阐述，结合国内外智慧警务发展的现状分析了目前智慧警务建设存在的问题，并提出了智慧警务建设的理念；从总体上对智慧警务进行了设计，并针对智慧警务的每层设计做出了详细的阐述；以某地市智慧警务平台的设计和实现为例，从实战的角度出发讲述了智慧警务如何服务实战，解放警力，提高警务效能。

通过本书的学习，读者将了解和掌握智慧警务的理论、技术及实践，能够更好地以智慧警务模式在公安机关工作。

图书在版编目(CIP)数据

智慧警务——大数据环境下新时代公安信息化建设模式探索/刘绪崇，苏欣，唐德权主编. —北京：清华大学出版社，2018 (2025.2 重印)

ISBN 978-7-302-50641-6

Ⅰ. ①智… Ⅱ. ①刘… ②苏… ③唐… Ⅲ. ①信息技术—应用—公安工作—研究 Ⅳ. ①D035.39-39

中国版本图书馆 CIP 数据核字(2018)第 158348 号

责任编辑：张彦青
装帧设计：李 坤
责任校对：李玉茹
责任印制：沈 露
出版发行：清华大学出版社
网　址：https://www.tup.com.cn, https://www.wqxuetang.com
地　址：北京清华大学学研大厦 A 座　　邮　编：100084
社 总 机：010-83470000　　邮　购：010-62786544
投稿与读者服务：010-62776969, c-service@tup.tsinghua.edu.cn
质量反馈：010-62772015, zhiliang@tup.tsinghua.edu.cn
印 装 者：三河市龙大印装有限公司
经　销：全国新华书店
开　本：170mm×240mm　　**印　张**：14　　**字　数**：240 千字
版　次：2018 年 9 月第 1 版　　**印　次**：2025 年 2 月第10 次印刷
定　价：45.00 元

产品编号：079997-01

序

习近平总书记在中央网络安全和信息化领导小组召开的第一次会议上指出“没有信息化就没有现代化”，新技术背景下的公安工作也应该如此。在新的网络技术、新的数据处理与展示技术高速发展的背景下，智慧警务建设将成为推进公安机关“打、防、管、控”能力现代化的重要举措，是大数据环境下新时代公安信息化模式的探索，代表着公安警务模式的发展方向。

当前，我国正处于经济快速发展和社会急剧转型时期，各种新旧矛盾交织，群体性事件多发，刑事案件也居高不下，作案手段则更隐蔽、更复杂，而且公安基层警力严重不足，长期超负荷运转，这给公安工作带来了很大的挑战。为了破解公安机关长期面临的警力不足、打击与防范效能低下、公安服务不精准等方面的困境，湖南公安机关率先在怀化推行市、县、派出所“三级一体”的警务机制改革，提出“4+X 中心”建设，得到了公安部的充分肯定和认可。与此同时，随着大数据、云计算、物联网、移动互联网等技术的广泛应用，一个以海量信息、数据挖掘、人工智能为特征的智慧时代正在到来，为智慧警务建设奠定了基础。智慧警务是现代警务模式与当代高科学技术的有机结合体，是公安现代警务模式的发展方向，是实现警务信息“强度整合、高度共享、深度应用”之目标的警务发展新理念和新模式。智慧警务是以大数据、云计算、人工智能、物联网、移动互联网等先进的信息技术为支撑，以“打、防、管、控”为目的，以综合研判为核心，打破信息壁垒，共享资源数据，融合业务功能，构建“全维感知、全能运算、全域运用”的公安智慧化的支撑平台，将极大地促进公安业务部门协调运作。

推进智慧警务建设和应用是新时期公安科技信息化发展转变的重要途径。近年来围绕智慧警务建设，在完善云计算基础设施、加强重要基础设施安全防护、优化数据共享、推动警务机制改革、强化全警信息意识等方面不断取得成效，公安科技信息化总体稳步前进。但是也必须认识到各地公安机关在智慧警务建设方面还存在着数据治理难、共享程度不高、系统重复建设等问题，这些问题成为智慧警务快速发展的瓶颈，也是智慧警务建设亟待解决的重要问题。

该专著从理论和实践两个方面出发，系统地对智慧警务平台、层次结构、应用场景进行阐述，主要具有以下四个特点。

1. 理论与实践深度结合

该专著遵循智慧警务的学习和建设规律，按照理论和技术并重的编写思路，首先介绍了智慧警务整体架构、平台层建设、数据层建设、服务层建设以及智慧警务中相关的理论和技术等内容，几乎涵盖了智慧警务所有理论知识。然后从实际出发，重点阐述了智慧警务中的战法模型和具体的应用场景。最后，辅以真实的建设案例，提出了智慧警务的建设思路和实现过程，旨在帮助公安机关民警了解智慧警务建设的完整过程。

2. 技术领先、引领未来

该专著所涉及的内容均为业内领先和成熟技术，业内的智慧警务研究专家将丰富的实战经验和技术呈现在该专著中，将前沿的技术、最先进的建设理念、最实用的技术和方法传递给读者。针对难点问题，如数据治理，作了较为权威的阐述。同时对智慧警务未来发展趋势也作出了前瞻性的展望。

3. 源于实战，指导实战

该专著的内容均基于对地方公安机关科技信息化的深入调研，辅以多年的智慧警务平台及其应用的开发和建设经验，真实呈现了智慧警务建设的技术和方法。将智慧警务所涉及的深奥、复杂的理论、技术以及方法以通俗易懂的语言，简洁明了的结构，深入浅出地阐述出来。同时，该专著中所阐述的战法模型，结合机器学习、知识发现等前沿技术，对公安实战部门办理相应案件有着极高的指导意义。

4. 紧扣机制体制改革，驱动警务业务创新

该专著以湖南公安“三级一体”“4+X 中心”的警务机制体制改革为背景，从公安科技信息化的支撑体系破解公安机关面临的困境，较为合理地设计“4+X 中心”业务功能，以××市公安局的智慧警务平台为例，构建了“全维感知、全能计算、全域运用”的信息化支撑平台，实现了“职能整合、流程再造、资源重整”，

确保做到“中心统领、上下贯通、体系作战”，达到了“向科技要警力，向数据要战斗力”的目标。

该专著作者作为公安智慧警务建设和研究的直接实践者，在这本专著写作的过程中，对若干问题进行了长期深入的研究。通过本专著，可以深切地感受到作者背后的不懈努力和扎实的研究功底，值得推荐。

智慧警务建设是公安机关实现科技信息化、智能化的一项重要工作，是智慧城市未来发展的一个重要环节。在贯彻党的十九大精神开展新时代公安警务建设这个大背景下，深入研究智慧警务及其应用建设和实践是每个警务信息化从业者的使命，这项工作需要不断创新发展。新的发展形势、新的发展环境、新的发展模式，为智慧警务的建设提供了肥沃的思想土壤和广阔的创新空间。希望该专著的作者及其团队以及诸位同仁继往开来，开拓创新，取得更加丰硕的成果。

湖南省公安厅副书记、常务副厅长

2017年12月于长沙

前言

21 世纪以来，信息技术日新月异，信息产业持续发展，信息网络广泛普及，信息化成为全球经济、社会发展的显著特征。随着物联网、大数据、云计算、移动互联网的发展，一个以海量信息和数据挖掘为特征的大数据时代已经到来。在新一轮信息技术快速发展及广泛应用的背景下，人类的生产、生活方式以及社会管理方式正在向着“智慧”的方向发展，城市管理及公安机关的警务管理也正朝着一种新的发展理念及形态发展。“智慧警务”已逐渐成为新一轮警务改革与发展的潮流。

智慧警务以大数据、云计算、人工智能、物联网、移动互联网等先进的信息技术为支撑，以“打、防、管、控”为目的，以综合研判为核心，打破信息壁垒，共享资源数据，融合业务功能，构建“全维感知、全能运算、全域运用”的公安智慧化支撑平台，促进各公安业务部门协调运作，实现警务信息“强度整合、高度共享、深度应用”之目标的警务发展新理念和新模式。它是现代警务模式与当代高科技的有机结合，是公安现代警务模式的发展方向，标志着公安信息化正在走向数字化、网络化、智能化的高度融合。“智慧警务”运用先进信息技术手段，全面感知、综合分析、整合公安业务资源，通过对基层公安民警最迫切的需求做出明确、快速、高效、灵活的智能响应，为公安工作提供了高效的警务管理手段，拓展了便民服务的新空间。

“社会信息资源碎片化、基层数据无处存放、案件侦查线索孤立性、资源整合重重壁垒、重点人员管控分散、日常侦查技术支撑不力”等问题，一直以来是制约基层公安机关警务实战能力的现实瓶颈，特别是随着大数据、人工智能时代的到来，人流、物流、信息流加速流转，对公安机关反恐维稳、治安防控、精准预警、打击犯罪提出了全新的要求，传统警务运作模式和信息化发展现状已无法有效应对日益变化的社会治安形势。智慧警务的提出和发展是解决上述问题的有效途径。然而，随着智慧警务发展和建设的深入，公安机关民警对智慧警务的概念、相关技术、总体架构、具体内容等方面的不熟悉，导致智慧警务在建设和实际应用上存在很大的差距，使得智慧警务应用并未充分释放出为公安机关和民警解放警力、提高警务效能的作用。

本著作的主要内容包含了智慧警务相关技术、总体架构设计、平台层建设、数据层建设、服务层建设、实战模型算法、应用功能及具体项目实践等几个方面，对智慧警务进行了全面的论述。本著作从专业的研究人员角度出发，结合了理论、技术、实践三个方面的知识，从四个部分对智慧警务进行了论述。第一部分首先介绍了智慧警务建设的背景、意义；随后对智慧警务在发展过程中存在的问题以及趋势进行了阐述。同时，对智慧警务所涉及的相关技术进行了描述。第二部分首先对智慧警务的总体架构设计进行了阐述，随后根据智慧警务架构的层次结构分别对平台层、数据层、服务层的建设以及所包含的内容进行了阐述。第三部分以智慧警务的实战应用为主，通过对实战模型、基于“4+X 中心”的智慧警务应用功能的论述来对公安机关主要业务警种在智慧警务平台上的应用进行说明。第四部分以湖南省××市公安局已建成的智慧警务平台为例来阐述智慧警务的实践。

本著作主要面向有志于从事公安信息化建设、智慧警务建设研究的公安民警。读者应该具备数据库、数据挖掘、机器学习、计算机网络等预备知识。

本著作得到湖南省公安厅、湖南警察学院、怀化市公安局、衡阳市公安局的大力支持，得到网络侦查技术湖南省重点实验室资金、网络犯罪侦查湖南省普通高等学校重点实验室资金和湖南省网络监察人才校企合作培养示范基地资金的资助，得到湖南省科技厅重大专项资金和湖南省社会科学基金的资助，得到湖南省公安厅和湖南警察学院纵向项目的资助。特此向支持和关心本著作的所有单位和个人表示感谢。

此外，还要感谢教育本人多年的师长，感谢各位同仁的帮助和支持，特别是姚婷婷、赵薇两位老师，他们深入湖南各地公安实战部门进行了大量的调研工作，为本著作逐字逐句地校稿，为本著作的出版倾注了大量心血。感谢清华大学出版社为本著作出版付出的辛勤劳动。书中有部分内容参考了有关单位和个人的研究成果，均已在参考文献中列出，在此一并表示感谢。

本著作涉及的内容非常广泛、专业，并融入了作者多年的智慧警务建设、研究的经验。由于作者的知识和经验有限，著作中不当甚至错误之处在所难免，恳请广大读者提出宝贵意见。

编　者

目　录

第 1 章　绪论 1

1.1　智慧警务建设的背景和意义 1

1.1.1　智慧警务建设的背景 1

1.1.2　智慧警务建设的意义 5

1.2　智慧警务建设现状分析 7

1.2.1　国内现状分析 7

1.2.2　国外现状分析 8

1.3　智慧警务建设面临的问题 9

1.4　智慧警务建设理念 11

1.5　本章小结 14

第 2 章　智慧警务概述 15

2.1　智慧警务内涵与外延 15

2.1.1　智慧警务内涵 15

2.1.2　智慧警务外延 16

2.2　智慧警务概述 17

2.2.1　智慧警务的概念 17

2.2.2　智慧警务的建设目标 18

2.2.3　智慧警务的特点 19

2.3　智慧警务建设的难点 20

2.4　智慧警务发展趋势 23

2.5 本章小结 25
第3章 智慧警务相关技术 26
3.1 云计算技术 26
3.1.1 基本概念 26
3.1.2 工作原理 27
3.1.3 体系结构 27
3.1.4 关键技术 29
3.2 大数据技术 31
3.2.1 基本概念 31
3.2.2 体系结构 32
3.2.3 关键技术 32
3.3 数据挖掘技术 35
3.3.1 基本概念 36
3.3.2 数据挖掘的方法 36
3.3.3 数据挖掘的过程 38
3.4 人工智能技术 39
3.4.1 基本概念 40
3.4.2 关键技术 40
3.4.3 体系结构 42
3.5 物联网技术 46
3.5.1 基本概念 46
3.5.2 关键技术 47
3.5.3 体系结构 49
3.6 本章小结 50
第4章 智慧警务总体设计 51
4.1 智慧警务建设总体要求 51
4.1.1 智慧警务建设任务 51
4.1.2 智慧警务建设思路 52
4.1.3 智慧警务建设步骤 53
4.1.4 智慧警务建设原则 54

4.1.5 智慧警务预期效果......55
4.2 智慧警务架构......58
4.2.1 智慧警务网络架构......58
4.2.2 智慧警务系统架构......59
4.2.3 支撑保障体系......62
4.3 智慧警务具体内容......62
4.3.1 智慧警务数据......62
4.3.2 智慧警务平台......65
4.3.3 智慧警务服务......66
4.3.4 智慧警务模型与算法......68
4.3.5 智慧警务应用......69
4.4 智慧警务保障体系......74
4.4.1 装备财务保障体系......74
4.4.2 信息技术保障体系......75
4.4.3 高端人才保障体系......75
4.4.4 管理协调保障体系......76
4.5 本章小结......76
第5章 统一身份认证平台......77
5.1 平台总体设计......78
5.1.1 总体设计思路......78
5.1.2 平台总体逻辑结构......78
5.1.3 业务功能架构......79
5.2 技术实现方案......80
5.2.1 认证工作原理......80
5.2.2 身份认证技术......81
5.2.3 集中授权技术......86
5.3 平台功能......88
5.3.1 认证服务......89
5.3.2 授权服务......89
5.3.3 授权认证接口......90

5.3.4 审计服务 90
5.3.5 信息发布服务 91
5.3.6 集成服务 91
5.4 平台部署与接入 92
5.4.1 平台部署 92
5.4.2 系统接入 92
5.5 本章小结 93
第6章 智慧警务数据层 95
6.1 数据层建设 95
6.1.1 数据层建设要求 96
6.1.2 数据层建设构想 97
6.1.3 标准建设 97
6.2 智慧警务数据层框架 102
6.3 智慧警务数据源 103
6.4 数据信息采集 105
6.4.1 数据采集原则和要求 105
6.4.2 数据采集对象 105
6.4.3 围栏化数据采集 106
6.4.4 数据采集方式 108
6.5 智慧警务数据汇聚 109
6.5.1 智慧警务数据汇聚原则 109
6.5.2 智慧警务数据汇聚方式 110
6.6 数据存储与处理 113
6.6.1 实时计算 113
6.6.2 离线计算 118
6.6.3 快速检索 130
6.6.4 分级存储 135
6.7 智慧警务数据库建设 137
6.7.1 基础数据库建设 137
6.7.2 主数据库建设 138

6.7.3 关联数据库建设 139
6.7.4 专题数据库建设 140
6.7.5 主题数据库建设 142
6.8 本章小结 142
第7章 智慧警务服务层 143
7.1 智慧警务服务层的建设目标 143
7.2 智慧警务的服务标准 144
7.2.1 WSDL 144
7.2.2 FTP 145
7.2.3 HTTP 145
7.2.4 JMS 145
7.3 智慧警务的服务接口 146
7.3.1 服务总线 146
7.3.2 接口服务系统 147
7.4 智慧警务的服务管理 149
7.4.1 服务目录 149
7.4.2 服务管理 150
7.4.3 总线节点 150
7.4.4 运行监控 154
7.4.5 日志分析 154
7.5 智慧警务服务层开发 155
7.5.1 开发原则 155
7.5.2 总体设计 156
7.5.3 架构设计 157
7.5.4 用户角色设计 157
7.5.5 业务流程设计 158
7.6 本章小结 159
第8章 基于“4+X中心”的智慧警务应用 161
8.1 治安防控中心 161
8.2 侦查实战中心 163

8.3 指挥情报中心 165
8.4 新闻舆情中心 168
8.5 执法监督中心 171
8.6 智慧政工中心 172
8.7 智慧监管中心 174
8.8 便民服务中心 177
第 9 章 ××市级智慧警务平台设计与实现 180
9.1 总体架构 180
9.2 大数据平台 182
9.2.1 数据中心 183
9.2.2 服务中心 185
9.2.3 应用中心 186
9.3 智慧警务实战应用 186
9.3.1 慧搜 189
9.3.2 风险排查管控 192
9.3.3 专题分析 195
9.3.4 战法市场 201
9.3.5 布控预警 202
9.3.6 决策分析 203
9.3.7 协同办公 204
9.3.8 系统直通车 205
9.4 本章小结 205
第 10 章 总结与展望 206
10.1 总结 206
10.2 展望 207

第 1 章　绪　论

当前，全国公安警务工作正面临前所未有的机遇和挑战，公安科技信息化在公安工作中的战略性、基础性、全局性的地位逐步凸显。在经历了金盾一期、二期建设后，全国公安科技信息化建设取得长足的发展，基本形成了公安基础信息网络和大数据中心，部署完成十套业务警种专业应用系统，部分应用系统实现跨地区、跨部门的信息共享、应用交互和综合应用，为智慧警务建设奠定了坚实基础。由于警务需求的不同，全国各地公安机关对智慧警务的理解不同，有的把智慧警务理解为大数据时代、物联网时代、移动互联网时代的公安警务工作，也有的把智慧警务理解为是“电子警务”“网络警务”“数字警务”“虚拟警务”“微警务”“大数据警务”的发展和提升。

1.1　智慧警务建设的背景和意义

1.1.1　智慧警务建设的背景

1. 智慧城市的建设推动公安智慧警务发展

近年来，由于城市的快速扩张，随之引发的交通拥堵、能耗增加、环境污染、治安混乱等一系列城市问题，不仅降低了城市居民的生活质量，也让城市公共安全面临更为严峻的挑战。为了走出当时全球城市的发展和城市建设(化)发展所面临的困境，1992 年新加坡最早制定“IT2000——智慧岛计划(1992—1999)”，并于 2006 年启动“智慧国家 2015”计划。2008 年 11 月，IBM 首次提出了“智慧地球”的概念，随之又提出了智慧城市的建设理念，该理念通过传感器等感知技术的深度应用，构建智慧型基础设施，使得万物都充满“智慧”。IBM 认为，通过“全面感知、充分整合、激励创新、协同运作”，城市管理可以迈向智慧的新时代，实现高效、智能发展。随后，美国、欧盟、日本、韩国等许多发达国家和地区积极开展智慧城市建设，以“便民、惠民、利民”为出发点，将城市中的水、电、油、气、交通等公共服务资源信息通过互联网有机连接起来，实施智能化响应，为市民学习、生活、工作、医疗、公共安全等提供更便利的服务，从而提高政府城市管理效能。

2010 年，宁波、深圳、南京、上海、北京、广州等国内城市也陆续提出了具体的智慧城市建设目标和行动方案，把智慧城市建设列入了“十二五”规划。2012 年国家发改委正式提出智慧城市的建设理念，并陆续出台了关于智慧产业、智慧城市建设等方面的政策和规划，其内容包括智慧教育、智慧交通、智慧公安、智慧旅游、智慧医疗、平安城市等，如图 1.1 所示。自此，智慧公安警务被列为智慧城市建设的重要内容，某些发达省市公安机关也开始提出构建“智慧警务”的理念，探索将“社会面”管控与“社会流”管控有机结合起来，这也意味着公安警务管理正朝着新的发展理念和形态发展。

图 1.1 智慧城市建设内容

2. 公安信息化的建设为智慧警务奠定基础

“智慧警务”是公安信息化建设达到一定程度的新时期的现代警务模式，通过大数据、云计算、人工智能等前沿信息技术，模拟人的智慧进行公安警务工作，具有高科技、智能、精准、高效、集成和可视化的特点，真正做到“精准打击、精准防控、精准执法、精准服务、精准反恐”。智慧警务提出打破信息壁垒、共享共用业务资源数据、杜绝信息孤岛的理念，提高社会信息的全域感知能力，进而实现实时监控、分析、整合警务运行中的各项关键信息，构建公安智慧化的智能服务支撑平台，促进公安业务系统功能高度集成、协调运作，实现公安警务效能的最优化。

根据公安部的统筹安排与部署，经历了近 30 年的发展和积累，特别是金盾工程(一期、二期)的建设(见图 1.2)，公安科技信息化已经覆盖了主要警务工作领域，基本建成了横向到边、纵向到底的信息化工作体系，形成了“纵向贯通、横向集成、互联互通”的整体公安科技信息化应用格局，总结归纳了一系列信息化工作技战法和工作方法，建立了一整套工程管理制度，取得了科技信息化建设、应用、管理等多方面的成果，并在公安工作中发挥了重大作用。这为新时期的现代智慧警务建设奠定了坚实的基础。

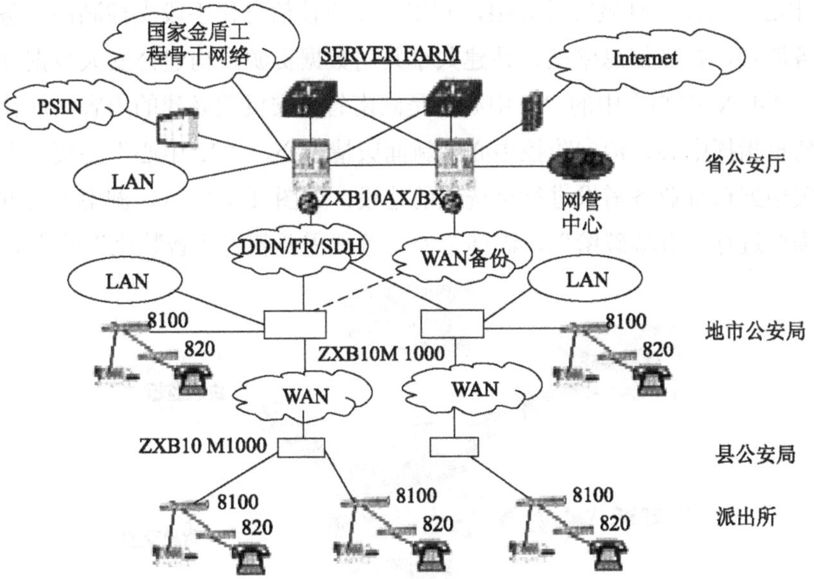

图 1.2 金盾工程网络建设规划

3. 现行公安警务机制体制的瓶颈倒逼公安警务模式创新

一方面，随着我国经济的快速发展，当前社会正处于急剧转型时期，各种新旧矛盾交织、群体性事件多发、刑事案件也居高不下，但是基层警力长期超负荷运转与警力严重不足的矛盾十分突出；另一方面，在公安机关金盾工程的建设中，各业务警种建设了纷繁复杂的业务系统，由于技术过度依赖且受制于公司，形成了越来越多的公安信息资源孤岛，导致各警种业务系统数据不能很好地共享，不能利用大数据服务公安警务工作。公安机关的这种“信息爆炸而又情报缺乏”局面对新时代的公安工作提出了新的挑战。为走出全国公安机关面临的警力不足、打击效能低下、公安服务不精准等方面的困境，倒逼公安机关进行机制体制改革，迫切需要构建现代公安警务模式。

湖南省怀化市公安局率先进行了市、县、派出所“三级一体”的警务机制改革，得到了公安部的充分肯定和认可。时任湖南省委常委、省委政法委书记、公安厅长黄关春同志多次调研并介绍怀化经验。为了加快推进湖南公安警务机制改革，湖南省公安厅党委紧紧围绕“建一流队伍、创一流业绩、树一流形象”目标，推行省、市、县“三级一体”警务机制改革，提出了“两加强两提升”“五标准五工程”“4+X 中心”建设的警务改革，全面推动公安工作转型升级。明确要求在“4+X 中心”建设时打破警种界限，利用公安科技信息化手段支撑湖南警务改革，再造业务流程，打破信息壁垒，共建共享共用数据资源，构建公安大数据分析与应用中心。“4+X 中心”中的“4 中心”是湖南省公安机关必建的内容，即侦查实战中心、情报指挥中心、治安防控中心和新闻舆情中心，“X 中心”则要求全省各地公安机关根据自身业务需求进行可选性的建设，如图 1.3 所示。湖南省公安厅警务改革就需要进行“拆墙破壁”，湖南公安警务就需要朝着“智慧化”的方向发展。

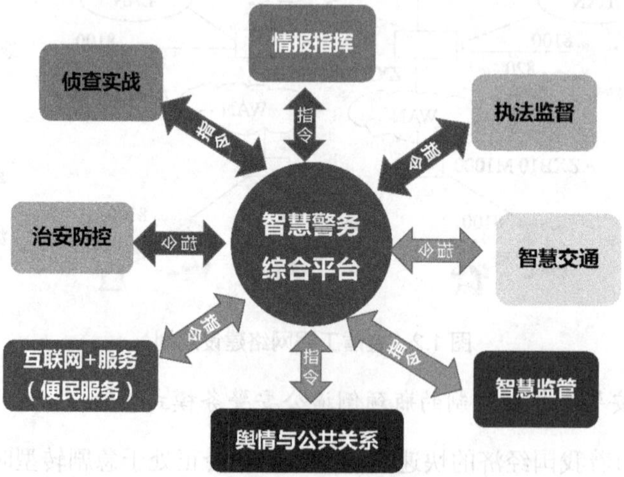

图 1.3　现代智慧警务综合平台指令流转

湖南省公安厅提出的“4+X 中心”警务模式是按照公安部“大部门、大警种制”改革思路的全新的警务模式，是公安部门去机关化、去行政化的体现，可以实现从机关走向实战、从警力分散走向警力集中、从传统警力到向科技要警力、从专业单一警种向一警多能的转变。通过一体化的警务平台建设实现系统的横向互联、纵向贯通、一体运行，实现警务资源整合、警务要素重组、警务流程再造，推动公安工作全领域、全流程转型升级。从信息化的角度支撑“4+X 中心”建设，依托公安大数据的分析与应用技术作支撑，全面打通公安警务信息流、业务流、管理流，实现警务流程再造，将信息流、业务流、管理流转为一体化警务平台的指令下达。今后各业务部门之间、各警种之间所需的协作和交流，只需在统一的警务平台下以指令的方式下达，可大大缩短警务响应时间。

1.1.2 智慧警务建设的意义

随着互联网技术的普及和深度应用，以及大数据、云计算、物联网、人工智能、数据挖掘等先进技术的成熟和广泛应用，公安科技信息化为现代公安警务插上了科技的翅膀，智慧警务应运而生。智慧警务能真正体现“向科技要警力，向数据要战斗力”，实实在在地为民警减压减负，让公安机关的打击、防范、管理与控制效能达到最优。智慧警务是新技术发展与应用条件下公安警务模式的演进，是一种新型的现代警务模式，代表着公安警务模式的发展方向。智慧警务建设对提升公安工作和提高政府管理水平都具有十分重要的意义。

1. 智慧警务是新时期公安信息化条件下的现代警务模式探索，助力公安警务模式转型升级

当前，随着大数据、云计算、物联网、移动互联网、人工智能等前沿信息技术的普及和深度应用，公安科技信息化建设得到了强有力的技术支撑，为智慧警务的建设奠定了基础。信息资源成为公安警务重要的战斗力要素，信息资源的整合、业务功能的融合、流程再造成为智慧警务建设的首要任务。公安信息化不仅推动和支撑着公安警务方式变革，也给整个社会管理创新带来了新的活力和深刻变化。智慧警务充分利用云计算、大数据、人工智能等先进的信息技术，构建公安机关不同警种、不同部门间的协同工作机制，创新警务管理方式，全面打通公安警务信息流、业务流、管理流，再造业务流程，促进传统警务模式转型升级。智慧警务建设必须依托公安科技信息化的高度发展，智慧警务活动中人、事、物之间的互动能力增强，智慧警务工作承载的功能不断增多，智能化程度逐步提高，已成为现代信息技术变革下的时代潮流。

2. 智慧警务是新一轮警务改革与发展的必然趋势，是未来警务形态演进的方向

近年来，公安金盾工程全面竣工，公安信息化得到长足发展，取得了一系列成绩。随着公安科技信息化建设的持续推进，我国公安机关的警务改革已开始迈进智能化发展的快车道，警务活动与人之间的相互感知和联系越来越紧密，智慧警务建设已成为当代警务发展的新趋势。智慧警务具有全域感知、系统融合、数据共享、理念创新等特点，使公安管理和警务理念都发生着重大转变，“决策更科学、管理更高效、指挥更扁平、打击更精准、服务更便捷”的思路日渐突出，这是新一轮警务改革与发展的客观要求，是未来警务形态演进的必然趋势。

3. 智慧警务重新定义了现代警务模式，突破警务机制体制瓶颈，提升公安警务能力和水平

在传统警务模式的基础上，智慧警务以信息化技术作支撑，整合各警种业务系统功能，打通信息系统数据，拓展了现代警务功能，提升了公安机关打、防、管、控的效能，保护人民群众财产安全和维护社会政治稳定的能力进一步增强。一方面，智慧警务的建设和实施将促进公安机关由传统的一元化管理职能向管理与服务功能并重、融合转化，促进“管制型公安”向“服务型公安”转变，实现风险防控从被动响应向主动预警转变、指挥决策从经验驱动向数据驱动转变、安全治理从人力密集向科技集约转变、侦查破案从循迹追踪向精准发力转变。另一方面，智慧警务的建设和应用将改变传统的“金字塔”形公安管理体制，实现警务领导与指挥机制的扁平化，从而减少中间管理层，加快信息流动，达到精简机构、快速反应、即时联动的目的。同时，构建“智慧警务”还有助于提高公安机关警务管理的精细化和科学化水平，提升公安机关的执法水平和服务水平。

4. 智慧警务有助于增强公安机关快速反应和提高公安机关的工作效率、侦察破案水平和能力

依托公安科技信息化的智慧警务建设是一场新的警务革命，对于整合警务资源、改造警务流程、创新警务模式、降低警务成本、实现警务效能的最优化具有推动作用。这场新警务革命的实质是推动公安科技信息化建设和警务工作由数量规模型向质量效能型、由人力密集型向科技密集型转变。它要求把传统的公安战斗力生成模式转变到依靠科学技术特别是以信息技术为核心的高新技术上来。在这一转变过程中，大数据将成为公安战斗力生成的核心要素，“向科技要警力，向数据要战

斗力”将得到实现。拥有对海量数据获取、控制、分析、处理的主导权，将大数据优势转化为公安决策优势，继而转化为侦查打击和治安防控的优势，将成为“智慧警务”的制胜关键。

1.2 智慧警务建设现状分析

公安科技信息化是智慧警务建设的基础，也是智慧警务所需数据的主要来源。1998 年，在公安部的统一规划和领导下，全国公安机关实施了金盾工程，建设一批公安信息化项目和系统，网络基础和硬件设备得到了进一步加强，基本实现网络横向互通、系统纵向集成，部分公安业务在全国范围内实现信息化工作流程化，极大地推动了警务机制创新，提升了警务工作效能，基本形成了公安信息资源和社会信息资源的采集、应用和共享，为智慧警务的实践奠定了基础。

1.2.1 国内现状分析

在国内，智慧警务的前身应该是“信息警务”。张兆瑞教授在 1999 年最早提出并论证了“信息警务”的范畴，将“信息警务”作为 21 世纪的一种警务模式加以展望，他认为：“信息警务是指在信息社会条件下，以社会治安信息和警务管理信息为中枢系统的一种新型警务模式。”2003 年，北京市公安局首次运用公安业务数据的整合分析来提升警务工作，通过计算机的手段将公安业务数据运用到“警力配置优化、信息资源融合、业务系统共享”，形成了警情监测、分析研判、科学用警、预警发布、指挥调度、精确打击、完善防控的日常警务工作模式。为了备战 2008 年北京奥运会安全保卫工作，北京市公安局在 2006 年年底提出“整体防控、精确指导、精确打击”的工作思路，要求建设“数据采集、数据整合和综合应用系统”项目，该项目的建设完成为基层实战民警提供一站式的信息服务，提高了各部门基础信息关联共享和各警种的协同作战能力。2010 年，沿海发达省市开始进行智慧城市建设，率先提出将“智慧公安”或“智慧警务”纳入智慧城市建设，大数据、警务云、物联网等先进的信息技术逐步应用到公安实战中，提出“向科技要警力”。浙江省公安机关开启了“智慧浙江公安”的建设，贴上“数据大整合、大融合、大应用”的标签。2012 年，山东省公安厅与浪潮集团签署战略合作协议，启动山东“警务云”建设，提出利用分布式计算与存储技术、资源虚拟化技术实现警务数据共享、业务系统共用，实现全省 17 个地市、160 多个县(区)公安局、3000 多个派出所跨区域、跨部门的全警联动，为视频监控、智能交通、情报分析、警务指挥等提供了有力支撑，实现了全省指挥调度扁平化、信息多元化、管理动态化、协同合成化。2013 年山西省公安机关开通了“山西公安便民服务在线平台”，全天候为老百姓提供便民服务，实现了“让数据多跑路，让群众少跑腿，服务群众零距离”的承诺。2013 年年初，广州市公安局开创全国公安系统之先河，整合警务服务信息资源，联合电信、移动、联通三大运营商合力打造广州“警民通”，为广州警方“智慧警务”建设添亮点。2013 年 11 月，北京市公安局提出“以大数据警务推动公安工作现代化，引领警务工作信息化”，2014 年 9 月正式启动“北京市公安局民生服务平台”，以户籍、交通、消防、出入境等民生服务为主线，突出民生服务功能，让群众足不出户就可了解办事流程，打开电脑就能办理业务，鼠标一点就能查询办理结果。2014 年 10 月，吉林公安机关部署全省推进信息化条件下合成作战机制建设工作，大力推行“点对点指挥、扁平化指挥、可视化指挥”，完善情报信息会商研判机制，警务资源联用机制，案件关联、同步、协作机制。2015 年，湖南省公安厅率先整合信息资源和融合业务系统功能，从信息化角度支撑怀化三级一体警务机制改革。2016 年 11 月湖南省公安厅在长沙召开的湖南公安深化警务机制改革现场会上，指出“要推进‘4+X 中心’建设尽快进入实体化运作，坚持数据思维和信息共享，实现数据资源的整合、业务功能共建共享、警务流程再造”，要实现“大数据+精准指挥、大数据+精准打击、大数据+精准防控、大数据+精准服务”，构建智慧警务的雏形。

1.2.2 国外现状分析

国外警务信息化领先于我国。在 21 世纪初，以美国为代表的西方发达国家提出了“信息主导警务”，并付诸实施，而我国则刚刚起步开展“金盾工程”一期建设。美国联邦调查局的犯罪信息中心是犯罪分析技术的创新者，1995 年就开始利用当时掌握的数据分析针对女性犯罪、城市犯罪、犯罪中枪支的使用等专题报告。2006 年，纽约警方通过把 20 多年的犯罪数据和交通事故的数据整合在一起，并映射到一张地图上之后，发现交通事故的高发地带，也正是犯罪活动的高发地带，甚至交通事故的高发时间段，也是犯罪活动的高发时间段。2013 年，美国警方研发了一套“鹰眼”系统，充分利用大数据分析技术、人工智能技术、物联网技术，通过大数据分析和人的行为举止跟踪分析，判断犯罪可能性，而且准确率极高，对犯罪预警起到了很大作用。德国联邦警察局没有对数据采集提出数据问题的硬性要求，但在巡逻执勤、执法办案过程中，所有的案件、事件、时间、地点等元素都必须采集录入，他们认为工作数据就是信息数据，保证信息数据的新鲜、全面、及时，便于日后进行数据分析。2009 年，德国联邦警察局就研发的“智能网络平台”，从警务人员管理、侦查办案、犯罪预防等方面进行思考，全面支撑德国警务工作。英国在 2007 年就开始整合国内数据资源，融合各警种业务系统，对信息化进行科学规划，提前部署，将目标分为近期、中期和远期，并对建设任务和建设要求作明确规定，要求全国树立一盘棋的思想，打击和防控效果超过预期。

总之，虽然以美国为代表的西方发达国家的社会信息化和智慧警务建设较我国先行一步，但我国近十年来公安信息化建设也取得了辉煌的成就。尤其以智慧城市建设为契机，将智慧警务建设纳入政府的智慧城市建设，公安机关的信息主导警务将大显威力，相信我国公安的智慧警务将在实践探索中破茧而出，乘势而为，将用较短的时间赶超西方国家。

1.3 智慧警务建设面临的问题

我国公安科技信息化经历“金盾工程”一期、二期建设，在打击各类违法犯罪 、维护社会政治稳定和服务人民群众等方面发挥巨大作用，得到了老百姓的充分肯定和认可。但是整个公安科技信息化对现代警务构建没有起到很好的支撑作用，普遍存在“有网络未互联、有数据未共享、有业务未协同、有计算未云算”的现象，致使基层民警负担未减反增，科技强警战略未能实现初衷，反而成为科技累赘。下面从四个方面阐述智慧警务建设面临的问题。

1. 科技信息化建设缺乏统筹，未能形成合力

科技信息化建设缺少顶层设计与规划，“各自为政”现象较为突出，条块现象明显，没能形成合力和战斗力。从公安全局角度来看，有些省市公安机关尚未出台公安科技信息化建设的整体规划或顶层设计方案，通常是被动配合完成公安部、省公安厅科技信息化建设任务，投资建设较为分散，缺乏持续演进和提升，信息化未

能形成“累积效应”。从科技信息化建设组织管理的角度来看，公安机关内部各部门“各自为政”开展信息化建设，各部门之间缺少横向层面的沟通协调，没有全局层面的统筹组织和技术把关，导致信息“烟囱”林立，甚至重复建设，造成不必要的浪费。据不完全统计，各部门平均在用系统 13 套，最多的达到 85 套，且多为功能单一、相互独立的中小系统。各业务系统建于不同时期，由不同公司负责设计与建设，系统设计过程中缺乏统筹考虑，民警经常面对多套系统重复登录、重复录入等重复操作，“不好用、不想用”现象较为突出。

2. 信息资源汇聚程度差，制约深化应用

虽然全国各地公安机关都已经进行或正在进行警务云建设，部分已经在进行数据归集、整理，建设了数据资源目录，但是公安信息资源汇集程度较差，制约了公安业务系统深度应用，影响了公安警务效能的发挥。一方面，由于公安信息化建设以条线为主，相对封闭，系统功能没有关联，缺乏协同共享，造成大量信息孤岛，与信息化发展所需的协同共享之间的矛盾已逐步显现。当前各部门在用或在建的系统，绝大多数在建设初期未考虑与其他业务系统之间的数据交换共享或业务协同，有些部门仅在内部实现了简单有限的系统整合，大多数部门使用的业务系统之间处于孤立状态，业务数据相对独立不能共享。另一方面，促进业务数据交换共享和基础公共数据共用成为各部门对科技信息化建设的共同诉求，强烈要求解决信息孤岛问题，但是谁都不愿意把自己的数据资源和信息共享出来，只愿意将其他部门的数据向自己汇集，最终形成的所谓大数据只是某些部门的大数据。

在数据交换共享方面，各部门已意识到信息孤岛已经成为制约当前信息化发展的最大瓶颈，主观要求构建基于业务系统信息交换共享的智能型、协同型、分析型信息化应用平台。在基础信息资源建设方面，缺乏相关数据标准规范，一数多源问题突出，部分公共数据资源成为某个部门的资源，不愿意与其他公安业务系统共用，导致信息资源综合利用效率较低。

3. 重投资建设轻运行维护，影响应用效果

各部门对于公安科技信息化项目建设给予了很高的重视，愿意向公安机关党委、发改委积极争取项目资金，规划项目建设的美好蓝图。从项目的启动至项目建设使用，始终都有建设公司或公安机关的影子。项目建设完成后，所有运行维护都交给建设公司，有时系统出现故障不通知建设公司，或者建设公司对运行维护管理监督不到位，不重视系统的运行维护管理，导致很多项目系统缺乏有效的运营管理

和持续改进，很多系统在建设完成后就沦为摆设。另外，各部门在信息化项目建设时参与程度不深入，不了解系统项目的架构、不审核实施方案、不提具体的实战需求，也没有专门的运行维护队伍，系统的运行维护管理过度依赖承建企业的技术人员，功能得不到及时更新完善，系统出现问题后经常维护不及时、不到位，系统不能达到建设时预期效果，系统使用率逐渐降低，最后无法发挥应用效果，只能成为摆设。

4. 信息化应用意识不强，信息安全存在隐患

目前，公安民警经常使用科技信息化系统或手段进行各类公安警务活动的占比很低，达不到20%，很多公安民警信息化应用意识不强，存在信息安全隐患，直接影响公安科技信息化的实战效果，不利于提升公安机关的警务效能。

一是对科技信息化重视程度不高。科技信息化建设主动性和积极性不足，驱动力主要来源于上级部门要求，对如何利用科技信息化提升自身业务能力的思考不足。

二是对科技信息化理解认识水平不高。部分部门对科技信息化的理解还停留在传递文件、查看信息、简单比对、数据检索的低层次阶段，缺乏对信息的综合分析与研判、科学预测、态势预警和决策服务功能的认识，与新时期的公安警务工作极不适应。

三是民警科技信息化建设与应用水平不高。很多民警业务素质不高，还停留在打字、上网，难以参与到信息化建设与应用中来，再好的公安业务信息系统也难以发挥应有的效果。

四是信息安全意识有待提高。由于公安机关掌握着公民大量的隐私数据，民警在信息资料调阅、使用过程中，缺少信息安全意识，缺少相应的信息安全规章制度约束，缺少必要的信息安全技术措施来保障，难以保障公民的合法权益。

总体上，公安科技信息化建设很不平衡，沿海经济发达省市的科技信息化工作水平明显好于中、西部经济欠发达省市。

1.4 智慧警务建设理念

智慧警务建设是一项长期的系统性工程，需多部门、多警种的配合，需要较高的经费支撑，需要使用先进的信息技术，需要基层实战单位的深度参与，需要专业

技术与公安业务的融合，才能确保智慧警务科学有序稳定地推进，取得满意实效。为了确保智慧警务项目的建设质量和建设进度，总体建设思路为：首先通过第三方具有相关资质的企业或公司负责具体信息化项目建设方案的设计，其次以公安科信部门为主负责把好各警种项目建设方案的技术关，然后以业务警种为主负责根据建设方案和具体业务需求组织项目的建设实施，最后由公安科信部门和业务警种会同第三方公司或企业一起对智慧警务项目的建设组织验收。

1. 智慧警务建设方向

(1) 引领科技创新，构建智慧警务。

依托公安现有科技信息化基础，利用大数据、云计算、人工智能、物联网、数据挖掘等当前先进的信息化技术模拟人类的智慧和思维，变过去人工干预分析处理为今后自动智能分析处理，再造警务流程，整合公安警务信息流、业务流、管理流，按照湖南省“4+X 中心”建设和三级一体化警务机制改革的总体部署，构建依托“4+X 中心”的智慧警务平台，助力公安科技信息化转型升级，全面提高公安科技信息化服务实战的水平，着力提升公安打、防、管、控的效能。

(2) 促进开放合作，实现数据共享。

加强与政府其他部门和社会服务单位的协调，促进双向开放合作共赢，在安全框架范围内，实现公安内部数据与政府其他部门数据共享。促进公安内部业务系统功能的整合，本着“警种主建，中心主战”的思维进行公安科技信息化项目的建设，实现公安内部所有业务系统数据的开放共享共用。在保证数据质量情况下，按照公安部的数据标准进行数据清洗和标准化处理，在最大范围内构建公安大数据中心，根据基层一线民警的经验提炼总结出一大批实战模型算法，实现大数据+精准打击、大数据+精准防控、大数据+精准指挥、大数据+精准服务、大数据+精准反恐。

(3) 加大前端采集，打造全维感知。

进一步加大公安前端采集设备的建设，增强前端数据采集获取能力，构建全维感知能力，保证公安大数据中心数据的鲜活、实时、真实。进一步加大对互联网城域网出口数据包解析能力建设，实时分析电脑、手机、移动设备等终端设备上网行为、活动轨迹、生活习惯，以及木马病毒分布，构建全域虚拟身份库、设备特征编码库、人际关系库等，提高互联网安全的态势感知能力。

(4) 加强视频监控建设，优化后台分析。

进一步合理布局公安视频监控点位，加快推进“雪亮工程”“视频图像应用联网工程”建设，优化和完善视频图像侦查与取证功能，提升视频数据融合处理能力，构建完备的智能视频监控后台，迅速提升社会管控能力。在车站、码头和小区出入口等关键位置，进一步推进人脸抓取与识别前端深度智能设备、无线 WiFi 采集设备、电子卡口设备的安装，构建“3+3”治安防控圈。

(5) 整合网上网下，推动一体化侦查。

围绕侦查破案能力、同步上案的机制，进一步加大对网侦、技侦、刑侦、图侦的手段和数据资源深度融合力度，拓展网上数据与网下数据对应关系，以“人”为核心构建电子档案，打造全方位、一体化的公安侦查平台，做到一警多能、一体化侦查，减少审批程序和公文流转环节，提高工作效率，促进案件侦破率的明显提升。

2. 智慧警务推进策略

基于公安科技信息化建设的现实基础，借鉴国内外的成功经验，智慧警务建设需把握好以下几方面。

(1) 确保不出现结构性瓶颈。

智慧警务建设是一项复杂的系统工程，对于信息资源库、公共信息平台等基础性、结构性、预置能力性的建设内容，需要在智慧警务平台建设启动时，就作为重点工作进行部署推进，并给予持续的关注和重视，以确保在公安信息化建设中不出现结构性瓶颈。

(2) 做到灵活配置适应变化。

当前，全国公安发展正处在变革期，需要确保智慧警务项目建设成果随着公安发展，能够适应需求变化，避免建完即遭淘汰。因此，在智慧警务项目建设中，需要最大限度地做好各功能模块的“标准化、模块化、结构化”，各功能模块形成逻辑独立，具有可供灵活配置和调用的若干能力，实现各项警务应用随着业务功能需求的变更可以进行灵活配置、组装和重新整合。

(3) 结合民警需求及热点重点问题。

智慧警务建设的根本需求，就是要解决当前的热点、难点和重点问题。实践证明，从当地经济、社会热点领域切入，可迅速取得阶段性成效，以提振公安信息化应用的信心，提高民警科技信息化的接受度，对智慧警务项目建设可持续发展具有重要意义。

(4) 与部省市建设任务相结合。

将公安科技信息化建设任务、目标、指标、进度等，与公安部、省公安厅、市委市政府的考核工作和任务相结合，实现智慧警务建设和考核任务的高度统一，促进公安科技信息化项目建设任务落实和目标实现，更好地完成建设任务，提升建设水平。

(5) 把握轻重缓急分步推进。

智慧警务建设是一项长期的过程，经费投入巨大，短期内集中上马，将给公安财力带来难以承受的压力，因此，需要对各类项目需求做好科学论证与分析，有序逐步推进。财政资金重点保障好智慧警务平台、公共服务平台、数据中心等基础性、全局性以及部省考评考核项目的建设。

(6) 强化队伍建设注重人才培养。

建立适应智慧警务建设的人才管理制度，着力打破体制界限，实现专业技术人才的有序顺畅流动。聚焦公安当前科技信息化前沿方向和关键领域，加快引进和培养信息化领军人才。开辟专门渠道，实施特殊政策，对公安科技信息化建设作出特殊贡献的技术和业务骨干给予奖励。建立健全信息化专家咨询制度，加强与普通高等学校、公安院校、公安科技企业的合作，为公安全方位、多层次培养智慧警务建设与技术侦查人才，提升公安科技应用与创新的能力。

1.5 本章小结

本章首先从智慧城市的建设、公安科技信息化的建设和公安警务机制体制瓶颈介绍了智慧警务的建设背景，从警务机制改革、现代警务模式发展和提高警务实战效能几方面描述了智慧警务的建设意义；其次简单介绍了智慧警务建设的国内外研究现状，再次从科技信息化的角度介绍了智慧警务建设面临的问题；最后针对智慧警务建设面临的问题，提出了智慧警务的建设理念、思路和注意策略。

第 2 章　智慧警务概述

智慧警务是公安机关构建现代警务模式的方向，是公安科技信息化建设与应用到一定高度的必然产物，是利用科技信息化手段助力公安警务模式转换。智慧警务中用到的高科技信息化技术包括大数据、物联网、互联网、人工智能等先进技术，因此，智慧警务可以理解为大数据时代、物联网时代、移动互联网时代的公安警务工作，也可以理解为“电子警务”“网络警务”“数字警务”“虚拟警务”“微警务”“大数据警务”的发展和提升。

2.1　智慧警务内涵与外延

2.1.1　智慧警务内涵

智慧警务是公安科技信息化手段发展的高级阶段，是一种先进的现代警务模式，涉及公安警务的方方面面，其功能呈现多元化的趋势，全面涵盖公安警务工作，可以理解为“智慧”+现代警务。一般来说，“智慧”被认为是人所独有的，在现代汉语中，智慧一般是指人具有辨析判断、发明创造的能力，具有迅速、灵活、正确地理解事物和解决问题的能力。有智慧的人就是通常所说的聪明的人，是智商高、反应迅速、思维敏捷的人，也被称为智者。在科学技术高度发展的今天，“智慧”就必须借助大数据和人工智能技术，通过信息、知识把数据转化为“智慧”，让计算机具备思考和学习的能力。“人工智能”在维基百科中解释为机器智能，是指由人工制造出来的计算机系统所实现的智能。

随着信息技术的飞速发展和快速普及，现代警务模式与传统警务模式相比发生了根本性变化，插上了科技的翅膀，被赋予人的“智慧”。智慧警务以科技信息化手段为支撑，以公安主业务“打、防、管、控”为目的，以综合情报研判为核心，需要充分利用云计算、大数据、人工智能、物联网、数据挖掘等先进技术，整合信息系统功能，打破业务部门壁垒，实现信息资源数据共享，从“海、陆、空、天”实现全域感知，模拟人的“智慧”自动智能化地完成公安警务工作。因此，对于“智慧警务”的认识和理解，吉林警察学院张兆瑞教授认为要把握以下几个方面的含义：一是“智慧警务”是以互联网、物联网、公安信息网、云计算、大数据等信息技术为支撑的，尤其是物联网、云计算、大数据等将成为植入“智慧警务”机体的智慧基因，为构建“智慧警务”打下坚实的基础；二是在“智慧警务”中借助新一代信息技术，人与物、物与物、人与人之间互联互通、相互感知、相互交流，有更强的信息共享能力；三是“智慧警务”的核心特征是基于警务数字化、感知化、互联化、智能化，实现警务运作一体化、协同化、互动化、最优化，使得警务资源高度融合、治安管控高效有力、公安服务更加便捷；四是“智慧警务”是不断创新发展的，具有更强的集中智慧发现问题、解决问题的能力。

2.1.2 智慧警务外延

智慧警务的建设离不开高科技，是以科技信息化手段为支撑的，其目的就是要提高公安机关的“打、防、管、控”能力。各地公安机关都在加强智慧警务的建设，在互联网上随处可见报道，形式多样，成效各异，对智慧警务的理解也不完全统一。有的认为“天网工程”中视频图像海量存储及综合智能分析与检索就是智慧警务，有的认为在公安机关构建了大数据中心拥有几十亿条结构化数据就可以进行大数据分析了，这就是智慧警务，等等。目前，智慧警务的定义官方也没有明确给出，现在智慧警务建设还处于摸索阶段，在 4.1.3 节智慧警务建设步骤中，将智慧警务的建设分为三个阶段进行，初级阶段或近阶段要完成的目标就是要允许各地先试先行，闯出智慧警务建设的新路。我认为当前各地公安机关无论是依托“天网工程”建设的智慧警务，或是构建大数据中心建设的智慧警务，还是依托微信或腾讯 QQ 建设的“互联网+微警务”，都是智慧警务建设的一部分。智慧警务不只是购买了大批硬件设备，也不只是应用了科技信息化手段，更不是简单地将各部门业务信息系统叠加或统一门户网站，而应该是具有各种完备的机制、高素质复合型的人才，有硬件设备支撑的高科技信息化技术。

要达到智慧警务的建设目标，第一关键因素就是“人”，只要有了专业技术人才和公安业务骨干这两个“人”的因素，智慧警务的建设就等于成功了一半，公安机关也就不会盲目地去购买或研发一些看似高大上的系统和装备，最后却被利益公司绑架。智慧警务建设除了进行大量的科技信息化手段建设外，还应该加强民警自身素质培养，提升他们应用科技信息化手段的能力，提高他们的公安业务技能与水平。只有当公安民警素质达到一定高度，我们才敢说“没有办不到，只有想不到”。其实，智慧警务建设的另一个重要因素就是公安机关的机制或体制问题，如果有一套成熟的管理机制、协调机制，能够顺利地打通部门业务系统，共享资源数据，也就具备了智慧警务的基本条件。

总的来说，智慧警务不只是高科技信息化手段的深应用，而且应该包括智慧警务建设所需的硬件设备投入、高科技信息化手段的应用、高素质人才队伍的培养、完善的管理协调机制、配套的建设经费支撑。智慧警务建设不是一蹴而就的，而需要较长时间的应用与反馈。

2.2　智慧警务概述

2.2.1　智慧警务的概念

智慧警务是现代警务模式与当代高科技的有机结合，是公安现代警务模式的发展方向，以大数据、云计算、人工智能、物联网、移动互联网等先进的信息技术为支撑，以“打、防、管、控”为目的，以综合研判为核心，打通信息壁垒，共享资源数据，融合业务功能，构建全维感知、全能运算、全域运用的公安智慧化的支撑平台，促进公安业务部门协调运作，实现警务信息“强度整合、高度共享、深度应用”之目标的警务发展新理念和新模式。

从本质上来看，智慧警务是综合运用现代先进的信息技术，整合公安信息资源，统筹公安业务应用系统，促进公安打击与防范、管理与服务的科学发展。其要旨是信息资源共享，业务功能整合，构建公安大数据，部署前端全域感知设备，模拟人的智慧深度挖掘与运用，实现“向科技要警力，向数据要战斗力”的目的。

智慧警务的建设目的就是利用公安信息化手段破解当前公安机关面临的警力不

足、打击效果不佳、警务机制体制不顺等问题，真正实现“向科技要警力，向数据要战斗力”。智慧警务要真正做到下述四点。

一是让民警减压减负，实现工作高效，考评数据具体化。

二是让罪犯无罪可瞒，无形可隐，无处可藏，无路可逃。

三是让百姓更有便捷服务，更有安全感，更有获得感。

四是让领导研判更实在，决策更科学，用人更有底。

2.2.2 智慧警务的建设目标

智慧警务建设的目标就是要求公安机关实现“打击犯罪的精准化，预防犯罪的智能化，管理服务的便捷化，控发犯罪的高效化”，全面提高公安机关“打、防、管、控”的能力和水平。

1. 打击犯罪的精准化

打击犯罪是公安机关的手段，但不是目的。智慧警务建设就是为了充分利用大数据、云计算、物联感知等技术实施精确打击，确保案件侦破的快速性和准确性，保证把犯罪活动打击到位，给犯罪分子以威慑力。

2. 预防犯罪的智能化

通过态势感知、大数据预警分析技术构建全智能的基础防控体系，提前预估、预判各类犯罪动态，在无人工干预的情况下利用计算机自动做到“敌动我知，敌未动我先知”，真正把实施犯罪扼杀在萌芽状态。

3. 管理服务的便捷化

通过智慧警务建设，为治安、交警、网监、人口、出入境等部门的行政审批服务提供统一的门户，提供“一站式”服务；为老百姓提供便捷的服务，让老百姓随时随地都可以办理公安业务；公安民警不受时间和空间限制，为老百姓提供优质服务，拉近警民距离，让老百姓更有获得感，让民警更有成就感。

4. 控发犯罪的高效化

所有的案件都是与人有关系的，实际上只要管住了人，就可以控制犯罪的发生。智慧警务就是通过大数据分析、人工智能技术对特别对象重点管控、特别部位重点整治，不需要过多的人工参与。无论是重点对象还是重点场所发生异常，智慧警务平台都会自动预警通知或推送给关注的民警，真正实现控制犯罪发生的高效率，使重点人员、重点场所、重点车辆、重点事件牢牢地被公安机关掌控，做到扁平指挥、高效调度。

2.2.3 智慧警务的特点

智慧警务作为一种新型的警务发展形态，其要旨是汇聚人的智慧，赋予物以智能，使汇集智慧的人与具备智能的物互存互动、互补互促，以实现公安警务效能最大化。智慧警务必须以科技信息化手段为支撑，是公安科技信息化建设的必然趋势，其建设在高新技术之上，是大数据、“互联网+”时代的公安现代警务模式，具有如下特点。

1. 高科技性

智慧警务充分利用了大数据、云计算、物联网、人工智能、数据挖掘等先进的技术，无论是从部门的数据整合、清洗、归集和大数据深度应用来看，还是从智慧警务的表现形式、领导决策来看，都体现了智慧警务的高科技性，不是单独某一个系统可以比拟的，真正体现了公安机关“向科技要警力，向数据要战斗力”。

2. 智能性

随着公安科技信息化建设的不断推进，传统的人工警务模式已不能满足公安业务的需要，正逐步转为“向科技要警力，向数据要战斗力”的现代警务模式，公安民警侦查破案都是利用各种智能的系统和先进的技术，根据各类案件的侦查思路，从不同角度、不同视野、不同思维，自动智能地将所需的数据提供给侦查员协助侦破案件。智慧警务的建设将各类系统的数据进行有效整合，协同工作，利用大数据深入分析进行智能处理、分析预测，为警务提供决策支持，具有强大的自动化和智能化的特点。

3. 精准性

大数据时代的现代警务模式，就应该让数据说话。任何公安工作的细节、任何案件侦查破案的关键，都要让公安业务大数据进行分析，然后让数据说话，让工作更精准，更有说服力。智慧警务对公安工作不再是以前简单的查询，而是通过各种技战算法、人工智能算法和机器学习方法对公安大数据进行分析与应用，做到对事实、案件的精准分析，真正体现智慧警务的优势。

4. 高效性

智慧警务是以大数据和云计算技术为支撑的，其运行速度是单个计算机系统的成千上万倍，甚至更多，获得信息或情报速度是十分迅速的，不再是以前通过单独的几个或几十个公安业务系统进行简单的查询，将查询结果进行人工分析或人工干预方式的计算机分析，最终获得有用的资讯或情报。智慧警务建设需要解决各系统之间协同工作和无缝数据对接的问题，从时间上会大幅度缩短，从工作效率上会大幅度提升，真正体现警务模式的高效、快捷。

5. 集成性

智慧警务不仅需要将公安机关正在运行使用的各种业务系统进行有机整合集成，再造业务流程，还需要将公安业务系统数据进行融合，打通各警种、部门之间的信息孤岛，实现资源共享，达到节约建设成本目的，真正实现“横向集成，纵向贯通”。

6. 可视化

可视化展示也是智慧警务的一部分，需要将大数据分析获得的资讯以大家可以接受和理解的方式展示出来，便于领导和非专业警种进行科学和可视化的决策分析。在智慧警务中包括数据可视化、运维可视化、分析结果可视化、分析过程可视化。通过智慧警务的可视化，不仅可以体现工作业务的动态变化，还可以体现智慧警务高科技形成的震撼效果。

2.3 智慧警务建设的难点

智慧警务是公安科技信息化高度发展的产物，是科技信息化建设的高级阶段，是一种先进的现代警务模式，代表着公安警务的发展方向，它利用了云计算、大数据、人工智能、物联网、数据挖掘等先进的信息技术。从目前全国智慧警务的建设情况来看，总体上还是有一些困难要面对。

1. 智慧警务理论方法研究滞后于实践

智慧警务的概念是近几年才提出的，是公安金盾工程一期建设完成和二期建设实施的必然产物，虽然目前一些高校、研究所和公安企业或公司成立了专门研究智慧警务的机构，但是智慧警务相关理论方法的研究仍明显滞后于实践。一些公安企业或公司只专注于智慧警务相关产品的研发和工程实施，缺乏系统研发的理念；而国内的高校或研究所缺少实际工程或开发经验，往往只停留在纸上谈兵，其研究理论方法不能真正指导智慧警务建设和应用。智慧警务是一项复杂的系统工程，是典型的交叉学科，涉及的学科包括计算机科学、信息工程、网络空间安全、地理信息系统、城市社会学、公共管理学等。由于我国大学学科之间相互分割，难以培养出跨学科的复合型人才。目前，智慧警务理论方法研究比较零散，不成体系。为了更好地指导各地公安机关进行智慧警务建设实践，应切实加强智慧警务理论方法的研究。

2. 智慧警务建设缺乏高端顶层设计和统筹规划

目前，全国各地公安机关都在进行智慧警务建设，但是系统功能不一，系统部署结构多样，效果也很不统一。各地公安机关对智慧警务理解也是千差万别，有的地方对智慧警务的理解停留在大数据分析与应用；有的地方认为“互联网+微警务”就是智慧警务；还有的地方整合了内部的部分数据资源，将几个信息系统集成在一起构建统一的门户网站也就认为是建设智慧警务平台。实际上，智慧警务应该是公安信息化高度发达、民警信息化应用普及、人工智能和数据挖掘算法真正融入公安大数据分析与应用中的现代警务模式。因此，目前各地建设的智慧警务平台与功能都只达到智慧警务的部分要求。出现目前全国各地公安机关智慧警务建设各自为政的现状，是因为缺乏智慧警务的统一顶层设计和建设标准。因此，当务之急是公安机关应该尽快出台智慧警务建设的顶层设计、智慧警务数据标准、智慧警务功能接口标准、智慧警务服务标准等，不要再出现新的信息孤岛和新系统壁垒。

3. 智慧警务关键技术和高端人才储备不足

智慧警务是以大数据、云计算、物联网、人工智能、数据挖掘、警用地理信息系统(PGIS)等先进信息技术为基础支撑的，而这些关键技术几乎都是欧美发达国家率先提出并研发的，我国与发达国家相比，在关键技术的研发上落后很多年。我国在操作系统、CPU 芯片、数据库等方面做了大量的研究工作并取得核心技术上的突破，但与发达国家相比还有不小的差距，离大规模商用还有一段距离。智慧警务建设所使用的核心技术产品还掌握在发达国家厂商手中，存在一定的安全隐患。

此外，智慧警务既需要懂侦查办案、公安管理的业务人才，又需要懂信息技术的专业人才，但由于受我国大学学科培养体系和公安专业人才不足的限制，目前对智慧警务建设所需的复合型高端人才奇缺，无法满足智慧警务建设与应用的实际需求，也就导致了智慧警务建设不可能一步到位，给整个公安工作带来了被动，拉长了建设时间，影响使用效果。智慧警务建设需要培养和储备一批精通公安业务和信息技术的高端复合型人才。

4. 智慧警务建设的机制没有理顺

公安信息化建设可追溯到 20 世纪 80 年代，已经历了 30 多年的建设与发展，公安信息化建设的管理体制机制不断变化，至今还没有完全理顺，从公安部、公安厅到市(州)、区(县)公安局各部门纵向管理体制较为顺畅，但是缺乏公安机关与政府其他部门、公安机关内部各部门之间的横向协调机制。智慧警务建设需要协调政府其他部门，需要协调电信运营商、商业银行、互联网企业等服务部门，需要协调公安机关内部各部门，将各部门的数据进行融合，杜绝信息孤岛，打通系统资源数据。因此，智慧警务的建设确实需要有一套切实可行的横向协调管理机制。

5. 基层实战民警参与不深，智慧警务功能不贴近实战，使用效率低

目前，我国很多已建设的智慧警务系统功能表现较为丰富、炫酷、高大上，领导看后都很高兴，但实际上功能不贴近实战，使用效率低下，根本没有达到智慧警务想要的效果。究其原因，智慧警务大都是公安机关科信部门主导建设，而科信部门的民警并非来自基层一线的民警，对实战功能需求不是非常清楚，通常会认为基层实战业务骨干民警不懂技术，不愿意向其征求意见或建议，即便征求意见也不会采纳，在建设过程中过度依靠公司完成，而且公安机关其他实战部门参与程度不深，参与积极性也不强，因此当前已建设的智慧警务从功能上不可能贴近实战，也不可能有很好的使用效率。实际上，智慧警务能真正解决“向科技要警力，向数据要战斗力”，能为基层民警减压减负，能提高公安警务的工作效率和质量。智慧警务使用最多的应该是基层一线民警，因此也应多听听基层一线民警的意见和建议，让更多的基层实战民警参与到智慧警务建设中来。

同时，各地公安机关民警的信息化应用还没有得到普及，这也是制约智慧警务建设的一个重要因素，我们应加强对民警的信息化应用培训，加大信息化应用考核，确保智慧警务建设完成后能得到很好的使用。

2.4 智慧警务发展趋势

1. 智慧警务建设将更加重视"以人为本"，注重警务效能

目前，智慧警务建设过程中存在着诸多"跟风"现象，更重要的是，他们对于智慧警务建设的价值归宿和到底应该落脚何处并没有清晰的认识。实际上，智慧警务建设应该紧紧围绕"以人为本"进行，让"以人为本"的理念贯穿智慧警务建设的始终。智慧警务建设应包括三个层面的建设：第一个层面聚焦于"技术"层面，包括对物联网、云计算、大数据、人工智能、数据挖掘等先进技术的理解和使用；第二个层面属于"管理"层面，即如何通过管理制度或机制把各部门思想统一，把各业务系统功能整合，把各公安业务数据打通构建公安大数据中心，把现有公安内部网络有效地管理起来，理顺关系和机制；第三个层面才是"人才"层面，即智慧警务的建设是否符合公安民警的使用习惯，是否懂得人性化设计，是否满足侦查实战一线民警的功能需要等。只有真正做到"以人为本"，智慧警务才能发挥极大的效能。而从这三个层面来看，"以人为本"才是智慧警务建设的终极目标，但是前面两个层面的建设无疑都在为终极目标奠定坚实的基础。

"以人为本"指明了智慧警务应该努力的方向。"智慧"是什么？并非将人取代才是智慧，真正的"智慧"不仅是技术上的更新换代，也并非仅仅是效率的提升，更为重要的是"以人为本"的实现。"以人为本"即需要物质围绕着人进行，以人的诉求为出发点，以人的需求为突破点。只有这样，智慧警务的建设才能够得到更多人的支持，智慧警务才会有更多民警使用。否则，智慧警务建设就会陷入纯粹对高科技的依赖，展现给我们的将会是一个没有"灵性"的平台或系统，这将与我们所需要的"智慧"格格不入。

2. 智慧警务功能呈现多元化趋势，涵盖公安全部工作

智慧警务是一种全新的警务模式，涉及公安各业务各警种，其目的是全面提升"打、防、管、控"能力，它不是一个系统或平台，而是一项复杂的系统工程，其内容涉及公安信息化建设、管理制度、后勤保障、人才保障等方方面面。通常，人们理解的智慧警务就是一个平台，一个通过信息化技术把公安业务系统进行有机整合，打通基础数据，共享信息资源，有力推动公安业务完成，形成用大数据进行分

析和预测，为领导精准指挥、科学决策提供有力支持的系统。这种说法不全对，充其量只能算作智慧警务的初级阶段。从公安的工作实际出发，智慧警务的功能会呈现出多元化的趋势，不再是仅仅为了提高破案率、提升管理水平，而应该具有人一样的智慧，但比人快得多、准得多。目前智慧警务的功能包括智慧侦查实战、智慧治安防控、智慧情报分析、智慧精准指挥、智慧交通管理、智慧监所管理、智慧后勤服务、智慧政工、智慧便民服务等，涵盖公安所有业务工作。

3. 大数据深度分析与应用将提升智慧警务体验感

随着云计算和大数据技术的逐步成熟，各地公安机关的智慧警务大数据中心建设均加入了云计算的概念，构建智慧警务云，通过大数据中心的云化建设，更大化地提升数据中心海量数据的支撑能力。除此之外，华为、华为 H3C、中兴、阿里巴巴、腾讯等大公司均开始在公安大数据方面加大投资，与多地公安机关签订战略合作协议，助力公安机关实战化能力建设，为公安机关智慧警务平台建设提供所需的硬件支持。智慧警务中的“智慧”来源离不开大数据的“瞻前顾后”，即对历史数据进行分析与总结，结合人工智能技术对未来犯罪形势的预测能力，有助于优化现代警务工作效能。自 2012 年至 2016 年期间，公安大数据深度挖掘与分析在案件侦查、交通管理、犯罪预警等方面的应用有很多成功的案例，发挥了巨大的威力，突显了大数据在智慧警务中的作用，提升了智慧警务体验感。

4. 未来智慧警务应该多种开发建设组合模式并进

智慧警务是公安信息化高度发展的必然产物，是一种先进的现代警务模式，代表着今后一段时间警务模式的发展方向。目前，智慧警务的建设基本是公安机关主导，为公安机关服务的企业或公司参与的建设模式。公安机关既要抓侦查办案又要抓治安防控，还要抓智慧警务建设，而且公安科技信息化人才缺乏，这将极易导致公安财力无法支撑、可持续发展能力后劲不足、使用效率不高、打击效能不佳等问题。未来智慧警务建设应由政企协同为主逐渐替代公安机关投资为主的建设发展模式，允许多种开发建设组合模式并进，各负其责。公安机关提出建设功能需求，技术公司按照公安机关需求寻求技术解决方案，具备相关资质的企业一次性投入建设资金先期建设，公安机关按照分期付款的方式或者向企业购买服务的方式支付建设费用或使用费。从保密的角度来看，公安机关应拥有对数据绝对掌控的权力，参与开发建设的公司应具备相关涉密资质，参与维护部署智慧警务的技术人员应与公安机关签订保密协议，鼓励更多更有实力的公司参与到智慧警务平台的建设中来。

2.5 本章小结

本章首先介绍了智慧警务的内涵和外延，其次从智慧警务的定义、建设目标、特点及智慧警务数据汇集的原则，讲述了智慧警务的基本概念，然后从智慧警务理论滞后、缺乏顶层设计和统筹规划、缺少高端人才和智慧警务建设机制没有理顺、智慧警务功能不贴近实战等五个方面介绍了智慧警务建设的难点，最后从“以人为本”的理念、大数据深度应用与分析、智慧警务多样化和智慧警务的建设模式等方面介绍了智慧警务的发展趋势。

第 3 章　智慧警务相关技术

智慧警务是公安信息化发展到高级阶段的一种警务形态，主要采用了云计算、大数据、物联网、人工智能、数据挖掘等新一代信息技术，整合公安信息数据资源，高度集成公安业务系统功能，以提供智慧化公安决策与个性便民服务。

3.1 云计算技术

信息技术(Information Technology，IT)是 20 世纪最重要的科技成果，并成为引领经济增长和社会进步的关键因素与主要动力之一。互联网是 IT 中最重要的一项发明和最活跃的一个领域，它常用的表示方法恰恰就是“云”。

3.1.1 基本概念

云计算迄今为止没有统一的定义，不同的组织从不同的角度给出了不同的定义，根据不完全的统计至少有 25 种以上。例如，Gartner 认为，云计算是一种使用网络技术并由 IT 使能而具有可扩展性和弹性能力作为服务提供给多个外部用户的计算方式。美国国家标准与技术实验室对云计算的定义是：“云计算是一个提供便捷的通过互联网访问一个可定制的 IT 资源共享池能力的按使用量付费模式(IT 资源包括网络、服务器、存储、应用、服务)，这些资源能够快速部署，并只需要很少的管理工作或很少的与服务供应商的交互。”随着应用场景的变化和使能技术的发展，关于云的定义还在不断地产生新的观点。

云计算(Cloud Computing)是利用分布式计算和虚拟资源管理等技术，通过网络将分散的资源 (包括计算与存储、应用运行平台软件等)集中起来形成共享的资源池，并以动态按需和可度量的方式向用户提供服务。云是网络、互联网的一种比喻说法。按照云计算提供的资源所在层次，可分为 IaaS(基础设施即服务)、PaaS(平台即服务)和 SaaS(软件即服务)。云计算是分布式计算、并行计算、效用计算、网络存储、虚拟化、负载均衡、热备份冗余等传统计算机和网络技术发展融合的产物。云计算的主要特点包括以下几个方面。

(1) 具有“作为服务”交付的能力。

(2) 以高度可扩展的弹性方式交付服务。

(3) 利用互联网技术和方法开发和交付服务。

(4) 资源虚拟化及资源的自动管理与配置。

(5) 可实现海量数据的分布式并行处理。

(6) 低成本并对用户透明。

3.1.2　工作原理

在典型的云计算模式下，用户通过终端接入网络，向“云”提出需求；“云”接受请求后组织资源，通过网络为“端”提供服务。用户终端的功能可以大大简化，诸多复杂的计算与处理过程都将转移到终端背后的“云”上去完成。用户所需的应用程序并不需要运行在用户的个人电脑、手机等终端设备上，而是运行在互联网的大规模服务器集群中；用户所处理的数据也无须存储在本地，而是保存在互联网上的数据中心里。提供云计算服务的企业负责这些数据中心和服务器正常运转的管理和维护，并保证为用户提供足够强的计算能力和足够大的存储空间。在任何时间和任何地点，用户只要能够连接至互联网，就可以访问云，实现随需随用。

3.1.3　体系结构

云计算的体系结构由五部分组成，分别为应用层、平台层、资源层、用户访问层和管理层。云计算的本质是通过网络提供服务，所以其体系结构以服务为核心，如图 3.1 所示。

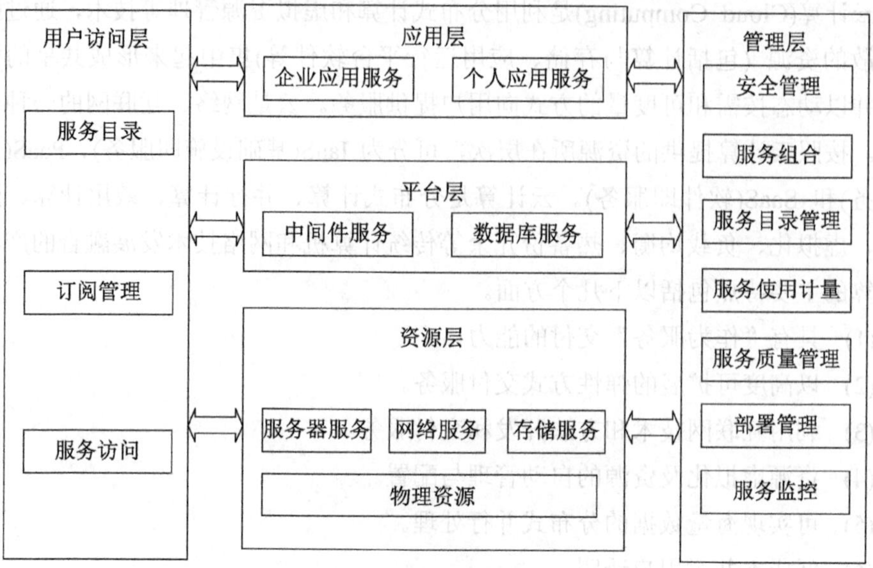

图 3.1　云计算的体系结构

1. 资源层

资源层是指基础架构层面的云计算服务，这些服务可以提供虚拟化的资源，从而隐藏物理资源的复杂性。资源层主要包括物理资源、服务器服务、网络服务和存储服务四个部分。

(1) 物理资源指的是物理设备，如服务器等。

(2) 服务器服务指的是操作系统的环境，如 Linux 集群等。

(3) 网络服务指的是提供的网络处理能力，如防火墙、VLAN、负载等。

(4) 存储服务为用户提供存储能力。

2. 平台层

平台层为用户提供对资源层服务的封装，使用户可以构建自己的应用。平台层主要包括数据库服务和中间件服务。

(1) 数据库服务提供可扩展的数据库处理能力。

(2) 中间件服务为用户提供可扩展的消息中间件或事务处理中间件等服务。

3. 应用层

应用层主要是提供软件服务，主要包括企业应用服务和个人应用服务两个部

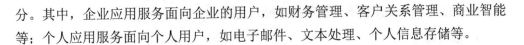

分。其中，企业应用服务面向企业的用户，如财务管理、客户关系管理、商业智能等；个人应用服务面向个人用户，如电子邮件、文本处理、个人信息存储等。

4. 用户访问层

用户访问层是方便用户使用云计算服务所需的各种支撑服务，针对每个层次的云计算服务都需要提供相应的访问接口。用户访问层主要包括服务目录、订阅管理和服务访问三个部分。

(1) 服务目录是一个服务列表，用户可以从中选择需要使用的云计算服务。

(2) 订阅管理是提供给用户的管理功能，用户可以查阅自己订阅的服务，或者终止订阅的服务。

(3) 服务访问是针对每种层次的云计算服务提供的访问接口，针对资源层的访问可能是远程桌面或者 X Windows，针对应用层的访问提供的接口可能是 Web。

5. 管理层

管理层提供对所有层次云计算服务的管理功能，主要包括安全管理、服务组合、服务目录管理、服务使用计量、服务质量管理、部署管理和服务监控七个部分。

(1) 安全管理提供对服务的授权控制、用户认证、审计、一致性检查等功能。

(2) 服务组合提供对已有云计算服务进行组合的功能，使得新的服务可以基于已有服务创建时间。

(3) 服务目录管理提供服务目录和服务本身的管理功能，管理员可以增加新的服务，或者从服务目录中除去服务。

(4) 服务使用计量对用户的使用情况进行统计，并以此为依据对用户进行计费。

(5) 服务质量管理对服务的性能、可靠性、可扩展性进行管理。

(6) 部署管理提供对服务实例的自动化部署和配置，当用户通过订阅管理增加新的服务订阅后，部署管理模块自动为用户准备服务实例。

(7) 服务监控提供对服务的健康状态的记录。

3.1.4　关键技术

云计算系统运用了许多技术，其中以编程模型、数据存储技术、数据管理技术、虚拟化技术、云计算平台管理技术最为关键。

1. 编程模型

MapReduce 是 Google 开发的 Java、Python、C++编程模型，它是一种简化的分布式编程模型和高效的任务调度模型，用于大规模数据集(大于 1TB)的并行运算。严格的编程模型使云计算环境下的编程十分简单。MapReduce 模式的思想是将要执行的问题分解成 Map(映射)和 Reduce(化简)的方式，先通过 Map 程序将数据切割成不相关的区块，分配(调度)给大量计算机处理，达到分布式运算的效果；再通过 Reduce 程序将结果汇整输出。

2. 数据存储技术

云计算系统由大量服务器组成，同时为大量用户服务，因此云计算系统采用分布式存储的方式存储数据，用冗余存储的方式保证数据的可靠性。云计算系统中广泛使用的数据存储系统是 Google 的 GFS 和 Hadoop 团队开发的 GFS 的开源实现 HDFS。

GFS 即 Google 文件系统(Google File System)，是一个可扩展的分布式文件系统，用于大型的、分布式的、对大量数据进行访问的应用。GFS 的设计思想不同于传统的文件系统，它是针对大规模数据处理和 Google 应用特性而设计的。GFS 运行于廉价的普通硬件上，但可以提供容错功能。它可以给大量的用户提供总体性能较高的服务。

一个 GFS 集群由一个主服务器(Master)和大量的块服务器(Chunk Server)构成，并被许多客户(Client)访问。主服务器存储文件系统所有的元数据，包括名字空间、访问控制信息、从文件到块的映射以及块的当前位置。它也控制系统范围的活动，如块租约(Lease)管理、孤立块的垃圾收集、块服务器间的块迁移。主服务器定期通过 Heart Beat 消息与每一个块服务器通信，向块服务器传递指令并收集它的状态。GFS 中的文件被切分为 64MB 的块并以冗余存储，每份数据在系统中保存三个以上备份。

客户与主服务器的交换只限于对元数据的操作，所有数据方面的通信都直接和块服务器联系，这大大提高了系统的效率，防止主服务器负载过重。

3. 数据管理技术

云计算需要对分布的、海量的数据进行处理、分析。因此，数据管理技术必须能够高效地管理大量的数据。云计算系统中的数据管理技术主要是 Google 的 BT(Big Table)数据管理技术和 Hadoop 团队开发的开源数据管理模块 HBase。

BT 是建立在 GFS、Scheduler、Lock Service 和 MapReduce 之上的一个大型的分布式数据库，与传统的关系数据库不同，它把所有的数据都作为对象来处理，形成一个巨大的表格，用来分布存储大规模结构化数据。

Google 的很多项目使用 BT 来存储数据，包括网页查询、Google Earth 和 Google 金融。这些应用程序对 BT 的要求各不相同：数据大小(从 URL 到网页到卫星图像)不同，反应速度不同(从后端的大批处理到实时数据服务)。对于不同的要求，BT 都成功地提供了灵活高效的服务。

4. 虚拟化技术

通过虚拟化技术可实现软件应用与底层硬件相隔离，它包括将单个资源划分成多个虚拟资源的裂分模式，也包括将多个资源整合成一个虚拟资源的聚合模式。虚拟化技术根据对象可分成存储虚拟化、计算虚拟化、网络虚拟化等，计算虚拟化又分为系统级虚拟化、应用级虚拟化和桌面虚拟化。

5. 云计算平台管理技术

云计算资源规模庞大，服务器数量众多并分布在不同的地点，同时运行着数百种应用，如何有效地管理这些服务器，保证整个系统提供不间断的服务是巨大的挑战。

云计算系统的平台管理技术能够使大量的服务器协同工作，方便地进行业务部署和开通，快速发现和恢复系统故障，通过自动化、智能化的手段实现大规模系统的可靠运营。

3.2 大数据技术

3.2.1 基本概念

大数据(Big Data)指的是所涉及的资料量规模巨大、关系混杂、动态持续、变化不定，需要用先进的技术和工具，在合理的时间内实现数据的撷取、存储、分配、提炼、集成和分析，并从中挖掘出有价值的资讯和信息，用于辅助和优化决策。大数据技术就是从各种类型的数据中快速获得有价值信息的技术，大数据处理的关键技术一般包括：大数据采集、大数据预处理、大数据存储及管理、大数据分析及挖掘、大数据检索、大数据可视化、大数据应用、大数据安全等。

3.2.2 体系结构

虽然不同机构或组织对大数据体系架构的设计有所不同，但从解决问题的实质上来看，不同的体系架构之间又有共性的方面。

(1) 工作流程主要围绕大数据生命周期进行设计。

(2) 工作方法主要依靠分布式存储和分布式并行处理来实现。

(3) 基础设施具有良好的扩展性。

(4) 大数据隐私和安全被广泛重视。

如同其他技术或事物一样，大数据体系会逐渐趋于一致并最终实现标准化，而具有普遍适用的标准又能更好地为大数据研究和应用提供理论指导和技术参考。目前，比较流行的典型大数据处理开源架构主要有 Hadoop、Storm 和 Spark 三种。

3.2.3 关键技术

在实际应用中，大数据是一项非常复杂的系统工程，既需要硬件基础，也需要软件支撑，涉及的技术涵盖信息通信、计算机科学、信息网络、数据库等多个领域。单从大数据的处理流程和生命周期考虑，归纳起来，大数据的关键技术主要包括大数据感知与获取技术、大数据预处理技术、大数据存储与管理技术、大数据分析技术、大数据可视化技术以及大数据安全与隐私保护技术等六部分。

1. 大数据感知与获取技术

大数据应用的关键，就是从海量的看似无关的数据中通过分析关联关系从而获取有价值的信息，因此有效获取目标数据成为大数据应用必须解决的首要问题。大数据类型多样，来源广泛，涉及人类社会活动的各个领域，其中最主要的来源有三个方面：人们在互联网活动中产生的数据、各类计算机系统产生的数据、各类数字设备记录的数据。人们在互联网活动中产生的数据为网络数据，常用到的数据感知与获取技术有网络爬虫或网络嗅探等；各类计算机系统产生的数据主要是日志和审计数据，常用日志搜集和监测系统来获取数据，如 Scribe、Flume、Chukwa 等；各

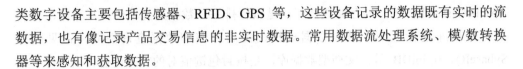

类数字设备主要包括传感器、RFID、GPS 等，这些设备记录的数据既有实时的流数据，也有像记录产品交易信息的非实时数据。常用数据流处理系统、模/数转换器等来感知和获取数据。

2. 大数据预处理技术

大数据源中既有同构数据也含有大量的异构数据，目标数据常会受到噪声数据的干扰，影响数据的准确性、完整性和一致性。为提升大数据质量，需要对原始数据进行数据清理、数据集成、数据规约与数据转换等预处理工作。

大数据清理是通过设置一些过滤器，对原始数据进行“去噪”和“去脏”处理。大数据清理常用到的技术有数据一致性检测技术、脏数据识别技术、数据过滤技术、噪声识别与平滑处理技术等。

大数据集成是指把来自不同数据源、不同格式的数据通过技术处理，在逻辑上或物理上进行集中，形成统一的数据集或数据库。大数据集成常用到的技术包括数据源识别技术、中间件技术、数据仓库技术等。

大数据规约是在不影响数据准确性的前提下，运用压缩和分类分层的策略对数据进行集约式处理。大数据规约常用到的技术有维规约技术、数值规约技术、数据压缩技术、数据抽样技术等。

大数据转换是将数据从一种表示形式转换成另一种表示形式，目的是使数据形式趋于一致。大数据转换常用到的技术有基于规则或元数据的转换技术、基于模型和学习的转换技术等。

3. 大数据存储与管理技术

目前，除了传统关系型数据库外，大数据存储和管理形式主要有三类：分布式文件系统、非关系型数据库和数据仓库。

(1) 分布式文件系统是由物理上不同分布的网络节点，通过网络通信和数据传输统一提供文件服务与管理的文件系统，它的文件物理上被分散存储在不同的节点上，逻辑上仍然是一个完整的文件。常用的分布式文件系统有 Hadoop 的 HDFS、Google 的 GFS 等。

(2) 非关系型数据库(Not Only SQL，NoSQL)是为解决大规模数据集合多重数据种类存储难题应运而生的，它的最大特点就是不需要预先定义数据结构，而是在有了数据后根据需要灵活定义。非关系型数据库一般分为四类：键值(Key-Value)存储数据库，主要利用哈希表中的特定键值对来实现数据存储，常见的有 Redis、

ApacheCassandra 等；列存储数据库，是按行排序以数据列为单位进行存储，有利于对数据库进行压缩，减少数据规模，提高存储和数据查询性能，常见的有 SybaseIQ、InfiniDB 等；文档型数据库，是按封包键值对的方式进行存储，每个文档(如 XML、HTML、JSON 文档等)代表一个数据记录，记录着数据的具体类型和内容，常见的有 MongoDB、CouchDB 等；图形数据库，是利用图形模型实现数据的存储，主要存储事物与事物之间的相关关系，将这些相关关系所呈现负责的网络关系简单地称为图形数据，常见的有 Google Pregel、Neo4J 等。

(3) 数据仓库建立在已有大量操作型数据库的基础上，通过 ETL 等技术从已有数据库中抽取转换导出目标数据并进行存储。与操作型数据库不同，数据仓库不参与具体业务数据操作，主要目的是对从操作型数据库中抽取集成的海量数据进行分析处理，并提供高速查询服务。

4. 大数据分析技术

大数据分析是大数据处理流程中最为关键的步骤，也是大数据价值生成的核心部分。从对数据信息的获知度上来看，大数据分析可以分为对已知数据信息的分析和对未知数据信息的分析。对已知数据信息的分析一般运用分布式统计分析技术来实现，对未知数据信息的分析一般通过数据挖掘等技术来实现。

大数据统计分析主要利用分布式计算集群和分布式数据库，运用统计学相关知识和算法(如聚类分析、判别分析、差异分析等)，对获取的海量已知数据信息进行分析和解释。目前，比较流行的大数据统计分析工具是基于 R 语言的分布式计算环境(如 RHIPE)。数据挖掘是从海量的数据中通过算法计算，提取隐藏在其中的有用信息的数据分析过程，是统计分析、情报检索、模式识别、机器学习等数据分析方法的综合运用。在大数据领域中，常见的数据挖掘方法主要包括聚类分析、分类分析、预测估计、相关分析等。

5. 大数据可视化技术

大数据可视化技术的工作原理是运用计算机图形学和图像处理技术，将数据以图形或图像的方式展示出来，实现对大数据分析结果的形象解释，并能够实现对数据的人机交互处理。大数据可视化关键技术包括符号表达技术、数据渲染技术、数据交互技术、数据表达模型技术等。大数据可视化技术与传统数据可视化技术不同。传统数据可视化技术通常是从关系数据库或数据仓库中提取数据(数据类型较为单一)并进行可视化处理，一般不支持实时数据的可视化和交互式的可视化分析。而大数据可视化技术则是从多个数据源提取多种类型数据进行可视化处理，并且支持实时数据的可视化和交互式的可视化分析。常见的可视化处理和管理工具有 TableauDesktop、QlikView、Datawatch、Platfora 等。

6. 大数据安全与隐私保护技术

大数据应用在商业、政府决策、军事等领域创造了巨大价值，同时正是受利益驱使，大数据的安全和隐私保护也正面临着越来越严重的威胁。从大数据的关键技术来看，大数据处理的每个阶段几乎都面临着各种各样的安全威胁，传统的信息安全技术措施很难对大数据进行有效的安全防护。越来越多的人开始重视大数据的安全和隐私保护，并开始着重研究应对安全隐患和保护隐私的技术措施。

保护大数据安全主要是保证大数据的可用性、完整性、机密性。大数据来源广泛、模态复杂，大量数据来自不可信的数据源，同时收集到的大数据常常会有字段缺失或数据错误的情况，导致大数据不可用或弱可用以及完整性缺失。解决大数据可用性问题一般通过数据冗余设置，而大数据的完整性问题一般通过数据校验技术和审计策略来解决。对于大数据的机密性，由于数据规模大，传统的数据加密技术会极大地增加开销，因此一般利用访问控制和安全审计技术来保证大数据的安全。

3.3 数据挖掘技术

人们在日常生活中经常会遇到这样的情况：超市的经营者希望将经常被同时购买的商品放在一起，以增加销售额；保险公司想知道购买保险的客户一般具有哪些特征；医学研究人员希望从已有的成千上万份病历中找出患某种疾病的病人的共同特征，从而为治愈这种疾病提供一些帮助等。对于这些问题，现有信息管理系统中的数据分析工具无法给出解决办法。因为无论是统计、查询还是报表，其处理方式都是对指定数据进行简单的数字处理，而不能对这些数据所包含的内在信息进行提取。而随着数据量的激增，人们越来越希望系统能够提供更高层次的数据分析功能，从而更好地支持决策或科研工作。正是为了满足这种要求，数据挖掘技术应运而生。

3.3.1 基本概念

所谓数据挖掘，就是从大量的、不完全的、有噪声的、模糊的、随机的数据库中，提取隐含在其中的、人们事先不知道的但又是潜在有用的信息和知识的过程。这个定义包括以下四个层次的含义：①数据源必须是真实的、大量的、含噪声的；②发现的是用户感兴趣的知识；③发现的知识要可接受、可理解、可运用，最好能用自然语言表达发现结果；④并不是要求发现放之四海而皆准的知识，也不是要去发现崭新的自然科学定理和纯数学公式，更不是机器定理证明，所有发现的知识都是相对的，是有特定前提和约束条件、面向特定领域的。

数据挖掘基于的数据库类型主要有关系型数据库、面向对象数据库、事务数据库、演绎数据库、时态数据库、多媒体数据库、主动数据库、空间数据库、遗留数据库、异质数据库、文本数据库、Internet 信息库以及新兴的数据仓库(Data Warehouse)等。而挖掘后获得的知识包括关联规则、特征规则、区分规则、分类规则、总结规则、偏差规则、聚类规则、模式分析及趋势分析等。

3.3.2 数据挖掘的方法

数据挖掘从一个新的视角将数据库技术、统计学、机器学习、信息检索技术、数据可视化和模式识别与人工智能等领域有机结合起来，它能组合各个领域的优点，从而能从数据中挖掘到其他传统方法所不能发现的有用知识。利用数据挖掘进行数据分析常用的方法主要有分类、回归分析、聚类、关联规则、特征分析、变化和偏差分析、网页挖掘等，它们分别从不同的角度对数据进行挖掘。

1. 分类

分类就是应用已知的一些属性数据去推测一个未知的离散型属性数据，而这个被推测的属性数据的可取值是预先定义的。要想很好地实现这种推测，就需要事先在已知的一些属性和未知的离散型属性之间建立一个有效的模型，即分类模型。

它可以根据犯罪嫌疑人的分类、犯罪嫌疑人的属性和特征分析来对犯罪趋势进行预测预警等。例如，民警将吸毒人员按照年龄、性别、职业、有无固定居所等特征进行分类，这样就可以对未来可能的吸毒人员进行预测，对符合这些分类特征的人员进行预警。

2. 回归分析

回归分析方法反映的是事务数据库中属性值在时间上的特征，产生一个将数据项映射到一个实值预测变量的函数，发现变量或属性间的依赖关系，其主要研究问题包括数据序列的趋势特征、数据序列的预测以及数据间的相关关系等。

它可以应用在公安的预测预警系统中，民警通过对案件时间上的相关性、延续性来对案发时间进行预测，提前进行布控。

3. 聚类

聚类是将数据划分为簇的过程，根据数据本身的自然分布性质、数据变量之间存在的程度不同的相似性(亲属关系)，按一定的准则将最相似的数据聚集成簇。使得属于同一类别数据间的相似性尽可能大，不同类别数据间的相似性尽可能小。

它可以对公安刑事案件的数据进行分析，总结出各类不同案件所具有的特征，如侵财案件中犯罪人的年龄、职业、性别等的特征，为后续办理同类型的案件提供数据指导。

4. 关联规则

关联规则是描述数据库中数据项之间所存在的关系的规则，即根据一个事务中某些项的出现可导出另一些项在同一事务中也出现，即隐藏在数据间的关联或相互关系。

它可以挖掘出隐藏在案件之间的关系，如某个犯罪嫌疑人在某个时间段进入某个小区进行入室盗窃。同时，给出该地区在某一时间段内发生的所有案件，通过作案手法等案件信息进行关联，推导出该犯罪嫌疑人还参与了哪些案件。

5. 特征分析

特征分析是从数据库中的一组数据中提取出关于这些数据的特征式，这些特征式表达了该数据集的总体特征。比如，民警通过对犯罪嫌疑人的特征或者案件的特征进行提取，可以得到案件发生的主要原因、相应犯罪嫌疑人的身份特征，利用这些信息可以有效地预测犯罪趋势和阻止案件发生。

6. 变化和偏差分析

偏差包括很大一类潜在有趣的知识，如分类中的反常实例、模式的例外、观察结果对期望的偏差等，其目的是寻找观察结果与参照量之间有意义的差别。在公安机关及其预警中，民警更感兴趣的是那些意外规则。意外规则的挖掘可以应用到各种异常信息的发现、分析、识别、评价和预警等方面，从而发现一些通过常规手段所不能发现的线索，丰富民警办案的线索来源渠道。

7. 网页挖掘

随着互联网的迅速发展及网页的全球普及，网页上的信息量无比丰富。通过对网页的内容进行挖掘，可以利用网页的海量数据进行分析、收集 QQ、微信、电子邮件、手机号码、住址等信息，集中精力分析和处理涉及的重点人员或潜在重点人员信息，并根据分析结果找出企业管理过程中出现的各种问题和可能引起危机的先兆，对这些信息进行分析和处理，以便识别、分析、评价和管理危机。

3.3.3 数据挖掘的过程

数据挖掘可以分为三个主要的阶段：数据准备、数据挖掘、结果评价和表达。其中结果评价和表达还可以细分为评估、解释模式模型，巩固、运用知识。数据挖掘的过程如图 3.2 所示。

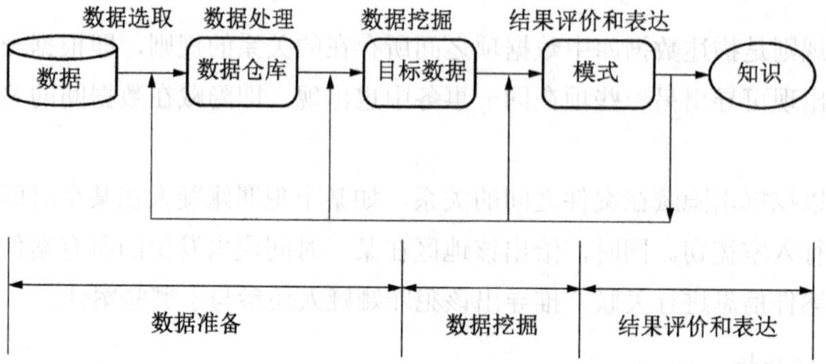

图 3.2 数据挖掘过程

1. 数据准备

数据挖掘的处理对象是海量的数据，这些数据一般存储在数据库系统中。但是这些数据往往不适合直接进行挖掘，需要做数据准备工作。数据准备工作一般包括数据选择(选择相关的数据)、数据净化(消除噪声数据)、数据推测(推算缺失数据)、数据转换(离散值数据与连续值数据之间的相互转换、数据值的分组分类、数据项之间的计算组合等)、数据缩减(减少数据量)。这些工作往往在生成数据仓库时已经准备妥当。数据准备是数据挖掘的第一个步骤，该步骤是否做好将影响到数据挖掘的效率和准确度，以及最终模式的有效性。

2. 数据挖掘

数据挖掘是数据挖掘技术中最关键的步骤，也是技术难点所在。采用较多的数据挖掘技术有决策树、分类、聚类、粗糙集、关联规则、神经网络、遗传算法等。根据不同的目标，选取相应算法的参数分析数据，得到可能形成知识的模式和模型。

3. 结果评价和表达

评估、解释模式模型：上面得到的模式模型有可能是没有实际意义或没有使用价值的，也有可能是不能准确反映数据的真实意义的，甚至在某些情况下是与事实相反的。因此需要评估，确定哪些是有效的、有用的模式。评估可以根据用户多年的经验，有些模式也可以直接用数据来检验其准确性。该步骤还包括把模式以易于理解的方式呈现给用户。

巩固知识：用户理解的并被认为是符合实际和有价值的模式模型形成了知识。同时，还要注意对知识进行一致性检查，解决与以前得到的知识相互冲突、矛盾的地方，使知识得到巩固。

运用知识：运用知识有两种方法，第一，只需要看知识本身所描述的关系或结果，就可以对决策提供支持；第二，要求对新的数据运用知识，由此可能产生新的问题，而需要对知识做进一步的优化。

3.4 人工智能技术

1956 年，被誉为“人工智能之父”的美国学者 John McCarthy 提出了“人工智能”的概念，此后人类开始对这一领域进行新的探索。人工智能(Artificial Intelligence，AI)是计算机科学与技术专业的一门重要的专业课程，主要研究运用计算机模拟和延伸人脑功能的综合学科，主要探讨如何运用计算机模仿人脑所从事的推理、证明、识别、理解、设计、学习、思考、规划以及问题求解等思维活动，并以此解决如咨询、诊断、预测、规划等需要人类专家才能处理的复杂问题。通俗地说，人工智能可以分为两部分来理解，即“人工”和“智能”，顾名思义就是人造的智能。

3.4.1 基本概念

人工智能是计算机学科的一个分支，主要研究、开发用于模拟、延伸和扩展人的智能的理论、方法、技术及应用系统的一门技术科学。20 世纪 70 年代以来，人工智能技术与空间技术、能源技术一并被称为世界三大尖端技术。人工智能研究的内容丰富，学科交叉的特点比较显著。除了计算机科学以外，人工智能还涉及信息论、控制论、自动化、仿生学、生物学、心理学、数理逻辑、语言学、医学和哲学等多门学科。人工智能是一门综合学科，又是交叉学科，所研究的内容比较浩繁。从基础理论上来讲，人工智能主要研究的内容大致可包括以下几方面。

(1) 搜索与求解。搜索，是人工智能的基本技术，就是为了达到某一目标而多次地进行某种操作、运算、推理或计算的过程。

(2) 学习与发现。

(3) 知识与推理。知识是智能的基础和源泉。

(4) 发明与创造。

(5) 感知与交流。

(6) 记忆与联想。

(7) 系统与建造。

(8) 应用与工程。

3.4.2 关键技术

1. 专家系统

专家系统泛指各种知识系统，是一种基于知识的智能计算机程序，它利用人类专家提供的专门知识模拟人类专家的思维过程，运用知识和推理解决只有领域专家才能解决的复杂问题。专家系统拥有某一领域大量的信息和推理过程，含有批量的专业知识与经验，并同时具有存储、记忆、推理、判断等的能力。其核心是知识库和推理机。专家系统的应用方式是先把某一领域的专家知识经验以及所研究的信息存入数据库和知识库，然后根据需要被解释机、推理机所调用，经过人机交互接口供人们使用。

2. 自然语言理解

自然语言理解即自然语言处理(Natural Language Processing，NLP)，是使用自然语言同计算机进行通信的技术。处理自然语言的关键是让计算机“理解”自然语言，因此又称为计算语言(Computational Linguistics)，是语言信息处理和人工智能学科的交叉。自然语言理解可分为以下两个方面。

(1) 口语理解(语音识别、分析等)。

(2) 书面语理解(机器翻译、自动成文等)。

自然语言理解是人工智能应用的一个亮点。人和动物的本质区别之一是人具有语言，如果计算机能够理解分析人类的语言，那我们就毫不犹豫地说计算机具有了智能。而在人工智能中，自然语言是研究知识表示的方式，也是无法回避的直接对象，最常见的就是在计算机上编程调试以实现问题的求解。在计算机程序设计语言，特别是很接近人类自然语言的高级程序设计语言的教学中，编程序是必不可少的环节。在编程的过程中，我们会发现计算机对程序具有查错、分析、推理等功能，如在 VB 程序设计中编程时，如果语句本身有误，计算机会给出相应的提示要求修改。而程序调试的过程就是计算机进行诊断、分析、判断、推理的过程。

3. 人工神经网络

人工神经网络在人工智能的发展过程中，始终离不开对人类大脑的模拟和实现。用人工神经元(神经细胞)组成的人工神经网络作为信息和知识载体的生理模拟(结构模拟)，用称为神经计算的方法实现学习、记忆、联想、识别和推理等功能，从而来模拟人脑的智能行为，使计算机表现出某种智能的结合，使人工神经网络的出现成为可能。人工神经网络(Artificial Neural Network，ANN)就是通过对大脑生理结构原理的研究，用模拟生物神经元的某些基本功能元件，按照多种不同的方式组合连接而成的一个网络。人工神经网络不仅广泛应用于结构工程研究、光学信号处理和信号识别、光谱分析、磁共振分析等方面，而且在教学中也扮演着重要的角色。人工神经网络在教学中主要是和专家系统相结合，用于提高教学专家系统的性能。神经网络在决策方面优于专家系统，主要依据是经验，不同于专家系统之处在于可用文字清楚地表达规则，导出符合逻辑的正确输出，并对系统的推理过程作出解释。在缺乏清楚表达规则或精确数据时，利用神经网络可产生合理的输出结果。另外，神经网络的并行分布处理能力和知识获取自动化克服了专家系统问题求解中的故障“组合爆炸”“推理的复杂性”及“无穷递归”等传统的困难。由于人工神经系统具有自组织、自适应能力，和专家系统结合使用弥补了专家系统知识获取的瓶颈问题、知识不够宽泛等不足，同时专家系统也为人工神经网络提供了更好的交互界面，可使教学过程中的知识信息展示得更加直观。

3.4.3 体系结构

1. 基本架构

按照人工智能的定义及其与人类智能之间的关系，人工智能就是要模拟与实现人类智能，这就涉及机器在感知、思考、行动这几个主要环节能力实现方面的关键技术。

(1) 在感知环节，所涉及的关键技术包括机器听觉、机器视觉、机器嗅觉、机器味觉、机器触觉等。

(2) 在思考环节，所涉及的关键技术包括机器学习、机器理解、机器思维等。

(3) 在行动环节，所涉及的关键技术包括声音合成、情感计算、智能控制等。

对于人类智能，即基于人脑的神经计算和控制来说，其能力和智力的提升主要依赖学习和理解，而学习与理解的核心是算法；对于人工智能，即基于机器存储的机器计算与控制来说，其能力和智力的提升也主要依赖机器学习和机器理解，因而其核心也是机器算法和理论。

根据上述论述，人工智能技术体系架构如图 3.3 所示。该架构包括两个层面，其中感知、思考、行动等环节的模拟和实现技术属于关键技术层，算法理论属于核心技术层。

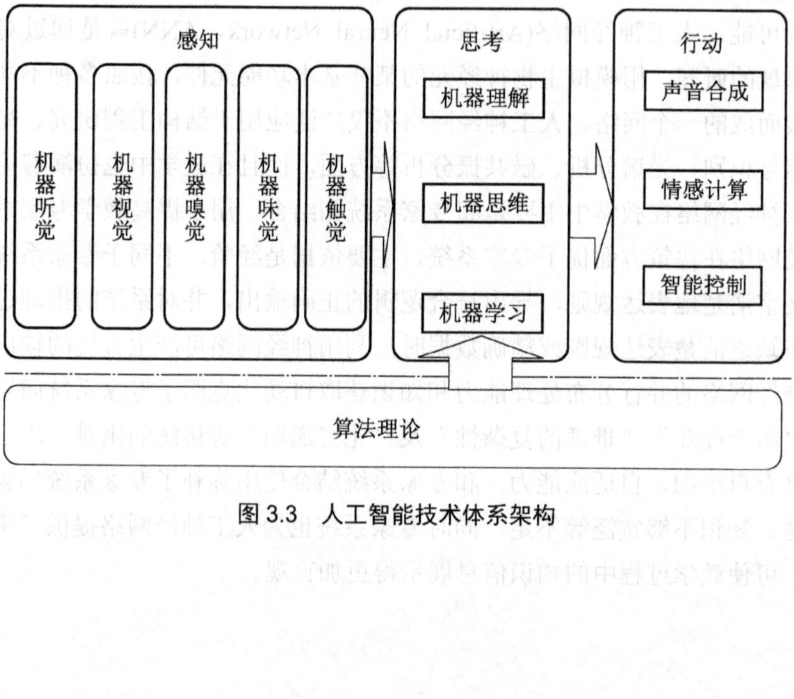

图 3.3 人工智能技术体系架构

2. 算法理论

算法理论主要涉及最早出现的机器定理证明和后来出现的专家系统、神经网络、深度学习，以及刚刚开始发展的类脑智能等。算法理论模块如图 3.4 所示。

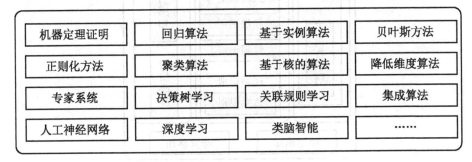

机器定理证明	回归算法	基于实例算法	贝叶斯方法
正则化方法	聚类算法	基于核的算法	降低维度算法
专家系统	决策树学习	关联规则学习	集成算法
人工神经网络	深度学习	类脑智能	……

图 3.4 算法理论模块

人工智能中最先应用的算法是机器定理证明以及其他类似问题的求解，这是由于在人工智能发展初期，符号主义学派认为人的智能主要体现在具有推理和思考能力，因此也就自然而然地将机器定理证明作为了人工智能研究的第一个切入点，并将相关成果应用于问题求解、自然语言理解、程序验证和自动程序设计等方面。至于回归算法、基于实例算法、贝叶斯方法、正则化方法、聚类算法、基于核的算法、降低维度算法以及专家系统等，都是不具备学习能力的算法。集成算法是将多种算法结合起来，综合运用于人工智能之中。

决策树学习、关联规则学习等属于具备学习能力的算法，但效率上相对较低。人工神经网络是借鉴了人类神经计算的原理而形成的算法，其效率得到了大幅度提高。深度学习是在人工智能神经网络的基础上，通过构建多隐层神经网络模型和海量训练数据来学习更有用的特征，最终提升分析准确性，具备了自动学习数据特征的能力，尤其适用于包含少量未标识数据的大数据集。由于深度学习采用层次网络结果进行逐层特征变换，将样本的特征表示变换到一个新的特征空间，从而使分类或预测更加准确、高效。

3. 感知环节

感知环节主要实现对人的感知能力的模拟和拓展，包括对人的听觉、视觉、触觉、嗅觉、味觉等，实现数据的采集和初步处理。该环节的关键技术如图 3.5 所示。

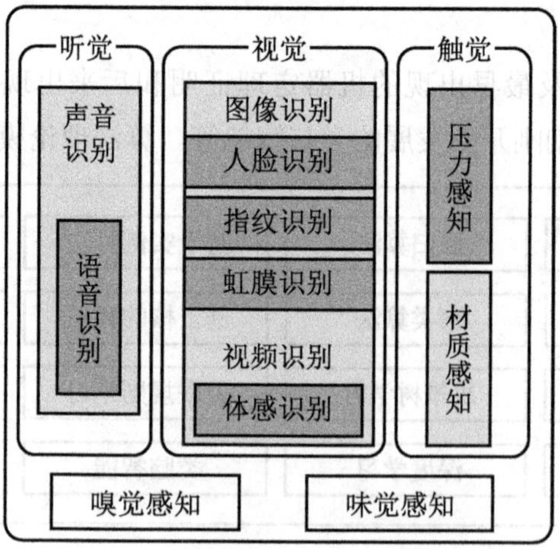

图 3.5　感知环节关键技术

(1) 机器听觉技术主要实现声音识别，现阶段主要是人类语音识别，而且语音识别已经成为车载语音、智能家居、人机交互、机器同声传译等应用的基础。

(2) 机器视觉技术主要实现图像识别和视频识别等，是人像识别、视频分析等领域发展的基础。在图像识别领域，指纹识别已经是一种非常成熟的技术，目前的重点是人脸识别和虹膜识别。在视频识别领域，主要关注的是动态图像，如体感识别、步态识别。

(3) 机器触觉技术是一种复合传感技术，是机器通过自身表面的温度觉、力觉等传感器提供的复合信息来识别物体的冷热、尺寸、柔软度、表面形状、表面纹理等特征。

(4) 嗅觉感知和味觉感知技术主要是分子层面的感知识别，将会在危险物检测等领域发挥作用。

4. 思考环节

思考环节主要是利用算法理论实现人工智能对知识的学习、对问题的思考和对现象的理解等。因此，该环节主要包括机器学习、机器理解、机器思维等部分，如图 3.6 所示。

(1) 机器学习部分主要是将所获得的数据信息利用贝叶斯方法、关联规则学习、人工神经网络、深度学习、类脑智能等高级算法理论来进行处理，挖掘出有价值规律性的知识，提升人工智能的思维和理解能力。

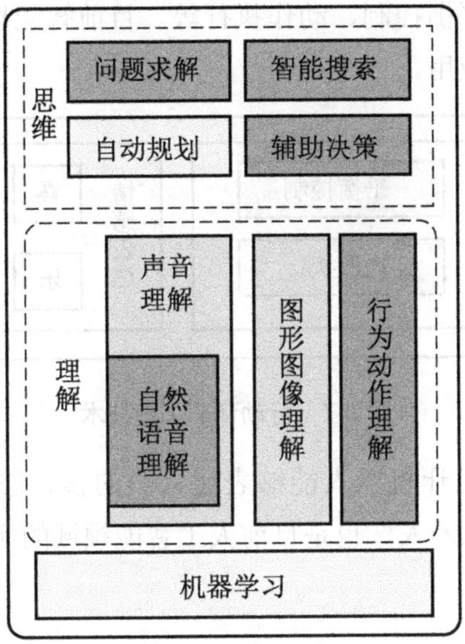

图 3.6　思考环节关键技术

(2) 机器理解部分主要是利用一些高级算法来理解所获得的数据含义，主要包括声音理解、自然演绎理解、图形图像理解、运动影像理解、行为动作理解等。目前，回归神经网络、深度神经网络、长短记忆神经网络已成为常用的语音识别算法。而在诸多机器视觉技术中，卷积神经网络被普遍认为是一种更容易被训练并且具有更好泛化能力的前馈网络，已经广泛运用于自然图像、指纹、人脸以及物体的检测之中。

(3) 机器思维部分主要是在已经获得的知识的基础上，利用回归算法、基于实例算法、贝叶斯方法、正则化方法、聚类算法、基于核的算法等进行推理，从而得出问题求解、智能搜索、自动规划、辅助决策、程序验证和自动程序设计等需要解决的问题的答案。

5. 行动环节

行动环节主要是实现思考环节的结果输出、执行与控制，包括决策执行、声音合成、智能控制、情感表达等，该环节关键技术如图 3.7 所示。

(1) 决策执行概念比较宽泛，依据各自不同的需求执行具体的动作。

(2) 声音合成技术目前已经基本成熟，通过数字化频率控制，可以将声音逼真地进行模仿。

(3) 智能控制包括平衡控制、动作执行等。目前智能控制技术已经在生产制造领域获得了较大范围的应用。

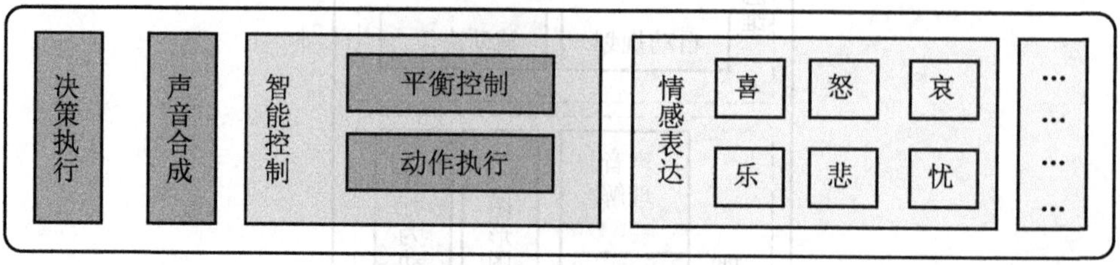

图 3.7　行动环节关键技术

(4) 情感表达主要是让机器人能够表达人类的喜、怒、哀、乐、悲、忧等情感，主要用于类人服务机器人，也是目前人工智能领域的研究热点之一。

3.5 物联网技术

3.5.1 基本概念

物联网(Internet of Things，IoT)，指的是将各种信息传感设备，如射频识别(RFID)装置、红外感应器、全球定位系统、激光扫描器等与互联网结合起来而形成的一个巨大网络。物联网是多学科高度交叉的新兴前沿研究热点领域，它综合了传感器技术、嵌入式计算技术、现代网络及无线通信技术、分布式信息处理技术等，能够通过各类集成化的微型传感器协作地实时监测、感知和采集各种环境或监测对象的信息，通过嵌入式系统对信息进行处理，并通过随机自组织无线通信网络以多跳中继方式将所感知的信息传送到用户终端。

为了更好地定义物联网，描述物联网的特征，我们将物联网与互联网的基本特征进行比较，如表 3.1 所示。

表 3.1　物联网与互联网的特征比较分析表

名　称	联接主体	信息采集	信息传输	信息处理	网络社会现状
物联网	人与物、物与物	自动	数字网络化	智能化	现实
互联网	人与人	人工	数字网络化	交换	虚拟

由表 3.1 可知，物联网与互联网有着显著的区别，同时也存在着密切的联系。物联网是基于互联网之上的一种高级网络形态。物联网和互联网的共同点是：技术基础是相同的，即它们都是建立在分组数据技术基础之上的；物联网和互联网的不同点是：用于承载物联网和互联网的分组数据网无论是网络组织形态，还是网络的功能和性能，对网络的要求都是不同的。互联网对网络性能的要求是："尽力而为"的传送能力和基于优先级的资源管理，对安全、可信、可控、可管等都没有要求；物联网对网络的要求高得多，对实时性、安全可信性、资源保证性等都有很高的要求。因此从这方面来说，两者是有差别的。

3.5.2　关键技术

技术是应用的基础，物联网要实现物与物之间的感知、识别、通信等功能需要有大量先进技术的支持。目前，物联网关键技术包括感知事物的传感器节点技术、联系事物的组网和互联技术、判别事物位置的全球定位系统、实现事物思考的应用技术，以及提高事物性能的新材料技术。

1. 传感器节点技术

传感器是一种物理装置或生物器官，能够探测、感受外界的信号、物理条件或化学组成，并将探知的信息传递给其他装置或器官。目前传感器节点技术的研究主要包括传感器技术、RFID 射频技术、微型嵌入式系统。其中传感器技术是研究的重点，因为传感器节点技术是传感网信息采集和数据预处理的基础和核心，而传感器技术则是传感器节点技术的前提。随着材料、工艺等技术的进步，传感器已经实现了微型化、网络化、信息化，但是在某些领域，尤其是传感器供电技术方面，相关的研究遇到了很大的阻力。因为传感器往往是依靠自身或者太阳能来进行供电的，而太阳能电池的供电效率以及可靠性都无法满足要求，目前一个比较理想的途径是大力研究无线电能传输技术和高性能锂电池技术，定期对传感器进行远程充电，以大规模延长传感器的使用时间。

2. 组网和互联技术

传感器组网和互联技术是实现物联网功能的纽带，目前这一领域的主要研究方向包括构建新型分布式无线传感网络组网结构；基于分布式感知的动态分组技术；实现高可靠性的物联网单元冗余技术；无缝接入、断开和网络自平衡技术。一个高效的物联网是由数以万计的传感器节点构成的，而要使这些传感器能够相互协作，高效率地运行就必须有一个强大的组网和互联技术作为支撑。在节点过多时关闭其中的某些节点以延长网络的可用时间，当某些传感器节点出现故障或者脱离网络时能够及时开启备用的节点，在保证整个网络各项功能满足要求的前提下尽可能地延长网络的使用时间。

3. 全球定位系统

全球定位系统(Global Positioning System，GPS)是一种结合卫星及通信发展的技术，利用导航卫星进行测时和测距，从而实现物体的精确定位。全球定位系统由三部分组成：空间部分——GPS 星座；地面控制部分——地面监控系统；用户设备部分——GPS 信号接收机。全球定位系统最主要的指标是定位的精度，目前主要的全球定位系统是美国的 GPS，其精度在民用领域为 30 米。而为了打破美国在全球定位系统方面的垄断地位，各国目前都在争相发展全球定位系统，典型的例子有欧盟的“伽利略”卫星定位系统、俄罗斯的“格格纳斯”卫星定位系统以及中国的“北斗”卫星定位系统。其中，中国北斗卫星导航系统(Bei Dou Navigation Satellite System，BDSS)是中国自行研制的全球卫星导航系统。北斗卫星导航系统由空间段、地面段和用户段三部分组成，可在全球范围内全天候、全天时为各类用户提供高精度、高可靠定位、导航、授时服务，并具有短报文通信能力，已经初步具备区域导航、定位和授时能力，定位精度 10 米，测速精度 0.2 米/秒，授时精度 10 纳秒。

4. 应用技术

物联网应用技术是根据具体的物联网应用要求，在传感器节点构成的网络基础上具体服务于特定行业或者实现特定功能的技术。按照具体的任务来分，物联网应用技术主要包括感知信息处理技术、系统软件、传感器应用抽象和标准化以及应用软件及平台技术。物联网服务的行业领域极其广泛，这决定了物联网的工作平台必须具有极高的开放性。因此，感知信息处理技术、系统软件以及传感器应用抽象和标准化将是研究的重点，也是为应用软件及平台技术打下坚实的基础。从目前的趋势来看，传感器系统软件将会走模块化设计的思路，并且寻求一种基于新型开放性互联平台的层次化系统解决方案，其他应用技术都将基于这个平台来研发。

5. 新材料技术

新材料是指那些新近发展或正在发展之中的具有比传统材料的性能更为优异的

一类材料。为了进一步提高传感器的性能，新材料技术是不可或缺的。物联网新材料技术的研究主要包括使传感器节点进一步小型化的纳米技术；提高传感器可靠性的抗氧化技术；减小传感器功耗的集成电路技术。可以预见，随着新材料技术的发展，物联网系统器件会变得更小、能耗更低、可靠性更高。

3.5.3　体系结构

虽然物联网目前没有统一的定义，但物联网的技术体系结构基本得到统一认识，分为感知层、网络层、应用层三个层次，如图 3.8 所示。

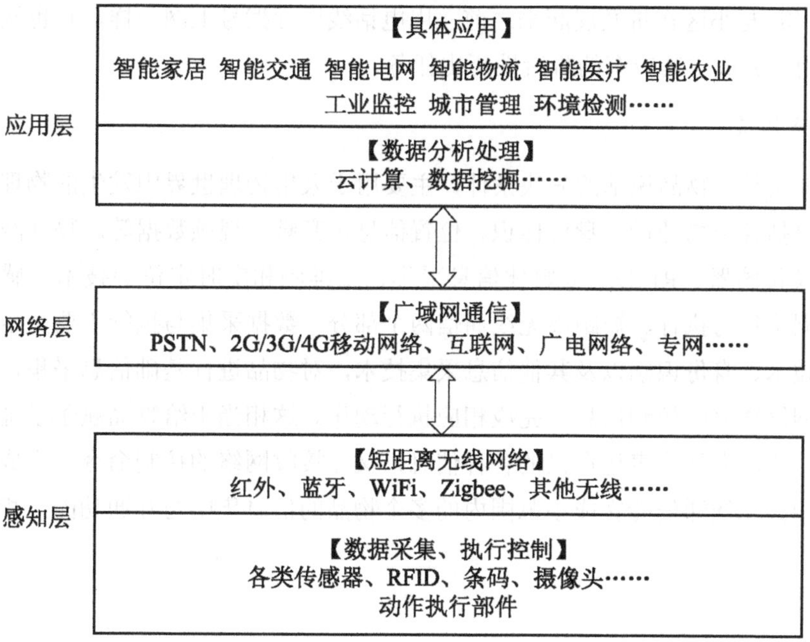

图 3.8　物联网体系结构

1. 应用层

应用层完成物品信息的汇总、协同、共享、互通、分析、决策等功能，相当于物联网的控制层、决策层。物联网的根本还是为人服务，应用层完成物品与人的最终交互，前面两层将物品的信息大范围地收集起来，汇总在应用层进行统一分析、决策，用于支撑跨行业、跨应用、跨系统之间的信息协同、共享、互通，提高信息的综合利用度，最大限度地为人类服务。其具体的应用服务又回归到前面提到的各个行业应用，如智能交通、智能医疗、智能家居、智能物流、智能电网等。

2. 网络层

网络层完成大范围的信息沟通，主要借助于已有的广域网通信系统(如 PSTN 网络、2G/3G/4G 移动网络、互联网等)，把感知层感知到的信息快速、可靠、安全地传送到地球的各个地方，使物品能够进行远距离、大范围的通信，以实现在地球范围内的通信。当然，现有的公众网络是针对人的应用而设计的，当物联网大规模发展之后，能否完全满足物联网数据通信的要求还有待验证。即便如此，在物联网初期，借助已有公众网络进行广域网通信也是必然的选择，如同 20 世纪 90 年代中期在 ADSL 与小区宽带发展起来之前，用电话线进行拨号上网一样，它也发挥了巨大的作用，完成了其应有的阶段性历史任务。

3. 感知层

感知层是让物品说话的先决条件，主要用于采集物理世界中发生的物理事件和数据，包括各类物理量、身份标识、位置信息、音频、视频数据等。物联网的数据采集涉及传感器、RFID、多媒体信息采集、二维码和实时定位等技术。感知层又分为数据采集与执行、短距离无线通信两个部分。数据采集与执行主要是运用智能传感器技术、身份识别以及其他信息采集技术，对物品进行基础信息采集，同时接收上层网络送来的控制信息，完成相应执行动作。这相当于给物品赋予了嘴巴、耳朵和手，既能向网络表达自己的各种信息，又能接收网络的控制命令，完成相应动作。短距离无线通信能完成小范围内的多个物品的信息集中与互通功能，相当于物品的脚。

3.6 本章小结

本章主要从云计算、大数据、数据挖掘、人工智能、物联网这五个技术来介绍智慧警务的相关技术，每种技术都从基本概念、体系结构、所包括的关键技术等方面来进行详细的介绍。本章的目的是让民警对于智慧警务建设过程中所涉及的相关技术有一个预先的了解、掌握，为更好地阅读本著作奠定相关技术的知识基础。

第4章 智慧警务总体设计

智慧警务是以公安业务为核心，以科技信息化手段为支撑，整合公安业务系统功能，打通信息系统壁垒，构建智慧化警务工作平台，涵盖公安所有业务工作，包括公安机关“打、防、管、控”一体化的职能。本章将就智慧警务的整体架构、具体内容和保障体系进行总体设计。

4.1 智慧警务建设总体要求

4.1.1 智慧警务建设任务

智慧警务建设要以当前公安的主要工作为核心，适应公安工作的实际需求，本着“节约成本，整合资源，共建共享，惠及民生”的要求。智慧警务核心技术是大数据、云计算、物联网、人工智能等先进的信息技术，是利用计算机通过机器学习的方法或算法模拟公安民警的思维，进行侦查办案、治安防控、便民服务，整个过程全自动化，最终实现公安机关“打、防、管、控”能力和水平的提升，让公安民警舒心工作，为人民群众做好服务。

1. 整合信息数据资源，构建公安大数据中心

根据公安部的数据标准，结合本地公安业务数据实际，制定本地大数据标准，对公安业务数据、社会资源数据、互联网数据、视频图像数据等进行数据抽取、对标、清洗等预处理工作，构建本地公安标准库；结合公安各警务实战专题设立专题库、关联库、主题库和报告库，构建本地公安在线数据中心。原则上，从资源整合

和共享角度考虑，公安大数据只设立在公安部、省公安厅和市州公安局，区、县公安局不提倡建设数据中心。

2. 融合业务系统功能，构建统一智慧警务平台

公安金盾一期、二期建设，公安信息化系统繁多，业务功能重叠，重复建设现象较多。在智慧警务建设过程中，要制定公安部、省级、市级智慧警务平台的数据标准、服务标准、接口标准和应用标准，推进各警种业务系统功能的融合，构建功能齐全、满足各警种业务需求的统一警务平台，以减少重复建设现象。对于过去已建的信息化系统，把相关业务功能融合在统一的智慧警务平台，业务系统融合有难度的，要实现单点登录，以减少重复登录。对新建的信息化业务系统，必须统一到智慧警务平台，从技术上、制度上限制不能进行功能融合的信息化系统上线运行。同时，把先进的、发达地区已使用的各类实战模型和算法融合到智慧警务平台，构建真正集“打击、防范、管理和服务”于一体的统一智慧警务平台。

3. 拓展信息来源渠道，构建泛在智慧的感知网络

智慧警务建设是以公安科技信息化为基础的，关键在于公安大数据的数量和质量。在智慧警务建设过程中，应拓展信息数据来源，构建广泛的数据来源感知前端设备，如电子围栏、无线 WiFi 设备、电子卡口、摄像机、智能社区、互联网出口感知设备等，构建无处不在的数据感知。数据量上来后，再对数据进行清理，提高数据质量，便于大数据分析应用，提升智慧警务的效能。

4. 提供便民利民通道，构建一站式公共服务体系

推进公安便民服务协同，整合治安、人口、出入境、网监、交管等公安服务门户建设，利用云计算、云服务的架构理念，通过构建平台即服务(PaaS)和软件即服务(SaaS)的电子政务应用架构模式，升级“一站式”行政审批流程，方便老百姓随时随地进行安全便捷的服务需求，满足公安各部门无所不在的办公要求，打造统一的“一站式”公共服务支撑平台，提高公安机关的便民服务能力和水平，让老百姓更有获得感和认同感。

4.1.2 智慧警务建设思路

智慧警务建设应聚焦本地警务实战需求，以云计算、大数据、人工智能、物联网、移动互联网等先进信息化技术手段为支撑，汇聚整合多源信息资源，打通条块

业务应用系统，打造数字化互联互通的“天网”、海量数据超级运算的“天算”、超级智能控制指引的“天智”，构建全维感知、全能运算、全域运用的智慧警务信息化体系，实现风险防控从被动响应向主动预警转变、指挥决策从经验驱动向数据驱动转变、安全治理从人力密集向科技集约转变、侦查破案从循迹追踪向精准发力转变，突破公安警务机制体制瓶颈，促进警务流程再造。

当前，公安机关的警务工作是“以预防为主，以打击为辅”，智慧警务的建设也应该遵循这个理念和思路，坚持将“风险排查防控系统”作为智慧警务的核心部件，把“人、车、场所、组织”管控到位，关键是把“人”管控到位。在智慧警务建设中应始终坚持“一人一档”，通过公安机关前端感知设备和后台大数据，为每个人建立一个电子档案，无论是常住人口还是临时流动人口，一旦在管辖区内感知出现，就要为其建立电子档案，以此进行智慧警务应用功能扩展。

4.1.3 智慧警务建设步骤

智慧警务是公安警务模式发展的必然结果，是提高公安机关打击各类违法犯罪行为和为人民群众提供精准服务的必然趋势，是公安科技信息化建设与深度应用的高级阶段。警务建设目标是充分运用科技创新的理念，以“智慧”引领警务改革与发展，打造公安行政更高效、警务指挥更扁平、治安管控更联动、为民服务更便捷的良性公安工作机制。智慧警务建设是一项涉及公安机关内外各领域、各部门的复杂系统工程，不可能一蹴而就，需要一个较长的磨合过程，涉及警务的机制和体制改革的方方面面。智慧警务最根本的目的就是：为民警减压减负，为老百姓提供便利服务，最终实现“向科技要警力，向数据要战斗力”。智慧警务建设涉及老百姓的切身利益，是一项复杂的系统工程，不可能短时间内完成，需要全社会各单位各部门的参与。因此智慧警务建设的目标要定得合理，既保证通过努力可以实现，也要考虑公安工作的实际需要。公安警务工作的实际情况，将智慧警务建设分为近期目标、中期目标和远期目标三个步骤。

1. 近期目标

近期的建设目标为：丰富数据来源，提高数据数量，构建智慧警务框架。根据湖南各地“4+X 中心”的职能划分，参照公安部公布的大数据标准，制定具有地方特色的公安大数据标准，清洗提取公安业务系统数据，以半自动化的方式整合社会资源数据，构建公安大数据平台，整合公安业务部门工作，构建“4+X 中心”的智慧警务统一平台框架，完善其必要的智慧警务功能，促进全警信息化应用水平的迅速提升。

2. 中期目标

中期的建设目标为：提升数据质量，提炼模型算法，充实智慧警务功能。进一步完善公安大数据标准和公安大数据平台，全面打通公安业务应用系统数据，社会资源数据与公安业务数据无缝对接，实现数据全自动化导入和导出，公安技战法和民警经验知识进一步提炼，大数据的分析与深度应用进一步完善，智慧警务打击犯罪和便民服务的效能进一步提升，以推动公安警务体制和机制改革。

3. 远期目标

远期的建设目标为：普及智慧警务应用，突出综合研判分析，实现公安警务最佳效能。通过信息化的手段逐步完善警务流程再造，让警务体制机制更加合理，公安信息化高度发达，数据来源更广泛，获取方式更快速，智慧警务平台的运维保障进一步完善，公安民警信息化普及全警应用，专业警种的专业情报研判更加凸显，公安机关的打、防、管、控能力明显增强，各类违法犯罪形势精准预测，案件侦破率高，案件发生率趋于平稳，案发数相对减少，公安便民服务进一步精准化和人性化，警民关系融洽，公安满意度高。

4.1.4 智慧警务建设原则

智慧警务建设是涵盖了公安所有部门、所有警种的信息化建设，是贯穿公安工作的基础性、全局性工程。在信息化项目的建设过程中，应立足于“顶层设计，技术优先”的总体原则，在保证科学性、先进性、经济性、实用性、前瞻性的同时，具有良好的扩展性和兼容性。为了确保科技信息化项目的建设质量，各地公安机关应遵循“业务警种主建、科技部门把关、第三方验收”的总体思路。除此之外，还应遵循以下建设原则。

1. 坚持急用先建，效果优先

根据公安机关目前智慧警务建设的实际需求，应对智慧警务需要建设的支撑项目进行科学合理的顶层设计。对上级公安机关要求考核的项目优先启动建设，分轻重缓急，稳步向前推进，以确保建设实效。智慧警务建设，要以解决目前公安实战所遇到的问题、为公安实战提供服务、提高公安实战效率为目标，确保项目建设的成果和效率。

2. 坚持基础先行，分批建设

智慧警务建设，应立足于“自底向上，逐步建设”的原则，坚持数据融合、大数据中心、视频专网等信息化基础设施建设先行启动。在此基础上进行相关应用系统的建设，保证项目建设的逻辑性和完整性。在建设过程中，项目规模较大、所需经费较多的项目可以通过分批次的方式来进行，以确保所建项目既能满足当前的需求，同时又能适应技术的自身发展。

3. 坚持统筹规划，节约经费

智慧警务建设是智慧城市建设的主要内容之一，应积极向政府汇报，争取将智慧警务建设纳入政府主导下的智慧城市建设中，将智慧警务建设投入纳入政府公共财政体系的重要内容。智慧警务将是今后公安信息化建设的重要内容，应统筹到公安“十三五”规划，可以按照政府投入为主、其他投入为辅的方式，努力尝试公安科技信息化建设融资渠道的社会化、多元化的途径，力争做到资金使用的集约化、合理化和适度化。同时，在项目建设规划中，应遵循避免重复建设的原则，全面了解各部门的需求，从整体上把握项目建设规划，确保经费节约。

4. 坚持理念超前，注重实效

在智慧警务的需求调研和前期顶层设计时，通过对新的理论和技术的了解，对本地实际情况的掌握，对未来发展方向的预测，制定具备时效性、超前性的信息化建设规划。同时，借鉴其他成熟的应用系统的建设经验，结合先进的信息技术、数据标准、服务标准、硬件设备等的不断演进，确保公安智慧警务建设的实际效果，为公安实战、管理、服务带来看得见的改进和提升。

4.1.5　智慧警务预期效果

智慧警务是一种全新的警务模式，充分利用先进的信息技术并结合公安机关的警务体制机制改革，其目的是：为民警减压减负，为老百姓提供便捷的服务，让犯罪嫌疑人“无罪可瞒、无形可隐、无处可藏、无路可逃”，让领导决策更科学、研判更有底。智慧警务是公安部门去机关化、去行政化的体现，可以实现从机关走向实战、从警力分散走向警力集中、从传统警力走向向科技要警力、从专业单一警种向一警多能的转变。通过智慧警务平台建设实现横向互联、纵向贯通、一体运行，实现警务资源整合、警务要素重组、警务流程再造，推动公安工作全领域、全流程转型升级。

1. 智慧警务可以实现警务流程再造，变信息流、业务流、管理流为智慧警务平台的指令下达

智慧警务需要充分利用信息化手段，依托公安大数据技术作为支撑，全面打通公安警务信息流、业务流、管理流，再造警务流程，促进传统警务模式转型升级。部门之间、警种之间所需的协作和交流，只需在智慧警务平台以指令的方式下达，大大地缩短时间，如图 4.1 所示。

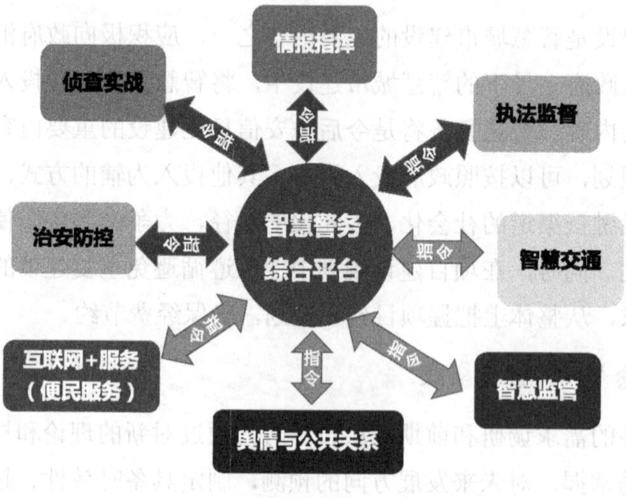

图 4.1　智慧警务综合平台指令流转

2. 智慧警务可以实现警务要素重组，达到“一警多能、一体化侦查、一站式服务”的目标

智慧警务要求公安业务信息资源高度集成，整合各种侦查技术手段，真正实现信息资源横向集成、纵向贯通。拓展警务移动终端功能，推动信息化手段由专业应用向普及应用、一般应用向深度应用、零散碎片化应用向规范精准化应用转变，各警种、各部门的业务工作统一到标准的智慧警务平台上，重组警务要素，达到“一警多能、一体化侦查和一站式服务”的现代警务，如图 4.2 所示。

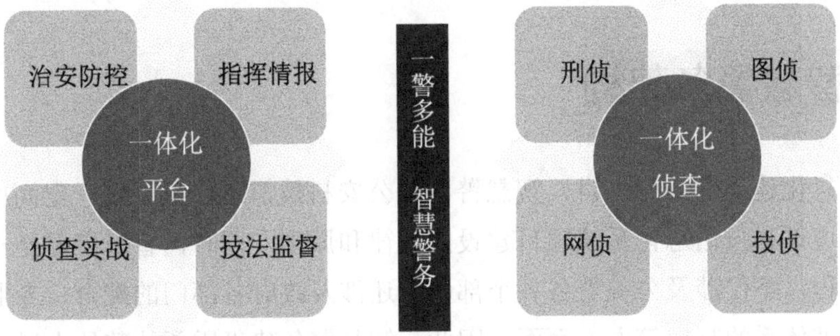

图 4.2 智慧警务预期效果

3. 智慧警务可以实现警务效能快速提升，实现大数据支撑下的精准打击、精准防控、精准指挥、精准服务

智慧警务通过数据前端采集设备实时采集新鲜、及时的数据，再利用大数据分析、人工智能、数据挖掘等先进的信息技术在辖区内构建“一人一档”，利用计算机通过机器学习、神经网络算法模拟民警思维和智慧，实时掌握犯罪嫌疑人的活动轨迹，做到对公安业务的精准预测，最终做到大数据+精准打击、大数据+精准防控、大数据+精准执法、大数据+精准服务、大数据+精准反恐，大大提高公安警务的效能，如图 4.3 所示。

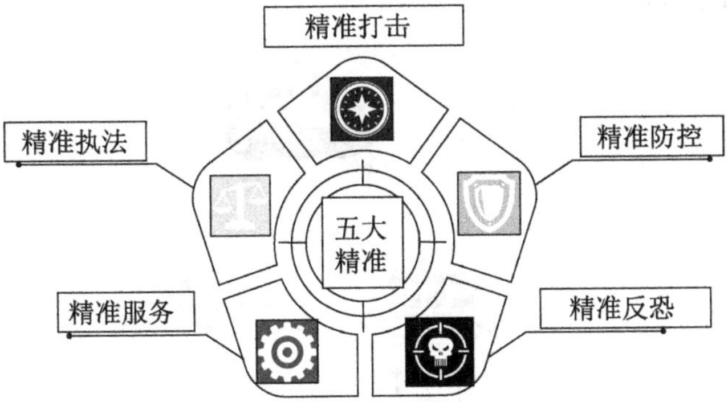

图 4.3 智慧警务精准应用

智慧警务通过人工智能技术、大数据分析应用技术、机器学习技术、神经网络算法等先进技术，让计算机模拟人的思维和智慧进行云计算，实现打击犯罪的精准化、预防犯罪的智能化、管理服务的便捷化、控发犯罪的高效化。

4.2 智慧警务架构

从信息化建设的角度来讲，智慧警务是公安科技信息化发展到一定高度的必然产物，应遵循科技信息化系统项目建设的规律和原则。同时，智慧警务是一项复杂的系统工程，不仅涉及公安警务各个部门，还涉及政府各部门的配合、专业人才的培养、标准体系的制定等方方面面。因此，智慧警务建设需要从整体上进行统一规划统筹推进，需要做好科学合理的顶层设计，在网络体系结构和业务系统功能架构上要求是一个完善的相互联系且相互支撑的整体，只有这样才能真正实现智慧警务的预期效果，为全警所用。

4.2.1 智慧警务网络架构

智慧警务涵盖公安各警种的警务工作，智慧警务平台应为公安全警开通权限供大家使用，因此，智慧警务在技术架构设计时就要按照公安部的相关要求融合互联网、视频网、政务网、公安网、网技网、技侦网等六张网的业务系统功能且共享信息数据资源，各业务警种均在智慧警务中有具体的业务功能，可以找到相应的角色和权限，如图 4.4 所示。

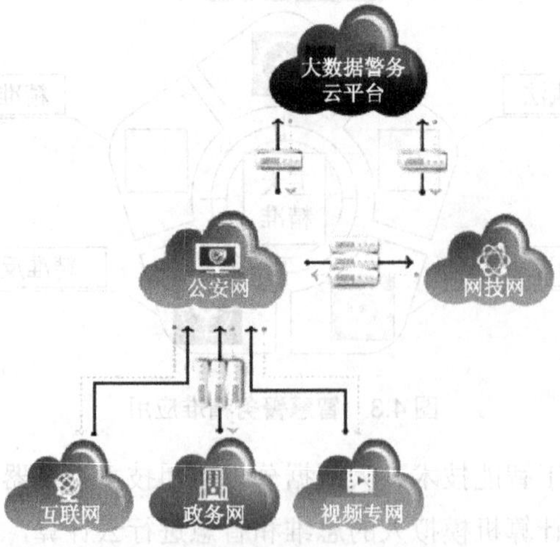

图 4.4　智慧警务网络架构

4.2.2 智慧警务系统架构

从实战、实用的原则来看，智慧警务系统信息化支撑框架体系包括基础层、数据层、服务层、应用层，以及智慧警务支撑保障体系，具体架构如图 4.5 所示。

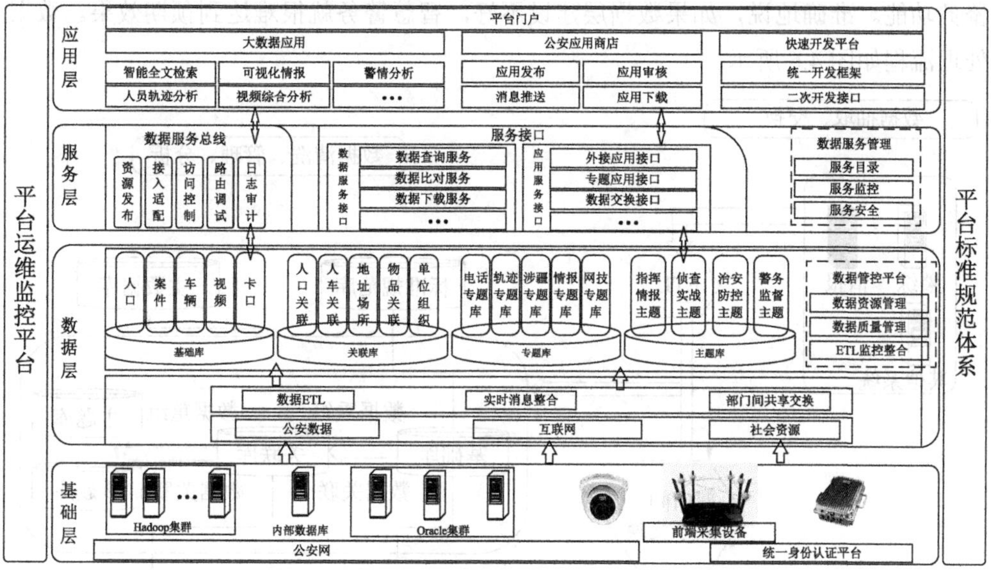

图 4.5 智慧警务系统架构

1. 基础层

基础层可以理解为支撑智慧警务所需要的硬件条件，包括服务器、虚拟化平台、交换机、路由器、基础网络、负载平衡、容灾备份、存储系统、数据库、大数据软件、防火墙、网络安全设备等基础硬件设备，以及数据采集所需的电子卡口、无线 WiFi 采集、电子围栏、天网视频、人脸追踪摄像机、基站采集、社会采集 APP 等前端感知设备或系统，是智慧警务的基础，可以确保智慧警务所需的计算能力、存储能力、数据获取与处理能力，以及大数据分析与决策分析支撑能力。

2. 数据层

数据层在智慧警务或大数据分析决策中具有至关重要的作用，就是解决如何将地点分散的公安机关业务数据、政府部门共享数据、社会服务部门数据、互联网数据、视频图像数据进行汇聚，按照公安部的数据标准进行数据标准化处理，构建基础数据库、关联数据库、专题数据库、主题数据库等，为公安机关案件侦查分析、情报综合研判、警情综合分析、重点人员深度管控等提供依据和情报，保证公安大数据分析的真实性、实时性和有效性。数据层建设是智慧警务的关键，数据层数据的实时、有效、精准直接关系到公安警务的决策，如果数据层建设不符合规范，达不到要求，我们就不能很好地应用大数据进行智能分析，就不可能很好地应用智慧警务功能。准确地说，如果数据层建设不好，智慧警务就很难达到预期效果。数据处理流程如图 4.6 所示。

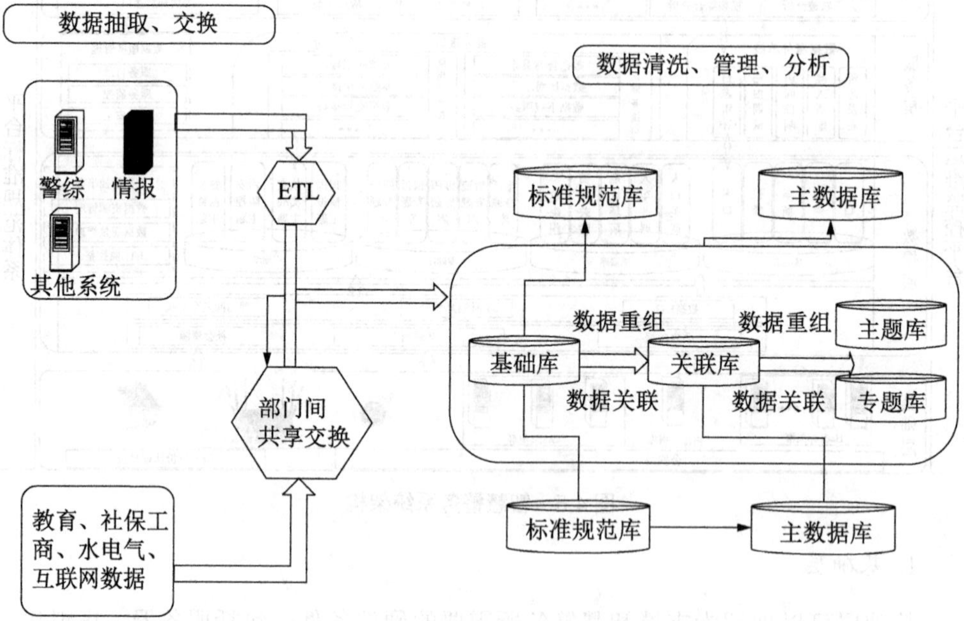

图 4.6　数据处理流程

3. 服务层

在智慧警务的体系构架下，服务层独立于任何应用和数据，下接数据，上接具体智慧警务应用，起到了“承上启下”的作用，直接关系到智慧警务建设的成功与效果。服务层利用当前主流的主数据技术、数据资源服务、业务规则引擎、企业服务总线等技术构造行业应用集成环境，构建服务公安行业的支撑环境、集成环境，促进业务流程再造，最终目标是通过对核心数据资源和核心业务服务的管理，打通全行业信息系统的壁垒。

在智慧警务中，服务层的主要作用就是防止公安警务各种应用被个别公司绑架，让更多有实力、有思路、有实战经历的公司参与到智慧警务的应用中来。服务层需制定智慧警务的服务标准，所有的公司不允许通过自身的服务直接调用数据，而是通过服务层的具体标准服务与数据层通信，利用大数据资源进行警务应用分析。为了满足智慧警务应用，服务层主要包括数据服务总线、各种服务接口和实战模型算法，以及数据服务管理三大部分，涵盖了智慧警务应用的所有服务要求和标准规范。

4. 应用层

应用层是面向全体民警使用的，友好的界面十分必要，其最能体现智慧警务的智能、精准、快速。应用层包括所有的智慧警务应用，涉及公安各种业务，用户需求是否满足，直接由应用层体现出来。智慧警务的应用除了满足各警种的业务需求外，还要有较强的体验感，体现智能化的特点，满足不同层次民警的个性化需求。对普通民警，要求智慧警务的应用功能越简单越好，越“傻瓜”越好，不需要有太多的专业知识。对于专业技术骨干民警，仅仅“傻瓜式”系统应用是不能满足要求的，还要利用专业知识和技术进行综合分析、研判的功能或平台。总体上讲，智慧警务应用是广泛和专业的，对公安业务比较了解熟悉的公司才能研发出来。智慧警务应用层应至少包括平台门户、大数据分析应用、公安应用商店和二次快速开发平台等，如图 4.7 所示。

图 4.7　智慧警务应用模块

4.2.3 支撑保障体系

智慧警务是一个复杂的信息系统工程，需要公安各警种的通力合作，利用多种先进的信息技术，由较高端的专业人才进行合理的顶层设计，只有这样才能出成效。在智慧警务建设过程中，需要强大的专业运维平台和运维团队。智慧警务建设过程中，需要社会各界数据的汇集和公安内部业务的数据融合，而数据质量的好与坏直接关系到智慧警务建设的效果。因此，智慧警务需要强大的支撑保障体系来保证数据质量、数量的智能化检查。可视化运维管理、数据规范化管理、信息安全技术保障等，都属于支撑保障系统的范畴。

4.3 智慧警务具体内容

智慧警务以信息化手段为支撑，利用云计算、大数据、人工智能、物联网等先进信息技术，让计算机模拟人的智慧完成公安警务工作，从而达到解放警力的目的。智慧警务的信息来源就是公安机关汇集的各类数据，如何达到所谓的“智慧”功能，关键就是看我们设计的各类实战模型、人工智能算法、机器学习算法、数据挖掘算法是否具有自我学习、自我完善的能力，是否具有智能性。如要让智慧警务应用功能涵盖所有的公安警务工作，让尽可能多的业务警种参与到智慧警务的建设与应用中，就必须要求公安各业务警种的深度参与，各业务警种及其业务系统获取到的数据全部共享到智慧警务平台大数据中心，真正做到数据资源整合共享，业务系统共建共用。智慧警务的具体内容大体上包括智慧警务所需的数据、支撑智慧警务所需的平台、为智慧警务提供的服务、智慧警务内在实战模型和实用算法，以及智慧警务的广泛应用。

4.3.1 智慧警务数据

数据在智慧警务中起到关键作用，直接关系到智慧警务建设的成败。没有广泛的数据作支撑，智慧警务不可能发挥作用，就像只有骨架而没有血和肉的人一样。经过多年的公安科技信息化建设积累和公安民警工作经验总结，智慧警务的数据应包括政府部门数据、社会服务部门数据、互联网数据、天网视频数据、网络安全保卫部门数据、技术侦查部门涉密数据，以及公安各业务警种收集整理的业务数据。智慧警务数据来源如图 4.8 所示。

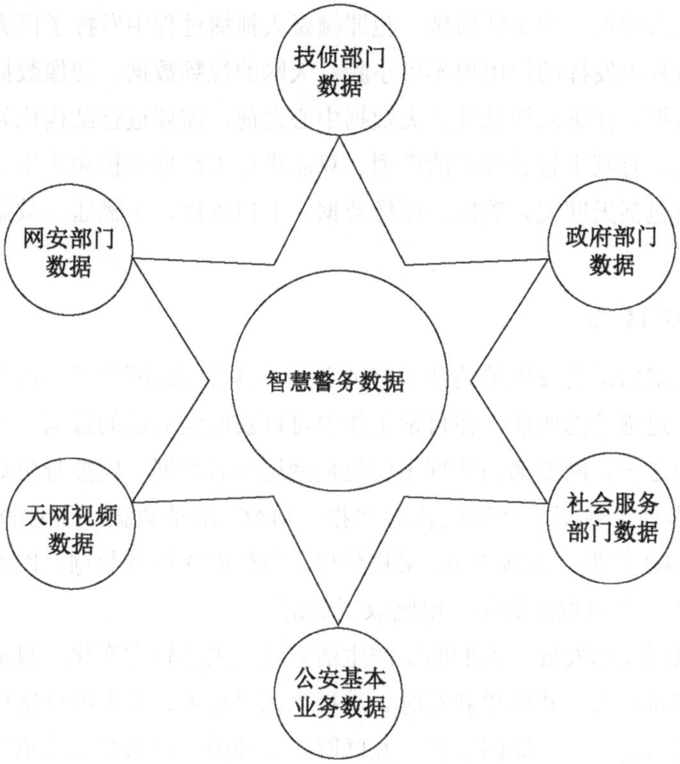

图 4.8　数据层数据来源

1. 政府部门数据

政府部门数据是指除公安部门自身外的其他政府部门拥有的数据，具有真实性高、数据鲜活、来源广的特点，对公安侦查破案、犯罪追踪具有重要作用。它主要包括公民社保数据、工商注册数据、税务交税数据、扶贫数据、房产登记数据、网格化管理数据、旅游信息数据等。

2. 社会服务部门数据

社会服务部门数据包括医疗就诊数据、煤气数据、水电数据、银行数据、民航数据、铁道数据、景点游客数据、大宗商品送货物数据、寄递物流数据、保险数据等。这些社会服务部门数据，对加强社会管控、治安犯罪预警、犯罪倒查追踪、公安精准服务等都具有极为重要的作用。

3. 天网视频数据

随着天网工程、雪亮工程逐步推进和全面部署，天网视频数据成为仅次于互联网数据的第二大数据，在案件侦破、犯罪嫌疑人抓捕过程中发挥了巨大作用，在案件经营扩线过程中发挥的作用也不可小觑。天网的视频数据、图像数据基本上都是非结构化的数据，在进入智慧警务大数据中心之前，需要进行结构化处理，使之变为结构的数据，有利于智慧警务的模型、算法进行大数据分析和应用。依托天网工程的数据主要包括天网视频数据、图像数据、卡口数据、车辆违法数据、重点人员照片数据等。

4. 网安部门数据

公安网安部门是公安机关的技术警种之一，具有互联网管理、网络犯罪侦查打击、案件协作追逃等的职能，在日常工作中可以获取到大量的数据，是智慧警务重要的数据来源之一。网安部门数据主要包括网址域名数据、虚拟身份数据、使用日志数据、远程登录数据、互联网内容数据、MAC 地址数据、互联网注册信息数据、移动 3G/4G 数据、无线 WiFi 采集数据、微信/QQ 图片数据、网络支付数据、木马/病毒数据、手机取证数据、电脑取证数据等。

随着互联网飞速发展，人们的生产生活方式发生了较大变化，目前，互联网的数据具有数据量巨大、数据更新及时、数据来源渠道多、数据维度宽广的特点，对公安机关的打击犯罪、互联网管控、互联网态势预警与评估是至关重要的，也为政府领导们的科学决策分析提供了重要依据。互联网数据是最大的大数据，离开了互联网的大数据不能叫作真正意义上的大数据。

5. 技术侦查部门数据

技术侦查部门是公安机关的特殊部门，掌握着大量的涉密信息数据，为了配合构建公安智慧警务平台，可以提供用户开户资料数据、基站位置数据、手机信号数据、通话记录数据、物流寄递数据、电子围栏数据等。

6. 公安业务系统数据

在金盾一期、二期建设中，公安机关各警种建设各类业务系统几十个，甚至上百个，有的是公安部、公安厅统一安排部署，有的是公安机关根据自身需求建设的，数据没有共享共用，业务系统功能重叠没有很好地整合，但数据内容丰富，来源广泛，数据质量特别高，特别适合进行公安大数据分析与深度应用。具体包括治安卡口数据、旅店数据、人口数据、车辆数据、驾驶人数据、重点单位数据、重点人员数据、执法办案数据、违法犯罪人员数据、指纹数据、DNA 数据、现场勘查数据、毒品信息数据、监所业务数据、刑侦业务数据等。

4.3.2 智慧警务平台

智慧警务的预期效果中最重要的一部分是智慧警务平台，用来展示智慧警务应用功能、智慧警务业务工作、智慧警务大数据分析与应用实战等实效。同时，还可以通过智慧警务平台展示公安各警种所需警务工作。智慧警务平台的建设，可以解决公安民警统一身份登录认证的问题，每位公安民警在工作中只需登录智慧警务平台，不需要重复登录不同的业务系统，不需要人工过多干预警务工作，而智慧警务平台会自动根据需求个性化制定警务工作。不同部门、不同岗位、不同角色的民警登录，智慧警务平台的功能不一样。总体上，智慧警务平台包括智慧警务工作大数据分析中心、协同办公流转中心和业务系统集成中心。

1. 大数据分析中心

智慧警务平台主要是依托大数据分析中心开展智慧警务工作的，大数据分析中心是智慧警务平台的核心，是智慧警务平台的灵魂，集中了智慧警务的先进核心技术。将先进的人工智能算法、数据挖掘方法、实战模型算法应用于大数据分析，解决当前人工简单查询方式的警务模式，模拟人的智慧解决当前大量的警务工作，变“智能警务”为“智慧警务”。结合湖南“4+X 中心”的警务机制改革，大数据分析中心的功能可根据“4+X 中心”每个中心的职责分工进行功能性调整，保证每个中心大数据分析功能的完整、可用、够用、实用。同时，给每个中心配置相同的智能查询权限。

2. 协同办公流转中心

基层公安机关民警非常关心智慧警务平台如何解决业务流转、指令的下达与接收、信息的反馈等。因此，智慧警务平台中必须考虑有日常业务的协调流转办公，确保数据、业务、指令的快速送达和及时反馈。协同办公和业务流转也会贯穿于大数据分析中心数据分析的全过程，可以实时监督、人为干预动态跟踪协同，也保证了大数据分析中心功能尽可能地发挥。

3. 业务系统集成中心

智慧警务平台需要解决统一登录认证的问题，每位民警根据自己的工作部门、岗位和角色定位，经常需使用一些公安部、公安厅、市(州)公安局自建的业务系统，为了方便使用，常将这些分散的、需要使用的业务系统集成在智慧警务平台中。业务系统集成中心就相当于“沙盘”或“工具箱”，把各个业务系统集中在一起，方便民警查询和使用，从而提高工作效率。

4.3.3 智慧警务服务

智慧警务的业务工作服务，向上为具体警务应用服务，向下为调用大数据中心数据。智慧警务服务单独在服务层，是标准化的，不能想建就建、想用就用。如果智慧警务的应用需要使用具体的服务，就应提出标准化服务的请求。也就是说，任何智慧警务的应用必须是通过服务来调用大数据中心的数据，将一些实战模型和先进的人工智能算法应用于大数据中心，并将结果通过服务反馈给智慧警务应用。智慧警务服务可分为大数据服务总线、标准服务接口和第三方服务。智慧警务平台的对外服务体系如图 4.9 所示。

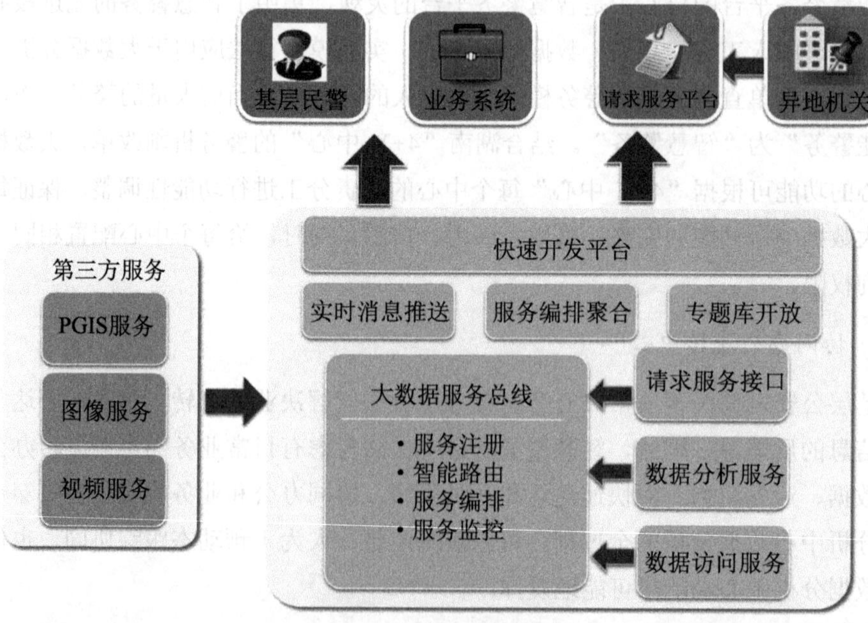

图 4.9 对外的服务体系

1. 大数据服务总线

大数据服务总线主要实现服务接口的接入适配、协议转换、服务聚合、访问控制、路由调度和日志审计等功能，用于解决大数据中心之间的服务整合共享问题，实现跨系统、跨部门、跨地区的服务资源共享应用和业务流程协调统一。

智慧警务平台大数据服务总线除了提供目录服务查询和编排服务的开发、调试以及属性设置等功能之外，还具有服务监控管理能力，可以提供集群环境总线Server 的管理及各种日志控制级别、服务运行状态、服务线程配置等系统级配置的在线管理和及时更新，并提供服务注册、服务查找等服务元数据管理功能。同时，还提供各种维度的事前预警、事中告警、事后统计分析等功能。智慧警务大数据服务总线的服务类别如图4.10所示。

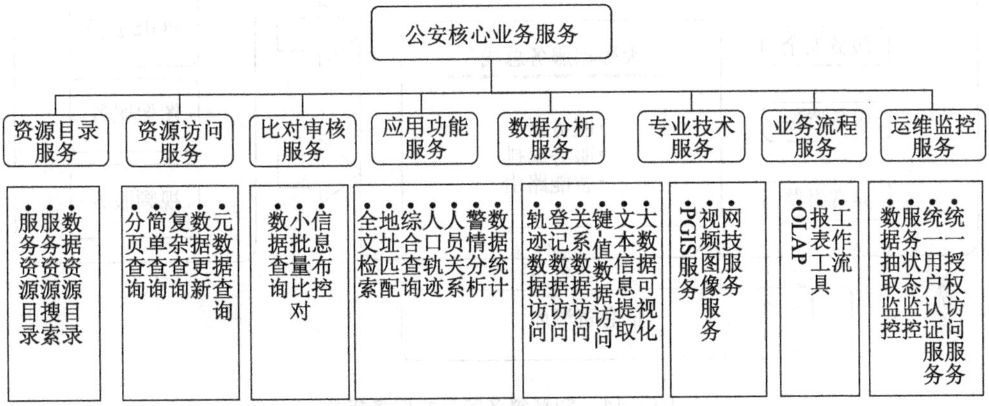

图4.10 智慧警务服务类别

2. 标准服务接口

将各类对数据信息资源的服务封装为标准服务接口，满足各类应用的数据访问需要，提供 SOAP、XML、KVP、JSON、消息传输服务等接口协议类型。标准服务接口主要包括元数据访问接口、资源目录服务接口、数据搜索服务接口、数据查询服务接口、数据全文检索服务接口、专题数据接口、数据核查服务接口、数据比对服务接口、碰撞分析服务接口、信息布控服务接口等。布控查询服务是指执行一定区域范围内、针对一种或多种动态实名活动的信息布控业务，对外提供布控信息提交、撤控、续控、布控信息查询、布控比对状态查询和布控结果查询功能，而布控结果接收接口则提供接收布控反馈消息功能。

3. 第三方服务

通过大数据服务总线，智慧警务需要调用第三方的服务，也就需要集成第三方提供的各类服务接口，包括 PGIS 平台服务接口、视频服务接口、卡口服务接口、警综平台服务接口、网络安全数据接口、技侦数据接口。智慧警务第三方服务接口示意图如图 4.11 所示。

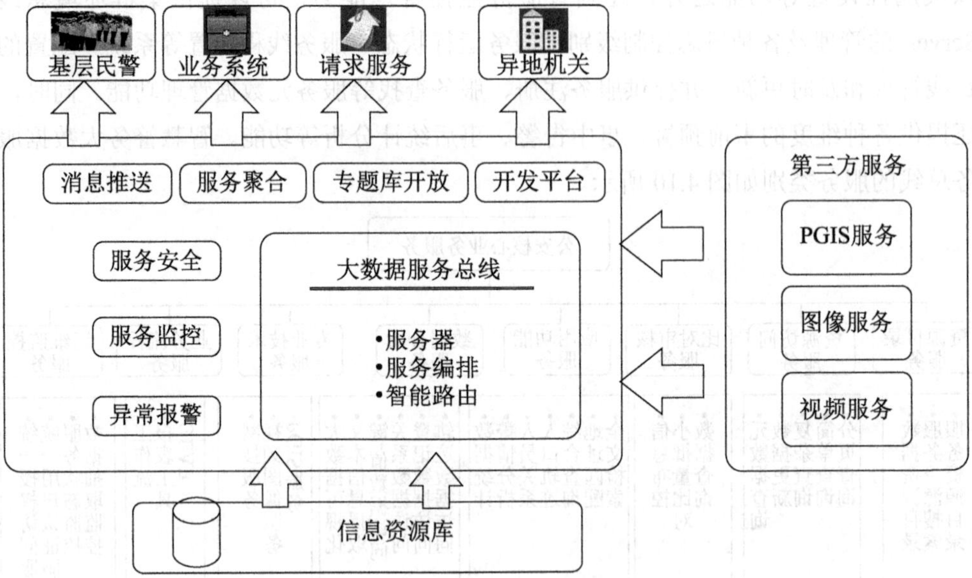

图 4.11　智慧警务第三方服务接口

此外，智慧警务平台建设还需要考虑与省厅、公安部的异地信息访问接口进行对接，借助于公安部请求服务平台提供的接口，通过适配器将数据资源提供给异地公安机关使用，并获取其他地方公安机关的数据。公安部请求服务现有体系的接口和异地信息访问接口也作为第三方服务接口与智慧警务平台进行集成。

4.3.4 智慧警务模型与算法

智慧警务中的“智慧”主要体现在警务实战模型和先进的人工智能算法、数据挖掘算法，这些实战模型和先进算法是智慧警务的中枢。只有将公安民警总结积累出的实战模型和当前先进的计算机算法应用于智慧警务大数据平台，才能模拟出专业民警、技术民警的侦查办案思路，通过智慧警务平台快速地推演出想要的结果，智慧警务的效果才能真正体现。

1. 实战模型

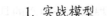

实战模型集中体现基层实战民警多年侦查办案、公开管理、治安防控、情报研判、有效处理的经验积累，是公安民警集体智慧的结晶。实战模型是随着时代变迁而变化的，随着公安信息化建设的深入而改变，根据需要随时可进行调整、更新、优化，以满足智慧警务的需求。一个实战模型可以解决一个问题，一个问题也可以由多个实战模型来解决，解决方法不同，但达到的效果基本相同。智慧警务中需要用到的实战模型多达成百上千个，因此需要在智慧警务中构建实战模型库，实战模型库也可以理解为公安基层实战专家、业务骨干的知识库、经验库，是公安智慧警务的宝贵财富。实战模型可以按照公安业务警种进行分类，如治安部门的卖淫嫖娼模型、禁毒部门的吸毒贩毒模型、经侦部门的网络传销类案件侦查实战模型、刑侦部门的电信诈骗类案件侦查实战模型等。其中，刑侦部门的电信诈骗案件侦查实战模型是由多个实战模型组成，针对不同类型、不同特点的电信诈骗案件，使用的侦查实战模型会有所区别，但每一种实战模型都是可以解决某一类问题的。

2. 理论算法

智慧警务中所使用的理论算法主要指人工智能和数据挖掘方面的算法，是用来模拟公安民警的思维的，在利用计算机进行计算、查询时远远高于人脑的计算速度。先进的算法部署在智慧警务的云计算中心，每天利用虚拟化技术可以模拟成千上万台计算机进行不间断并行计算，只要大数据中心有新的数据源源不断地更新，部署在云计算中心的先进算法就会及时处理，将最新的智慧警务所需的效果实时推送给客户端。在智慧警务平台部署的先进人工智能算法或数据深度挖掘算法主要有 C4.5 算法、K-means 算法、朴素贝叶斯算法、最近监督分类算法、EM 最大期望算法、PageRank 算法、AdaBoost 算法、Apriori 算法、SVM 支持向量机、CART 分类与回归树算法。理论算法保证智慧警务平台有自我学习、不断自我完善的能力，让智慧警务平台变得越来越聪明、越来越智慧。

4.3.5　智慧警务应用

智慧警务的效果展示主要体现在智慧警务的应用，智慧警务应用涵盖公安各业务警种、各项业务工作。湖南公安机关推出的“4+X 中心”的机制改革，已得到公安部的充分肯定和认可。本文以“4+X 中心”设计智慧警务的应用功能，四个必建中心分别为“侦查实战中心”“治安防控中心”“情报指挥中心”和“执法监管中心”，把四个中心的基本功能整合在一个“智慧警务”平台上，根据各个中心的具体业务确定智慧警务的功能模块。

智慧警务应用层建设主要是四大中心的功能模块，涵盖公安业务的侦查打击、安全防范、管理控制、便民服务等。智慧警务应用主要利用服务层中的模型算法和专题库、主题库对数据层中的公安业务数据进行大数据分析和深度挖掘应用。

1. 侦查实战中心

将各侦查业务警种力量、资源、手段、线索统一接入中心，建立多资源无缝对接、多手段同步上案、多警种联合作战的常态机制，做到“情报联查、线索联侦、对象联管、资金联控、打击联手”，促进信息资源共享、工作手段集成、侦查效能提升。侦查实战中心至少应该具备以下功能模块，如表 4.1 所示。

表 4.1　侦查实战中心所需的功能模块

序　号	分　类	功能模块	备　注
1	公文流转与协同	协同办公	因部门岗位设置角色
2	大数据分析与应用	轨迹查询分析	
		人员线索画像	
		重点对象管控与分析	
		人车伴随分析	
		通联智能分析	
		案件线索智能分析	
		姓名关联分析	
		可视化展示与分析	
		人像比对识别分析	
		家谱关系分析	
		人员批量落地	
		多维度碰撞分析	
		综合查询统计	
		……	
3	业务系统集成	公安警务信息综合应用平台	不同的部门，业务系统不同
		执法办案系统	
		现场勘察	
		指纹采集系统	
		DNA 采集分析系统	
		资金查冻系统	
		刑事综合查询系统	
		……	

2. 治安防控中心

通过信息技术将各职能部门功能整合进治安防控中心，利用大数据分析应用构建社会治安管理防控模型，建立社会治安分析评估、警情动态监测预警以及人、车、物、场所一体管控等机制，实现精准预警、精准防控、精准评估、精准倒查。治安防控中心应具有以下基本功能模块，如表 4.2 所示。

表 4.2　治安防控中心所需的功能模块

序　号	分　类	功能模块	备　注
1	公文流转与协同	协同办公	因部门岗位设置角色
2	大数据分析与应用	可视化分析	
		消息自动推送	
		高危人群研判分析	
		人像识别分析	
		区域人员分析	
		人员聚集分析	
		热力地图展示	
		犯罪预警分析	
		人车伴随分析	
		家谱关系分析	
		线索画像分析	
		重点对象管控	
		报表统计分析	
		……	
3	业务系统集成	旅店业管理系统	不同的部门，业务系统不同
		治安防控系统	
		危爆物品管理系统	
		风险排查管控平台	
		警情检查预警系统	
		……	

3. 情报指挥中心

整合公安内部和外部数据，运用科技信息化手段开展数据分析，提供“人、事、案”全要素核查及多轨迹研判等情报支撑，利用大数据进行综合情报研判和指挥调度，为案件侦破提供精准服务，为领导提供科学决策。情报指挥中心应具有以下基本功能模块，如表 4.3 所示。

表 4.3　情报指挥中心所需的功能模块

序　号	分　类	功能模块	备　注
1	公文流转与协同	协同办公	因部门岗位设置角色
2	大数据分析与应用	智能情报研判	
		可视化指挥调度	
		接出警记录与处警	
		警情实时推送	
		群体对象发现分析	
		重点区域预警	
		大型活动安保与群体聚集预警	
		视频自动跟踪	
		人车伴随分析	
		轨迹分析重现	
		重点对象管理	
		线索分析画像	
		报表统计分析	
		……	
3	业务系统集成	智能研判分析平台	不同的部门，业务系统不同
		电子卡口系统	
		稽查布控系统	
		指挥调度平台	
		三台合一接出警系统	
		……	

4. 执法监管中心

通过信息技术自动将民警的执法过程全程记录，自动识别各种违规行为，及时告警或提示，确保民警执法公正和执法过程的规范化。执法监管不仅包括通过执法记录仪记录民警执法过程，还包括通过智慧警务平台强大的日志记录和审计功能，自动识别公安各类业务系统的正常、合法使用，对发现的各类违规或违法使用系统的异常行为，及时提醒或告警，做到执法过程的全程监管，从而提高警务规范化和办案质量。执法监管中心应具有以下基本功能模块，如表 4.4 所示。

表 4.4　执法监管中心所需的功能模块

序　号	分　类	功能模块	备　注
1	公文流转与协同	协同办公	因部门岗位设置角色
2	大数据分析与应用	执法记录仪数据监督	
		执法过程关键点监督	
		警务督察	
		日志监督审计	
		权限角色分配与管理	
		数据接口监测	
		异常操作行为告警	
		安全名单审查	
		可疑倒查追踪	
		数据异常告警	
		系统异常访问检测	
		运维实时展现	
		报表统计分析	
		……	
3	业务系统集成	执法办案系统	不同的部门，业务系统不同
		网上督察系统	
		视频督察监管平台	
		网上积分督查平台	
		应用系统日志审查系统	
		……	

5. 其他中心功能(X 中心)

X 中心建设为自选项目，可以选择智慧交管中心、智慧监管中心、便民服务中心等智慧应用功能的建设。

智慧交管中心的应用功能应包括智能交通疏导、可视化调度与指挥、假套牌识别与追踪、违章抓拍、人车轨迹分析、同车伴随分析、智慧交通导航、车流高峰预警与分流等功能。

智慧监管中心的应用功能应包括在押人员智能定位管理、民警巡更、视频会见、会见预约、自助订餐、视频行为跟踪、手机侦测与获取、异常车辆识别与告警、网络教育、可视化管理与监控等功能。

便民服务中心的应用功能主要集中在交警部门的办证、上牌、交通违法处理、快处快赔、微信移车、智慧停车等，户政与出入境部门的证件预约办理、交费、办理过程管理、预约送达、上门服务等，以及一键报警、违法犯罪案件举报、执法公示、可视化回访等功能。

4.4 智慧警务保障体系

警务保障是指对公安机关履行职责、行使职权提供全方位的支持和保证，既有政治方面的保障、法律方面的保障、体制方面的保障，又有人力资源保障、经费保障、技术装备保障、社会环境保障等。狭义的警务保障，仅仅是指对警务活动的物质技术的支持和保证，也就是常说的人、财、物的保障。智慧警务保障重点强调装备财务保障、信息技术保障、高端人才保障和管理协调保障。

4.4.1 装备财务保障体系

智慧警务涉及公安业务多，功能复杂，不仅需要大量计算机存储设备、计算设备、交换设备、前端采集设备等硬件设备，还需要使用到大数据分析软件、各类实战模型、先进人工智能算法、各种挖掘分析类工具等软件系统，这些都需要数量不少的经费。俗话说“巧妇难为无米之炊”，有了装备经费的保障，智慧警务才有可能建成，才可能发挥预期的效果和应有的战力。装备包括硬件设备和软件设备，都需要预算资金购买，因此，装备财务保障体系，关键就是经费保障。智慧警务建设可以视为公安信息化整体建设，任何一项单独的科技信息项目都可以视为智慧警务建设的前端数据源。

当前，各地公安机关在进行科技信息化项目建设时，很少有规划，也没有每年预算科技信息化项目建设专项经费，各部门各警种都是根据上级公安机关的要求临时建设，临时申请经费，经常会出现建设进度慢，或者出现因考核要求时间紧，项目建设质量达不到要求。因此，各地公安机关应合理规划好科技信息化项目的顶层设计和建设规划，根据规划预算专门的信息化建设经费，确保信息化项目建设的质量和效果。

4.4.2　信息技术保障体系

信息技术保障是智慧警务的基础，可以理解为信息资源的融合和专业技术的储备。智慧警务的建设离不开信息和技术的支撑，离开信息和技术的任何一项，都不能称之为“智慧警务”。一般对信息资源的理解有两种，一种是狭义的理解，即指信息本身，如“警情信息”“交通信息”等；另一种是广义的理解，指除信息内容本身外，还包括与其紧密联系的信息设备、信息人员、信息系统、信息网络技术等。实际上，智慧警务活动的信息保障是指公安机关各业务警种掌握的数据资源要能共享，政府其他部门数据和社会服务的数据要能获取，各业务系统的功能要能整合起来，真正做到信息资源的共享共用，为智慧警务大数据分析提供信息来源。

智慧警务的技术保障是指智慧警务所使用的先进技术和使用先进技术所需要的人才储备。技术保障可以是公安机关自身具备的，也可以是向专业公司购买服务的，总的来说，智慧警务建设与使用过程中需要使用的技术，都应该有保障体系来予以解决。智慧警务是一项复杂的系统工程，涉及的技术繁多，某一项技术出现问题，都会影响智慧警务的效果。为了保证智慧警务的效果，各地公安机关应成立专门的信息技术保障队伍，或者委托成立智慧警务保障公司，专门服务于智慧警务信息技术保障和维护。

4.4.3　高端人才保障体系

智慧警务是以公安业务为出发点，利用当前流行的大数据技术、云计算技术、物联网技术、人工智能技术等先进的信息技术，融合各业务系统功能，融合业务系统数据，打通信息壁垒，而构建的一体化的智慧警务平台。智慧警务建设需要一批既懂公安业务，又精通高新技术的专业人才，否则就难以达到智慧警务应有的高度和效果。智慧警务的建设和使用效果的好与坏，关键在于是否拥有高端人才，这直接关系到社会政治稳定，关系到人民群众生命财产安全，从某种意义上讲，还关系到中国共产党的领导地位和社会主义制度。受公安招录体制限制，一些高、精、尖的高科技人才难以进入公安队伍，当前，各级公安机关只能面对急需的高端人才叹息。

如何把智慧警务建设好，领导要重视人才问题，必须制订高端人才引进计划和培养计划，出台相应措施，吸纳一批高端人才，在经济上、政治上开通绿色通道，保证高端人才进得来，留得住。与此同时，各地公安机关还应制定激励政策或制度，加强与 985 高校、互联网大公司合作，鼓励公安民警勤奋好学，自主培养出高、精、尖的人才。

4.4.4 管理协调保障体系

智慧警务建设是一项复杂的系统工程，涉及公安内部各警种、政府其他部门、电信运营商、银行及其他社会服务单位的配合。如果各相关部门配合得好，数据来源完整，功能需求全面、实用，民警参与程度高，那么智慧警务无疑会获得较好的效果和认同。相反，如果管理协调不到位，数据不全，就会导致公安警务工作效率低下，难以达到现代警务工作要求。因此，智慧警务管理协调保障体系的建设对智慧警务建设尤为重要。为了保障公安机关科技信息化建设和智慧警务平台建设的顺利进行，真正达到预期效果，应建设一套完整、操作性强的管理协调保障机制，确保各部门职责清晰，参与程度高，愿意主动积极配合。

4.5 本章小结

本章结合公安实战背景，对智慧警务提出总体实现要求，从智慧警务架构、具体内容及保障支持体系进行了总体设计。首先，从智慧警务建设任务、建设思路、建设步骤、建设原则和预期效果对智慧警务提出总体要求；其次，介绍智慧警务总体架构，分为基础层、数据层、服务层和应用层，其目的是防止公安机关过度依赖于技术公司或者公安机关科技信息化建设被技术公司绑架，致使公安机关科技信息化建设工作异常被动；再次，从智慧警务所需数据、智慧警务的支撑平台、智慧警务所需的服务，以及基于“4+X 中心“的智慧警务的具体应用介绍了智慧警务的具体内容；最后，从装备财务保障、信息技术保障、高端人才保障和管理协调保障介绍了智慧警务建设的保障体系。

第 5 章　统一身份认证平台

随着公安金盾工程一期、二期的顺利验收，全国公安机关科技信息化迅猛发展，公安网的承载能力大幅度提升，公安机关各警种基于公安网建设了各种业务系统，如各类警务综合查询平台、执法办案系统、情报分析研判系统、稽查布控系统、现场勘察系统、指纹系统、资金查冻系统等。有些系统以公安部为主进行建设，有些系统以公安厅为主进行建设，还有些系统以市(州)公安局为主进行建设，甚至有些系统是区(县)公安局根据自身需要自行组织建设的。这种情况造成公安机关在用的业务系统达 100 多个。然而，在每个业务系统中一般都要求实现用户管理、身份认证、授权等必不可少的安全措施。当出现新系统时，在与已有系统的集成或融合上，特别是针对相同的用户群，会导致下述五个主要问题。

(1) 如果每个系统都开发各自的身份认证系统将造成资源的浪费，消耗开发成本，并延缓开发进度。

(2) 多个身份认证系统会增加整个系统的管理工作成本。

(3) 用户需要记忆多个账户和口令，使用极为不便，同时由于用户口令遗忘而导致维护费用不断上涨。

(4) 无法实现统一认证和授权，多个身份认证系统使安全策略必须逐个在不同的系统内进行设置，因而造成修改策略的进度可能跟不上策略的变化，直接导致很多系统不能使用或出现错误。

(5) 没有使用统一认证系统或认证技术，导致无法统一分析用户的应用行为，不便于对用户的统一管理和对系统的维护。

因此，针对当前公安机关有很多个业务系统在同时使用，特别需要配置一套统一的身份认证系统，以实现集中统一的身份认证，减少系统建设成本。智慧警务平台就是要将当前公安机关正在使用的业务系统融合在一个平台中，同时将各个业务系统的数据融合到大数据中心，提供统一身份认证，单点登录到统一门户，实现“一点登录、多点漫游、即插即用、应用无关”的目标，以方便公安民警使用。

5.1 平台总体设计

统一身份认证平台的建设是为了加强对业务系统和办公系统的安全管控，提高信息化安全管理水平。因此，统一身份认证平台的总体设计既要考虑安全性，又要考虑实用性，还要考虑便于实施。

5.1.1 总体设计思路

从对用户账号的管理、应用和安全管控的需要，在公安内部建设以 PKI/CA 技术为基础架构的统一身份认证服务平台，通过集中证书管理、集中账户管理、集中授权管理、集中认证管理和集中审计管理等功能，实现用户账户统一管理、系统资源整合、应用数据共享和全面集中管控。通过集成单点登录模块和调用统一身份认证平台服务，登录公安业务系统的统一门户，实现针对不同的用户登录，可以展示不同的内容。统一身份认证平台可以根据不同用户的关注点，来为用户提供定制桌面的功能。

为节约建设成本，考虑到用户的使用习惯，继续采用公安机关现有的统一身份认证平台，用户证书保存在 USB Key 中，以确保证书和私钥的安全，同时还可以满足公安部门移动办公的安全需求。

5.1.2 平台总体逻辑结构

总体逻辑结构图如图 5.1 所示，平台以 PKI 基础服务、加解密服务、SAML 协议等国际成熟技术为基础，架构统一信任管理平台的管理系统，通过 Web 过滤器、安全代理服务器等技术简单、快捷地实现各应用系统集成，在保证系统安全性的前提下，更好地实现业务系统整合和内容整合。

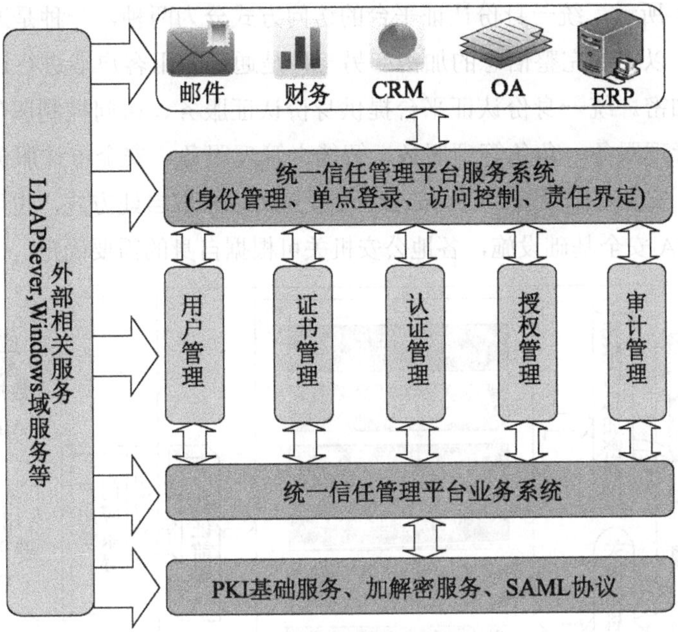

图 5.1　统一身份认证平台

5.1.3　业务功能架构

当前公安机关使用的各种业务系统繁多，以市(州)公安局为例，公安民警使用的系统可达 100 多个，公安部、省公安厅直接建设供市(州)、区(县)公安机关使用的系统也有数十个。通过实施单点登录功能，让用户只需一次登录统一的门户系统，根据相关的规则可以对不同的业务应用系统进行访问，从而提高公安信息系统的易用性，同时保证系统的安全性和稳定性。在此基础上，可进一步实现用户在异构系统(不同平台上建立不同应用服务器的业务系统)上实现高速协同办公和公安业务知识管理功能。

统一身份认证平台实现单点登录系统与统一权限管理系统的无缝对接，通过签发的合法用户，赋予相应的权限，定义用户角色，根据用户账号的权限和角色定义分配业务系统功能。统一身份认证平台可以同时采用基于数字证书的加密和数字签名技术，对用户实行集中统一的管理和身份认证，单点登录系统并作为各应用系统的统一登录入口，方便公安民警简化操作流程，规避密码安全风险，增加系统安全性，降低管理成本。

如图 5.2 所示，统一身份认证平台的访问方式分为两种，一种是通过安全浏览器进行访问，以实现完整信息的加密；另一种是通过专用客户端进行访问，以实现关键信息的加密。统一身份认证平台提供身份认证服务、访问控制服务、单点登录服务、身份管理服务、角色管理服务、智能卡管理服务、安全审计服务等，这些服务均基于 CA 安全基础设施。CA 安全基础设施可以采取自建方式，也可以选择使用省公安厅的 CA 安全基础设施，各地公安机关可根据自身的需要确定。

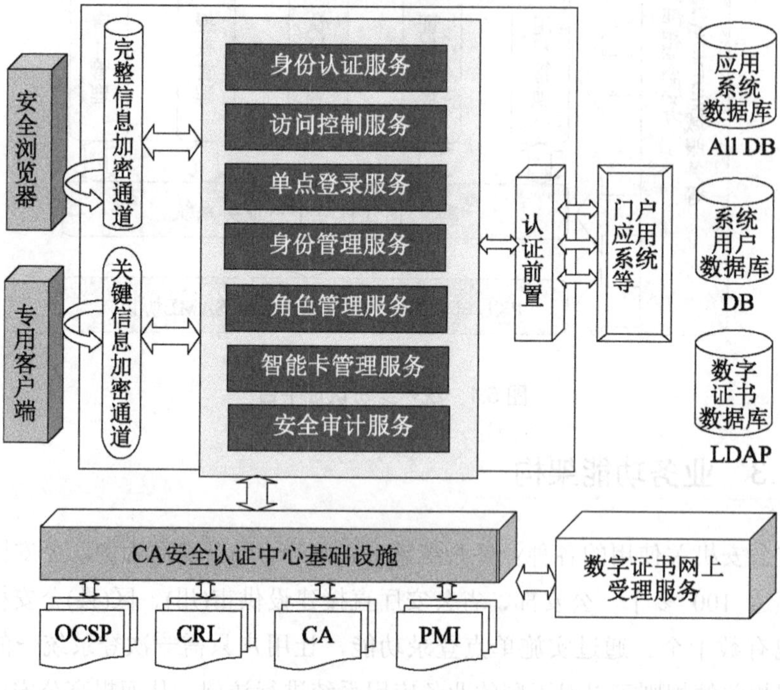

图 5.2　统一身份认证平台业务功能结构图

5.2 技术实现方案

5.2.1 认证工作原理

基于数字证书的统一身份认证平台，使各信息资源和安全防护系统成为一个有机的整体，安装访问控制代理中间件的各信息资源端与安全防护系统的认证服务器通信，利用身份认证平台提供的安全保障和信息资源服务，共享安全优势。具体身份认证工作流程如图 5.3 所示。

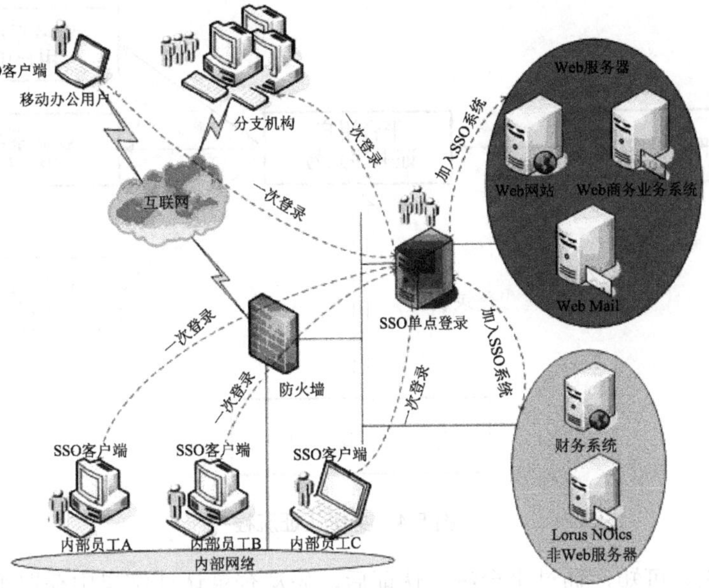

图 5.3 统一身份认证工作原理

统一身份认证业务工作步骤或流程如下。

第一步，为每个信息资源配置一个访问代理，为不同的代理分配不同的数字证书，用来保证与系统服务之间的安全通信。

第二步，用户登录统一身份认证平台后，根据用户提供的数字证书中的信息确认用户的身份。

第三步，访问一个具体的信息资源时，系统服务启用与访问代理对应的数字证书，并把用户的身份信息加密，以数字信封的形式传递给相应的信息资源服务器。

第四步，信息资源服务器在接收到数字信封后，通过访问代理，解密验证数字信封获得用户身份，再根据用户身份进行内部权限的认证，确认可以使用的系统资源和业务功能。

5.2.2 身份认证技术

统一身份管理及访问控制系统的用户数据独立于各应用系统，对于数字证书的用户来说，用户数字证书的序列号在平台中是唯一的，对于非数字证书用户来说，平台用户 ID(Passport)是唯一的。无论是数字证书的序列号，还是平台用户 ID，都是统一身份认证平台用户的统一标识，如图 5.4 所示。

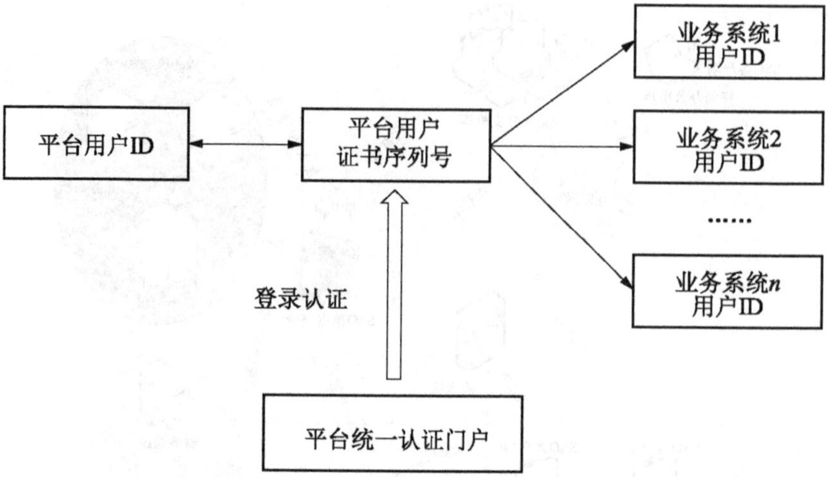

图 5.4　身份认证流程

由图 5.4 可知，通过平台统一认证后，先从登录认证结果中获取平台用户证书的序列号或平台用户 ID，然后再由其映射到不同业务应用系统的用户账户，最后用映射后的账户访问相应的应用系统，获取到应用系统的功能。

当增加业务应用系统时，只需要增加平台用户证书序列号或平台用户 ID 与该业务应用系统账户的一个映射关系即可，不会对其他应用系统产生任何影响，从而解决登录认证时不同应用系统之间用户交叉和用户账户不同的问题。单点登录门户系统的过程，均采用安全通道来保证数据传输的安全。

1. *身份认证方式*

统一身份认证平台的集中认证管理支持多种身份认证方式，包括用户名/口令、数字证书、Windows 域认证、通行码等。用户可以根据实际需求对用户登录认证方式进行扩展。

(1) 用户名/口令认证。

用户名/口令是最传统且最常用的身份认证方法。当用户需要访问系统资源时，系统提示用户输入用户名和口令。输入用户名和口令后，系统采用加密方式或明文方式将用户名和口令传送到认证中心，与认证中心保存的用户信息进行比对，如果比对验证通过，系统允许该用户进行随后的访问操作，否则拒绝用户的登录与访问。

静态口令的优点是简单且成本低，但是如果用户不去修改它，那么这个口令就是固定不变、长期有效的。因此这种认证信息的静态性，导致传统口令在很多情况下都有着发生口令泄密的安全隐患。在整体安全认证中，对于浏览非重要信息资源的用户可以采用该方法进行身份认证。

(2) 数字证书认证。

数字证书是目前最常用的一种比较安全的身份认证技术。数字证书技术是在 PKI 体系基础上实现的，用户不但可以通过数字证书完成身份认证，还可以进一步进行安全加密、数字签名等操作。数字证书的存储方式非常灵活，数字证书可被直接存储在计算机中，也可存储在智能卡或 USB Key 中。目前，全国公安机关均采用数字证书进行身份认证。

(3) Windows 域认证。

Windows 域是一种应用层的用户权限集中管理技术，当用户通过 Windows 系列操作系统的登录界面成功登录 Windows 域后，就可以充分使用域内的各种共享资源，同时接受 Windows 域对用户访问权限的管理与控制。目前，很多企业、机构和学校都使用 Windows 域来管理网络资源，用于控制不同身份的用户对网络应用及共享信息的使用权限。

集中身份认证管理支持 Windows 域登录，对于已经登录到 Windows 域中的用户，不需要输入用户名、密码，而直接使用当前登录的域用户信息进行验证，如果验证成功则进入域内的各种业务系统，否则拒绝登录和访问。

(4) 通行码认证。

通行码认证是集中认证管理支持的一种特有认证方式，用户忘记其他认证信息时，可以向管理员申请一次性使用的口令进行身份认证，如短信验证等。主要满足安全应急服务，当用户安全认证的凭证遗忘或者丢失，可以通过后台管理员生成通行码的方式，帮助用户解决认证登录。通行码具备一次性和时效性特点，当使用过或者超出使用时间范围，其认证效力自动失效，保证了系统的安全性和可靠性，为用户提供了便利。在智慧警务平台的涉密部分，这种认证方式难以满足安全性要求，但在便民服务的对外服务业务系统，或部署在互联网上的公安业务系统均可以采取此种认证方式。

2. 身份认证相关协议

身份认证管理支持的身份认证协议有 SSL 协议、SAML 协议等，统一身份认证平台需同时支持上述认证协议，以保证身份认证的安全、高效和扩展。

(1) SSL 协议。

SSL(Secure Socket Layer，安全套接层)协议最早由 Netscape 提出，是一种用于保护互联网通信私密性的安全协议，现在已经是该领域的工业标准。SSL 可以使用 RC4、DES 等多种加密算法，并应用 X.509 数字证书标准进行认证，具有比较完善的保护机制。SSL 实现成本比较低，结合现有的应用环境很容易建立起比较安全的传输通道，应用广泛。基于 SSL 协议的身份认证方式与传统用户名/口令方式相比有明显的优势，SSL 提供双向的身份认证，不仅可以验证客户端的身份，也可以认证服务器的身份。

(2) SAML 协议。

OASIS 小组开发 SAML 的目的是将其作为一种基于 XML 的框架，用于交换安全性信息。SAML 与其他安全性方法的最大区别在于它以有关多个主体的断言的形式来表述安全性。SAML 通过中央认证中心发放证书，用证书来保证网络中从一点到另一点的安全通信。利用 SAML 协议，网络中的任何点都可以断言它知道用户或数据块的身份，由接收应用程序做出决定，如果它信任该断言，则接受该用户或数据块。然后任何符合 SAML 的软件都可以断言对用户或数据的认证。SAML 组件关系如图 5.5 所示。

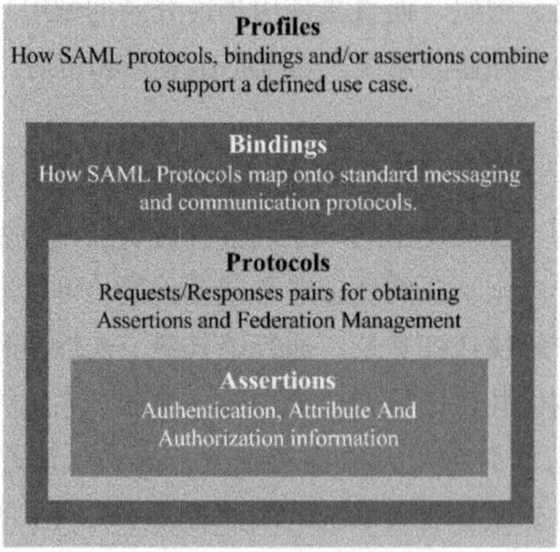

图 5.5　SAML 组件关系图

3. 单点登录技术

单点登录是集中认证管理的主要功能，在此主要介绍单点登录技术中的软件应用插件式网关、硬件应用网关技术。

(1) 软件应用插件式网关(Web 拦截代理技术)。

Web 拦截代理(Intercepting Web Agent)是一种基于过滤技术(Filter)的应用防火墙，使用 Web 拦截代理需在请求到达之前进行拦截请求，在应用外部提供认证和授权。例如，对于没有或有很少安全措施的应用，必须提供合适的认证和授权。因此，可使用 Web 拦截代理提供适当的保护，而不是修改代码或重写 Web 层。Web 拦截器可以安装在 Web 服务器中，通过在 Web 服务器上拦截入站请求和执行访问控制策略来对入站请求进行认证和授权。

对于本身不能实现安全或难以修改的应用，通过将安全与应用分离，Web 拦截代理技术提供一种理想的安全保护方法，它可以集中管理与安全相关的组件。而安全策略及其实现细节是在应用外部实施的，因此可以修改，而不会影响应用。

Web 拦截代理将安全逻辑与应用逻辑分开，从而提高了可维护性。通常，Web 拦截代理的实现只要求配置，而无须修改代码。另外，通过将与安全相关的处理转移到应用之外(即服务器上)，Web 拦截代理还提高了应用的性能。在 Web 服务器上，没有通过认证和授权的请求将被拒绝，因此不会占用应用的额外周期。

(2) 硬件应用网关(安全服务代理)。

使用安全服务代理(Secure Service Proxy)是在业务应用外提供认证和验证，通过拦截安全检查请求，将其委派给合适的服务实现的。硬件网关系统逻辑架构如图 5.6 所示。

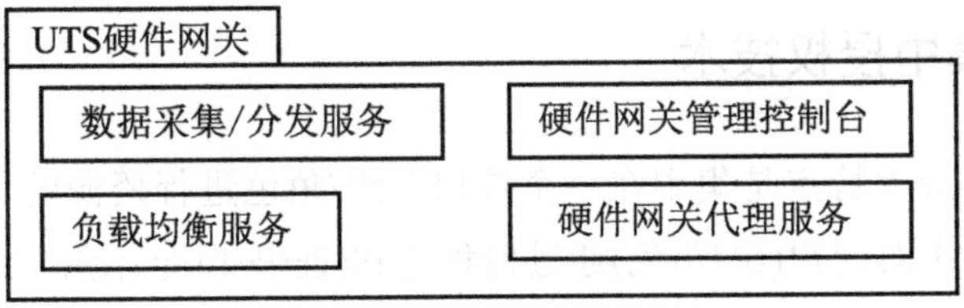

图 5.6 应用网关功能逻辑图

安全服务代理拦截来自客户端的所有请求，确定请求服务，然后执行服务要求的安全策略，并将请求从入站协议转换为目标服务要求的协议，最后将请求转发给目标服务。在返回路径上，安全服务代理将结果从服务使用的协议和格式转换为客户要求的协议和格式。

可在企业外围配置安全服务代理提供认证、授权和其他安全服务，为遗留的或缺少安全机制的轻量级企业服务实施安全策略。安全服务代理模式与 Web 拦截器模式类似，但安全服务代理模式更高级，因为它不要求使用基于 Http 的 URL 访问控制，也不要求使用任何传输协议将服务请求交给任何服务。它可以在已实现和已部署的应用外执行额外的安全逻辑，也可以与没有实现安全的新应用进行集成。

如图 5.7 所示，硬件应用网关的工作原理是：首先浏览器发起 Http 请求包，数据采集模块截获请求包并转发给数据解析模块，然后数据解析模块对收到的请求包进行解析，解析后的数据包再交由数据处理模块进行处理，最后把处理过的数据转发给 Web App。Web App 返回的数据，经过数据处理模块，返回浏览器。

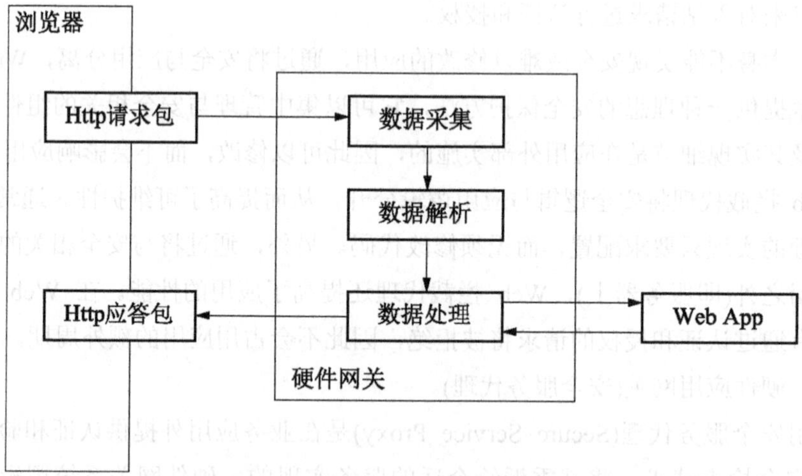

图 5.7　硬件应用网关工作原理

5.2.3　集中授权技术

集中授权的最大特点是集中在一个接口对组/角色进行资源的合理分配。集中授权的过程是集中对用户(组/角色)通过何种方式(证书/口令)使用某种资源(应用/功能)的权限的分配。集中授权需要明确组、角色、资源的概念。

组是指按照公司组织架构或特定功能划分的部门、工作组及个人用户，对公安机关来说，就是公安部、省市县公安机关、公安内设部门和公安民警。

角色是基于用户组角色和应用系统角色进行角色定义。基于用户组的角色定义可理解为在组织结构下定义用户角色，如在侦查部门下定义侦查执法民警、技术服务民警的角色。基于应用系统角色定义，即按照该应用系统下的用户职能进行定义。

资源定义是应用系统所具备的每一功能模块，所有的功能模块统称为资源。资源的定义主要是方便用户人员、组织、角色授权时候的对象指定，最终经过授权实现，什么样的人员、组织、角色能访问应用系统的哪些功能。也就是细粒度授权所需要涉及的内容。

1. 集中授权工作原理

图 5.8 描述了授权管理的工作原理。首先通过授权管理模块定义权限，针对具体的业务应用系统给角色/组赋予权限，然后访问控制模块对已经赋予相应权限的角色和组进行权限调用，最后通过资源管理模块利用口令、证书等在业务应用系统中对所有应用资源进行权限执行，从而保证公安业务应用系统数据的安全。

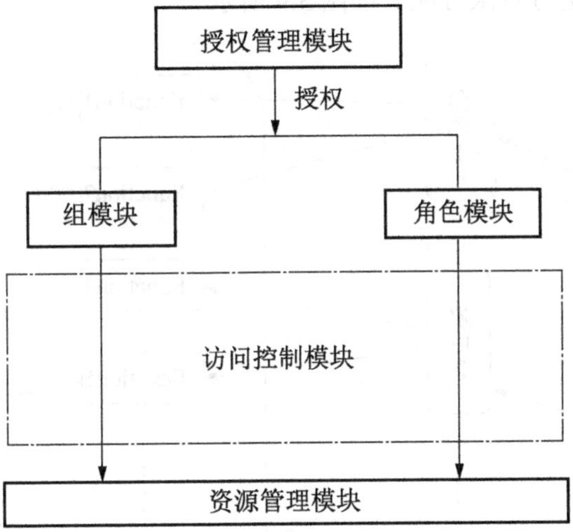

图 5.8　授权管理工作原理

2. 集中授权模式

集中授权有基于组/角色的访问授权和基于应用系统和资源的授权两种模式。

(1) 基于组/角色的访问授权。

对于属于某一组/角色的用户，管理员可以为其授权于可访问的应用系统和资源(应用系统的功能)，授权后组内的所有成员均具备该组编辑、查看、分配的权限。

(2) 基于应用系统和资源的授权。

对于某一选定应用(或其包含的功能、功能组)，管理员可以将其授权到指定的用户、组、角色，没有被授权访问该应用的任何用户均无权访问使用。

3. 细粒度授权

传统意义中的粗粒度授权是以某一应用系统为标准，将应用系统授权于某一个人、某一个机构(组织)、某一类角色；而对于应用系统下的模块无法做到授权，所以，粗粒度授权在统一信任系统中，无法做到应用系统的内部授权机制，导致简单的访问控制授权无法满足业务系统的精细化管理，为了满足用户的细致化访问控制，需要打破传统授权模式，增加新的授权机制，即要实现细粒度的访问控制授权。

细粒度授权就是将资源管理模块细粒度化，将应用模块拆分成单个的功能模块，某几个功能模块又可以组合成一个功能组，在授权时，针对某一应用模块中的功能或功能组模块进行权限分配，如图 5.9 所示。

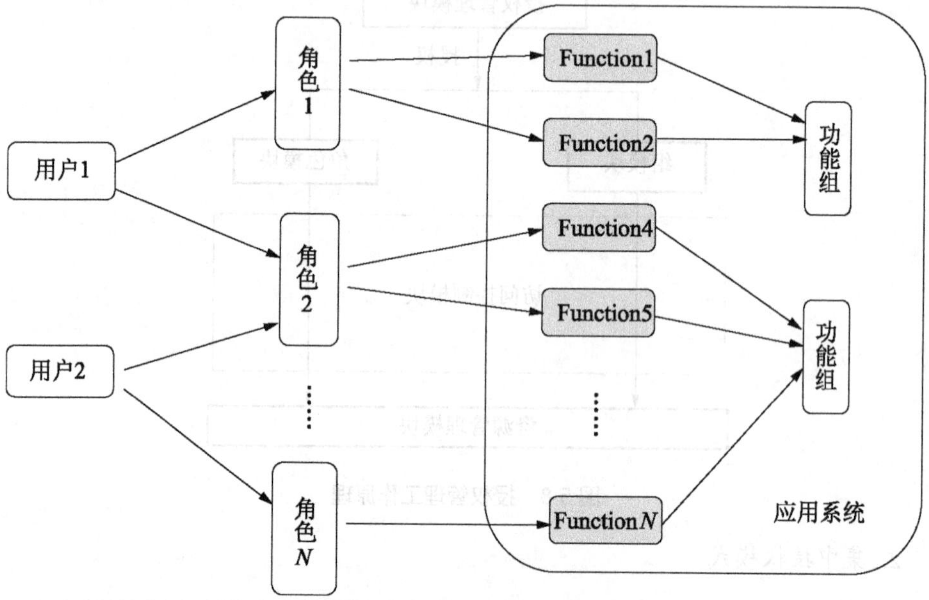

图 5.9　细粒度授权

5.3 平台功能

统一身份认证平台主要功能有认证服务、授权服务、授权认证接口、审计服务、信息发布服务、集成服务等。

5.3.1　认证服务

1. 用户集中管理

统一身份认证平台集中管理公安机关在职民警和协警的信息，所有的用户信息和内部组织机构信息存储在基于 LDAP 协议的 OpenLDAP 目录服务中，既保证了数据的保密性，又确保了数据的读取效率。通过用户同步功能，及时地把关键业务系统中的用户信息同步到统一认证平台中，然后通过统一认证平台再分发给需要的公安业务系统，保证账号的一致性。

平台为所有的用户设置权限生效起止日期，即使不对用户做任何操作，在权限生效期外用户也无法通过认证，从而保证了系统的安全性。

2. 认证服务

认证服务是统一身份认证平台的核心服务，通过认证服务，可以实现如下功能。

(1) 为用户提供单点登录功能，实现“一次登录、处处登录”。

(2) 为业务系统登录提供统一的接入口。

(3) 新开发的系统不需要再进行用户部分的开发，直接调用认证平台提供的认证服务即可完成系统认证。

5.3.2　授权服务

授权服务主要是依赖于人，由授权系统管理者根据人的组织属性、角色属性，进行对应应用系统和资源的授权分配，以保证用户与业务应用系统之间的使用权限关系，最终实现什么样的人、组织、角色能访问哪些应用系统和资源。授权服务还可以把业务应用系统作为管理对象，然后将业务应用系统给人、组织、角色授予相应访问和操作权限，最终把业务应用系统和用户进行权限关联，合理、有效的访问控制策略，保证了什么样的业务应用系统和资源，能让怎样的人、组织、角色进行访问。

1. 基于角色的权限控制

统一身份认证平台提供了基于角色的权限控制，每个业务系统的角色可以划分为系统角色和用户角色。系统角色拥有整个业务系统的控制权，用户角色拥有业务系统授权访问的控制权。

通过建立不同的用户组，聚合不同的角色，为用户划分权限。用户组可以根据公安机关的实际情况划分为侦查民警、防控民警、情报民警、后勤管理类民警等。用户组的权限如果不能满足用户的需要，可以直接给用户分配需要的角色，不再局限于用户组，授权形式更加灵活。

通过用户分组操作，可以批量为用户分组，实现批量授权。

2. 统一授权服务

平台提供了统一的授权服务，各业务系统通过调用平台提供的服务接口，无须再在业务系统中开发权限管理功能模块，这样就大大地缩减了建设周期，减少了开发成本和管理成本。

5.3.3 授权认证接口

授权认证接口为第三方业务应用系统接入统一身份认证平台，提供一个安全的通道，通过授权认证接口，可以获取用户身份认证、用户信息、单点登录、用户权限列表，具体特点如下。

(1) 认证接口支持多种接入形式：Webservice 和 API 等。

(2) 支持多种认证接入类型：应用系统、应用系统功能、应用系统操作等。

(3) 支持多种开发工具(.NET、J2EE、DELPHI、PB、ASP、PHP、VB)。

5.3.4 审计服务

为了确保信息访问的安全性，在认证访问过程中，系统需要对用户所有的操作进行全程监控，不管用户做什么操作都会被平台记录，便于出现问题时可根据记录的内容进行快速溯源。

统一身份认证平台提供全方位的用户管理、证书管理、认证管理和授权管理的审计信息，支持应用系统、用户登录、管理操作等审计管理。其中审计功能和内容主要包括以下几部分。

(1) 对账号分配情况的审计。包括主账号与自然人的对应关系，主账号与从账号的对应关系，主账号的创建时间、创建人，从账号的创建时间、创建人，从账号的分配时间、分配者，主、从账号的有限期、密码更改规则等。

(2) 对账号授权的审计。包括查询主、从账号的访问权限，查询资源的授权访问者，权限的分配时间、分配者等授权的审计。

(3) 对登录过程的审计。包括什么人用什么账号、什么账号在什么时间登录了什么系统。

(4) 对身份认证的审计。包括身份成功认证统计、身份失败认证统计等。

(5) 对登录后用户行为的审计。如果集中授权模块能够达到实体内部资源级，或者应用经过改造后能够向集中审计模块提供日志记录，或者审计模块能够读取应用的日志记录，则认证平台还可以对登录后的用户行为进行审计，包括用户访问了哪些资源、对资源进行了什么操作等，在此基础上可以实现对误操作过程的溯源。

5.3.5 信息发布服务

在统一身份认证平台建设和认证系统集成过程中，为了方便公安民警及时掌握系统认证集成进度和登录方式，可通过信息发布管理系统把信息发布到统一身份认证的首页上。同时把平台使用的关键功能以帮助的形式发布出来，方便民警用户了解学会使用平台或系统的新功能。

5.3.6 集成服务

统一身份认证平台为业务系统接入提供集成管理服务，主要包括应用系统集成、应用系统功能集成、应用系统操作集成。

1. 应用系统集成

各警种业务系统接入统一身份认证，需要在认证平台中注册有关应用系统的信息，根据民警用户所属部门和岗位分配业务系统可以使用的用户账号。

2. 应用系统功能集成

各警种业务系统接入统一身份认证平台，需要在认证平台中注册有关业务应用系统的功能信息，便于根据民警用户的角色和权限将业务系统功能分配到指定的用户账号。

3. 应用系统操作集成

在统一身份认证平台注册了各警种业务系统功能的具体操作后，统一身份认证平台就可以控制到各种业务应用系统某一功能的具体操作，直接将功能的具体操作分配给相应的用户账号。

5.4 平台部署与接入

统一身份认证平台是支撑智慧警务最为基础的平台之一，该平台的成功实施部署，对于整合现有的公安业务系统将有积极的作用。目前，统一身份认证平台都是部署在省厅，供各市(州)、区(县)公安机关使用。根据当前的使用情况，为保证智慧警务的最佳效果，可以在市(州)公安局建设统一身份认证平台的节点，下放平台的管理权限和权限的集中授权。

5.4.1 平台部署

统一身份认证平台采取集中部署方式，将所有模块部署在同一台服务器上，为用户提供统一信任管理服务。部署方式主要是采用专有定制硬件服务设备，将集中账户管理、集中授权管理、集中认证管理和集中审计管理等功能服务模块统一部署和安装定制在硬件设备中，通过连接外部服务区域中的 LDAP 目录服务来完成对用户账户的操作和管理。

5.4.2 系统接入

业务应用系统接入统一身份认证平台的架构如图 5.10 所示。

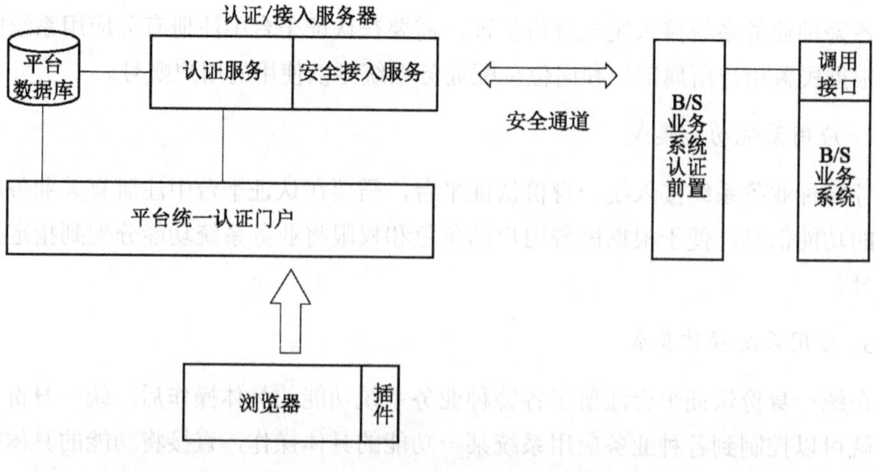

图 5.10 应用系统接入平台结构图

为了快速实现单点登录到统一门户，统一身份认证平台提供了反向代理(Reverse Proxy)和插件(Plug-in)两种方式进行业务应用系统接入。

1. 反向代理(Reverse Proxy)方式

反向代理技术：实现方式为松耦合，采用反向代理模块和单点登录(SSO)认证服务进行交互验证用户信息，完成应用系统单点登录，如图 5.11 所示。

图 5.11　反向代理方式接入

采取反向代理方式接入，应用系统无须开发、无须改动。对于不能做改动或没有原厂商配合的应用系统，可以使用该方式接入统一用户管理平台。

2. 插件(Plug-in) 方式

插件技术：实现方式为紧耦合，采用集成插件的方式与单点登录(SSO)认证服务进行交互验证用户信息，完成应用系统单点登录，如图 5.12 所示。紧耦合方式提供多种 API，通过简单调用即可实现单点登录(SSO)。

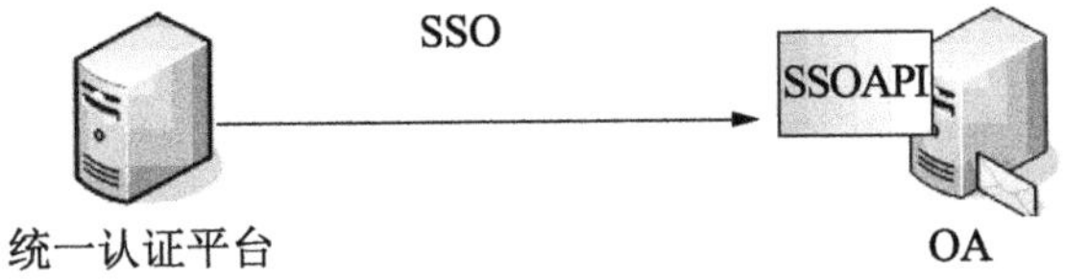

图 5.12　Plug-in 方式接入

5.5 本章小结

统一身份认证平台是智慧警务的基本平台之一，是融合公安机关各业务系统功能的重要技术平台，解决了公安民警需要利用不同账号多点登录不同业务系统的问题。本章首先从平台的设计思路、逻辑结构和业务功能框架等三个方面介绍了统一身份认证平台的总体设计；其次从认证工作原理、身份认证技术、集中授权技术等，介绍了统一身份认证平台的技术实现方法；再次从认证服务、授权服务、授权认证接口、审计服务、信息发布服务、集成服务等，介绍了统一身份认证平台的主要功能；最后从智慧警务建设的实际需要，介绍了统一身份认证平台的部署和接入。

第6章　智慧警务数据层

在大数据背景下，数据是智慧警务建设的基础，也是智慧警务建设的核心。只有在获得全面、准确的数据基础上所建设的相应智慧警务的服务和应用，才能发挥最大的作用。本章将从数据层建设标准、智慧警务数据层框架、智慧警务数据源、数据信息采集与汇聚、数据存储与处理、智慧警务数据库建设等六个方面来介绍智慧警务数据层的建设。

6.1 数据层建设

数据层建设是智慧警务建设的基础性工作，在整个智慧警务平台建设中起着重要的支撑作用。数据层是实现智慧警务平台建设目标的重要保障，应该基于行业标准，在智慧警务应用建设的基础上进行量身定制。

面对基于大数据的智慧警务这样涵盖业务范围较广的大型综合信息与网络化平台，要实现多应用系统的数据、业务应用和系统功能的集成，实现互联互通，并最大限度地进行互操作，首先必须建立完善的数据层体系。如果缺乏数据的标准化和规范化，智慧警务建设势必难以兼容互通，信息资源势必难以共享，而且还将浪费大量的资源、经费和时间。因此，只有根据智慧警务建设的目标和任务，建设智慧警务的数据层标准，保障警务工作的可持续发展，才能实现真正意义上的互联互通互操作。

以信息化、标准化理论为指导，以建设智慧警务数据层标准化的需求为依据，以建立和完善智慧警务的数据层为工作目标，在相关行业标准体系的指导和电子政务标准化的框架下，根据相关国家标准和行业标准的发展状况，借鉴各单位有关信息化、标准化的成果和经验，加强与项目承建商的有机结合，协调互动，共同建立智慧警务的数据层，确保智慧警务建设快速、有序、高效、健康的发展。

6.1.1 数据层建设要求

数据层是智慧警务的核心部分，智慧警务数据层的建设主要包括以下六个方面。

(1) 完整性。智慧警务数据层应提供功能完整、架构完善、体系完备的服务能力，包括负载均衡虚拟主机、分布式数据库、对象存储服务和大数据计算服务能力。

(2) 扩展性。智慧警务数据层应具备云基础资源的快速、弹性、持续和自动化供给服务能力，提供大规模、分布式集群的管控能力和横向扩展能力，实现总体网络资源、计算/存储资源、内存资源和数据库资源的自动扩展；可根据业务、管理要求，跨机房、跨地区增加云计算节点。

(3) 开放性。智慧警务数据层的数据处理与存储组件应以 API 的方式提供开放接口，可以与第三方软件产品集成、兼容，便于软件开发商针对业务需求进行软件开发。

(4) 稳定性。智慧警务数据层应采用先进的设计思想和方法，符合技术发展趋势。经过实践验证，确保智慧警务平台稳定、可靠。

(5) 安全性。智慧警务数据层应支持冗余、自恢复、高可扩展编程模型，允许所存储的数据从不可避免的硬件、软件错误中恢复，确保数据存储的安全可靠。应提供远程、跨节点的容灾机制，保证业务的连续性。智慧警务数据层应可直接交付安装包，必要时可进行安全审计。应按照数据服务的使用范围及层次，结合安全基础防护、安全监测管理、安全运维等，形成完整的智慧警务数据层安全防护体系。

(6) 规范性。数据规范是数据层建设的基础，它定义了数据层中的所有数据在集成、存储、加工和应用等各阶段所应有的特征。数据规范包含数据编码、元数据、数据命名、基础数据元等标准规范。主要包括：第一，标准化原则。智慧警务数据层中的数据规范采用国家、省标准，以实现国家—省—市数据共享。对国家、省标准规范之外的数据，参照行业规范和公安数据内容制定标准。第二，实用性原则。数据规范使数据在系统中易于使用、存储以及识别。第三，可扩充性原则。数据层后续增加的数据应能有效纳入现有的体系。

6.1.2　数据层建设构想

在大数据背景下，原始数据中承载了信息，而知识形成于对信息的初步整理，智慧则升华于知识。从大量信息中提炼的智慧是数据层在智慧警务平台中所扮演的重要角色。因此，数据层建设的构想如图 6.1 所示。

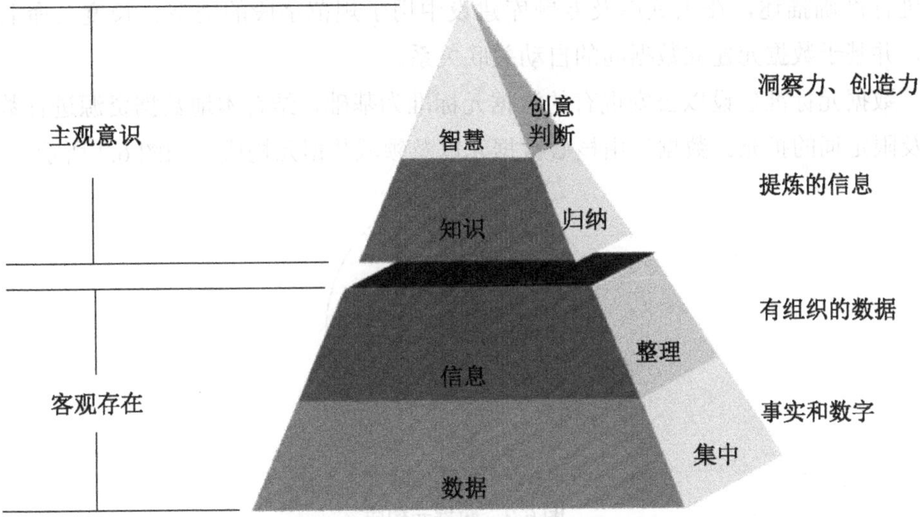

图 6.1　数据层建设构想

整个数据层建设过程从金字塔的底层开始，即数据的采集。数据采集是数据层建设的基础，采集的数据质量如何关系到整个智慧警务的建设。其次，对采集的数据进行整理，提取到原始数据所承载的信息。信息是具有时效性的，有一定含义的、有逻辑的、经过加工处理的、对决策有价值的数据流。接下来，对提炼到的信息进行归纳、演绎，用比较等手段进行挖掘，使其有价值的部分沉淀下来，并与已存在的人类知识体系相结合，这部分有价值的信息就转变成知识。最后，通过机器学习、数据挖掘、人工智能、知识发现等技术赋予知识思考、学习的能力，从而完成数据到智慧的转变，使得智慧警务平台拥有“洞察海量数据，瞬间提炼智慧”的能力。

6.1.3　标准建设

“标准先行”已成为当前各行业数据应用的共识，有了标准数据才能共享，才能支撑智慧警务大数据平台应用的开展。在此，从数据元标准、数据字典标准、元数据标准、数据资源目录标准、数据质量标准、数据交换标准等六个方面来介绍数据层标准建设。

1. 数据元标准建设

数据元标准是进行数据整合的关键，其在基础库建设中用于对源数据字段的含义进行准确描述，在关联库及专题库建设中用于规范字段的类型、长度及命名方式，并基于数据元建立数据间的自动关联关系。

数据元标准建设以公安现有的数据元标准为基础，结合本地数据资源进行数据元及限定词的扩充。数据元由核心数据元以及领域数据元构成，如图6.2所示。

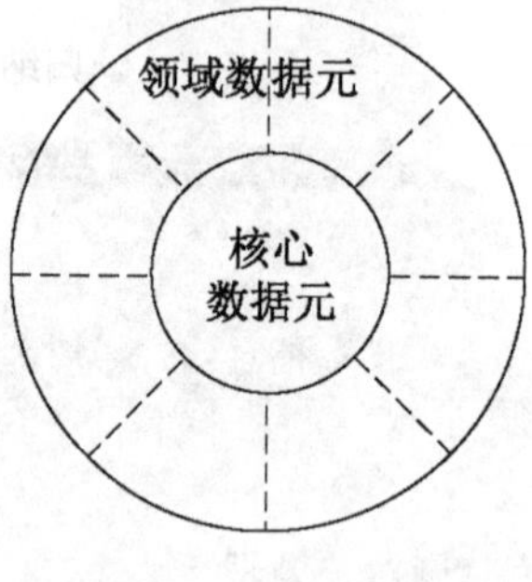

图6.2 数据元构成

(1) 核心数据元：以公安核心要素人、地、事、物、组织等为基础，定义各要素所必需的数据元项，可被多个业务警种所共享。

(2) 面向领域的数据元：为了规范业务警种的数据资源而定义，覆盖治安、刑侦、技侦、网监、交警、指挥调度、消防等领域。数据元标准建设过程需参考公安行业相关标准，包括：GA/T 543 公安数据元、GA/T 541—2005 公安业务数据元素管理规程、GA/T 542—2011 公安数据元编写规则。

数据元标准建设工作将结合数据标准化试点工作展开，其中包括按试点要求开展公安数据元的梳理、编制和推广应用工作，并建立全局统一的数据标准化管理和应用工作机制。通过这些步骤深入推动数据元的业务应用，统筹协调各警种的数据标准化建设，有效支撑公安大数据资源的标准化采集、管理和共享服务。

2. 数据字典标准建设

结合数据元标准的建设工作，同步建立与数据元相关的数据字典标准，并与基础库数据资源中相应的字段进行关联，以数据字典标准约束字段的取值范围，控制数据的质量。

数据字典标准建设的具体工作包括以下几方面。

(1) 对基础库数据字典标准进行梳理，并与属性项建立关联关系。

(2) 对大数据平台数据字典按照国标、部标、行业标准及专业标准体系进行分类梳理组织，建设覆盖各业务警种的大数据平台字典标准体系，并结合基础库的数据资源开展数据字典的比对及分析。

(3) 将数据字典与数据元标准相结合，对关联库、专题库的数据资源予以规范化和质量约束。

3. 元数据标准建设

在遵循公安部相关标准的基础上，根据本地数据实际情况，形成本地的元数据标准。本系统的元数据规范和标准主要包括业务元数据、技术元数据和数据元数据三类。

元数据体系是信息资源体系的内在核心和描述基础。资源体系中的各种资源都是由元数据进行描述的，并且基于其元数据属性进行管理和控制。元数据体系的主要目的就是为了实现数据资源的标准化和规范化，使不同时期、不同载体、不同维度、不同规格的数据可以被统一、规范、科学、全面地描述，保证数据的一致性、可解释性、可追溯性，支持数据资源的统一管理、共享和利用。

以元数据信息记录数据资源的如下信息。

(1) 数据的来源信息：业务数据的来源、生产方式等信息，包括社会资源的来源单位、流式数据的接入源头，如果数据是对多个源数据关联处理之后生成，则会记录所有的相关源信息。

(2) 数据的处理流程：结合相关 ETL 软件，记录数据的 ETL 清洗、抽取、处理过程。

(3) 数据的更新情况：包括数据的更新频度、更新方式等信息。

此外，需要对元数据体系建立持续更新的机制，通过和数据提供方、数据管理方的共同配合，并结合软件的自动化更新机制，实现元数据的持续更新。通过建立持续更新的元数据体系，实现对数据资源来源去向的准确记录，并基于此实现数据资源的流向分析、数据溯源等功能。

4. 数据资源目录标准建设

信息资源目录建设是平台数据体系建设的核心，只有梳理建设一套完善的数据资源目录，了解公安信息资源的整体情况，才能够更好地实现数据资源整合和共享。根据不同的数据资源目录分类方式，大数据平台从三个方面进行信息资源库数据资源目录建设，具体如下。

(1) 部门资源目录：大数据平台的数据来源众多，包括警综平台、情报平台、技侦、网监等各业务系统数据资源以及社会数据等。在建设资源目录时，首先获取各个来源的数据组织形成部门资源目录，按照各自的结构依次进行子目录的划分，并定义数据资源的统一编码体系。

(2) 主题资源目录：关联库的数据资源是大数据平台对外提供数据和服务的核心数据库，其涵盖数据内容最丰富，数据质量最高，覆盖了公安五要素的所有核心数据资源。以关联库数据资源为核心，进行主题资源目录的建设，以“人、地、事、物、组织”及数据的业务特征进行划分，建设覆盖全警、面向所有用户的大数据平台统一资源目录。

(3) 专题数据目录：平台面向不同业务警种提供的各类数据，以各业务警种类型进行二级目录组织，如治安、刑侦、交通、案件等。三级资源目录根据各业务警种的实际业务内容进行细化分类。

5. 数据质量标准建设

数据质量管理是数据管理人员建立完善的数据质量分析机制，实现对海量信息资源的质量检查和控制，并提供相应的数据质量分析报告，这是确保数据质量的关键。对于不符合质量标准的数据则需要重新进行加工处理，直至符合相关质量标准后才可导入整合基础库。

数据质检规则及模板管理：建立一套基于“规则—模板—方案”的数据质量规则构建模型。通过预定义涵盖数据标准、数据一致性、数据关系、数据符合性等多种规则在内的数据质量检查规则，灵活组合形成质检模板，并应用于数据资源目录，形成最终的质检方案。系统提供如下类型的质检规则。

(1) 数据标准性检查规则：结合数据元、数据字典等标准，对待检数据进行标准检查。主要包括数据元的符合性、类型一致性、字典的符合性等。

(2) 数值检查规则：通过对若干个指标值的简单四则运算(加、减、乘、除)，来检验各个指标间潜在的平衡或其他比较关系。在这个简单四则运算中，可以代入常量运算，支持括号。

(3) 类型检查规则：对数据类型是否符合要求进行检测。

(4) 精度检测规则：对数据的采集精度是否符合要求进行检测。

(5) 重复性检测规则：检测数据的重复情况。

数据质检方案管理：在数据质检规则的基础上，基于平台制定的数据质量标准，首先制定完善平台数据的质检方案，作为数据质量检查的核心环节。数据质检方案是根据数据质量标准，在数据质检规则中选取相应的质检规则，并配置相关参数，从而形成一套完善的数据质检方案。数据质检方案主要包括质检方案的创建、数据规则的选取、质检方案的保持等基本管理功能。

(1) 数据质量检查：数据质量检查是保证数据质量的实践环节，是根据预先创建好的数据质检方案、规则、算法和质量检查度量，对数据的准确性、规范性、合理性等进行多角度检查，以及时发现问题，确保数据质量。

(2) 数据质量报告：数据质量检查完成后，系统支持自动生成详细的数据质量检查报告，内容包括数据质量关注的数据、处理过程、环境等，对存在的数据质量问题，给出改进建议，以便数据管理员整体了解一段时间内系统的数据质量状况，并促进数据质量的持续提高。

6. 数据交换标准建设

大数据平台不但是数据的中心、服务的中心，同时也是未来业务系统间交换数据的中心。跨警种、跨业务的数据整合是未来信息化建设的基础，涉及多种数据的整合手段，其中数据交换、消息推送、通过服务总线实现应用对接等都需要定义一套通用的数据交换标准和模型，基于此标准实现各个系统间数据的共享和交换，并支持未来更多系统与平台的对接。

平台数据交换标准的设计充分借鉴国内外现有的各类共享交换系统的建设经验，采用基于可扩展标记语言(XML)的信息交换框架，基于基本的 XML 语言，通过定义一套数据元模型(语义字典)和一套基于 XML 策略的描述规范来实现对信息的共同理解。基于此套交换标准，可支持基于消息的信息交换与基于服务接口的信息交换。该标准主要包括以下内容。

(1) 数据元标准：定义交换数据的 XML 描述中，包括数据项的所有可用数据元。

(2) 核心数据元：按公安五要素划分的数据元，构成最基础的字典。

(3) 领域数据元：在五要素之外，按照专题划分为若干个面向不同领域的数据元集合。由多个域数据元构成。

(4) 扩展数据元：在核心和领域数据元基础之上，业务系统根据自身的需求而设计的数据模型。

(5) XML 文档：统一和规范化的数据存储和表示，它承载了具体的需要交换的数据，用以在不同系统之间进行信息的传输和交换。

(6) XML 策略规范：描述待交换数据的结构、语义等，应用系统基于此文件对数据进行理解。其定义了 XML 文档的树形结构，可用于应用系统对 XML 文档的结构进行验证。

(7) 交换规则：在 XML 策略规范中，为了满足不同应用系统对数据一致理解的要求，额外定义了一套对 XML 策略语义和语法的约束条件，即交换规则。只有符合此规则的 XML 策略文件，才是可被平台验证通过的数据模型。

6.2 智慧警务数据层框架

图 6.3 展示了智慧警务数据层的框架，该框架主要由四个部分组成：数据源、数据采集与汇聚、数据存储和处理、数据服务。

随着科技和信息化的发展，数据的总量呈爆炸式增长。仅仅依靠公安机关自身所具有的数据量已经不能满足公安警务工作的需求。因此，在建设智慧警务数据层的过程中，数据源不仅仅需要公安内部数据，更需要社会上的各类数据，如互联网中社交软件的用户注册、聊天等数据，政务系统中的人口、法人等数据，6.3 节将对智慧警务数据层中的数据源进行详细阐述。

在确定了数据源的前提下，如何将这些数据进行采集和汇聚是建设智慧警务数据层的关键。由于数据具有多样化、数据量大、异构等特点，单一的采集方式不能满足数据采集的全面性和有效性。因此，针对不同类型的数据需要运用不同的采集方式。比如，针对视频监控的数据，可以通过监控服务器进行上传；针对互联网的数据，可以通过网络旁路的方式进行采集，6.4 节和 6.5 节将对数据的采集与汇聚进行详细阐述。

在数据采集与汇聚完毕后，已经形成了一个非常庞大的数据集。为了使这些数据更好地为上层应用服务，必须对这些大数据进行有效的存储和处理。然而，与大数据计算相关的基础研究，诸如大数据的感知与表示、组织与存储、计算架构与体系、模式发现与效应分析等，目前还没有形成系统的理论成果。为了解决这个问题，一方面，需要关注大数据如何存储，提供一种高效的数据存储平台；另一方面，为了应对快速并高效可靠地处理大数据的挑战，需要建立大数据的处理模式以及相关的优化机制。6.6 节将对数据存储和处理进行详细的阐述。

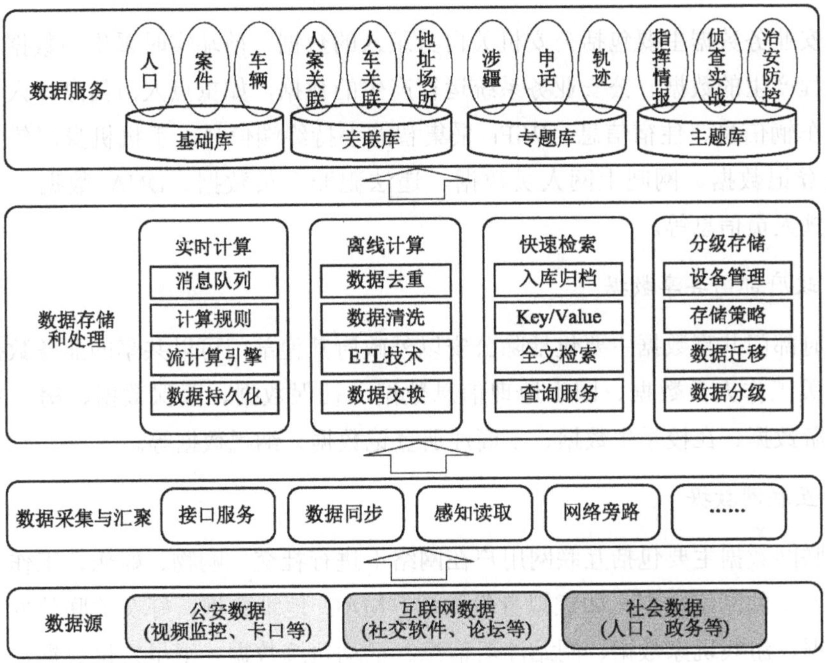

图 6.3　智慧警务数据层架构

在完成对数据存储和处理后，按照数据类型、关联等因素，满足应用层使用数据的方便、快捷等需求，在数据层建立不同类型的数据库，主要包括基础库、标准库、关联库、专题库和主题库。6.7 节将对这些不同类型的数据库进行详细阐述。

6.3 智慧警务数据源

在大数据时代，谁率先拥有大数据、善于利用大数据，谁就能掌握主动，赢得未来。为了有效维护社会信息条件下的国家安全和社会稳定，公安机关就必须加强对各类信息的全面整合，综合分析和预警监测，不断提高搜集情报、处置重大警情的能力，率先拥有海量数据资源并实施有效管理。善于应用才能掌握主动，才能更好地发挥智慧警务平台的作用。要达到这个目标，一个完整全面的数据源是建设智慧警务应用的基础。

智慧警务的数据源主要由以下五个类型的数据组成。

1. 公安业务数据

公安业务数据主要包括公安机关自身录入的数据、前端实时采集的数据、案件侦查过程产生的数据、公安业务系统运行产生的数据，如重点人口信息、人员户籍信息、车辆信息、住宿信息、WiFi 采集智能手持终端信息、手机机身码信息、酒店入住登记数据、网吧上网人员数据、违法犯罪人员数据、DNA 数据、手纹数据、追逃人员信息等。

2. 政府部门共享数据

政府部门共享数据主要包括除公安以外政府其他部门可以共享的业务数据，如政府机关工作人员数据、国土地理信息数据、社保数据、医保数据、房产登记数据、旅游数据、在校学生数据、工商注册登记数据、纳税数据等。

3. 互联网数据

互联网数据主要包括互联网用户在网络上进行社交、购物、娱乐、工作、出行等活动产生的网络数据，如虚拟身份数据、MAC 地址数据、好友关联数据、网站备案数据、游戏玩家数据、网站注册信息、活动轨迹数据、卫星定位数据、网约车数据、IP 地址数据、互联网木马病毒数据等。

4. 社会数据

社会数据主要包括社会服务部门可提供的数据，如生活缴费数据、用户资料、基站数据、医院就诊数据、就业登记数据、待业人员数据、票务类数据、银行交易类数据、购物信息、出租车驾驶人员数据等。

5. 视频图像数据

视频图像数据主要包括政府部门主导建设的天网工程视频监控数据、社会部门单位自己建设的视频监控数据，以及小区内、商家店铺自建的视频监控数据，如视频录像数据、抓拍图像等非结构性的数据及经过结构处理的视频监控、人像比对、图像的结构化数据等。

6.4 数据信息采集

6.4.1 数据采集原则和要求

为了解决现有业务资源融合不足、数据资源利用率不高的问题，需要最大限度地整合各类信息资源，实现互联互通和资源共享，真正实现智慧警务的数据高度融合。首要步骤就是实现数据采集，该工作需坚持以下基本原则。

1. 全面性

对各类型的数据进行全面的采集，确保数据不丢失，数据种类完整。

2. 实时性

采集到的数据必须鲜活和及时，确保数据客观、真实、有效，最大限度地用于智慧警务实时分析与综合研判。

3. 灵活性

在技术上可以灵活适应各种渠道的采集工作，包括对未来各种猜忌计划的接口支持，确保数据采集的可持续性。

6.4.2 数据采集对象

社会领域的信息由很多主体对象生成，这些对象就是信息的源头。根据公安部要求，从公安业务部门的关注角度可以将这些对象划分为人、物品、事件、地点、组织等。因此，数据采集围绕这些对象展开。

1. 对人员的数据采集

信息时代，人在整个社会活动中无时无刻不产生着数据记录。例如，随着移动互联网技术的飞速发展，人的线上生活也成为一种趋势。人的衣食住行等行为都会留下各种数字痕迹。从公安工作的角度，对人的数据采集可以按身份、行为、行踪等几个维度开展。

人的身份是对人进行标识的方式，而人在不同领域的活动可能会有不同的身份标识，如身份证信息、会员证信息、DNA 信息、指纹信息、电信标识码信息等。人的行为信息描述人与空间的关系。比如，地理位置信息、出入境信息、出行信息、住址信息、工作地址信息等。

2. 对物品的数据采集

当前，物联网已经得到广泛应用。因此，数据采集的对象也从人扩展到了物。比如，快递行业中的物品监控、交通运输中的车辆监控等。物品数据主要包括涉案物品登记信息、车辆登记信息、车辆卡口信息、车辆违章信息、物品寄递信息、物品销售信息等。

3. 对事件的数据采集

对事件的数据采集主要包括时间、地点、人员、组织、舆情，以及其他关联信息等。

4. 对地点的数据采集

对地点的数据采集主要包括地理信息、环境信息、区域特性信息、区域内对象信息等。

5. 对组织的数据采集

组织是指社会中的各种团体，如政府机构、行业联盟、商业公司、志愿者团体等。组织信息包含以下内容：法人登记信息、团体活动信息、资产信息、商业信息、财务信息、法律信息等。

6.4.3 围栏化数据采集

大数据时代下的数据采集应涵盖通信、互联网、交通、金融等领域。从公安智慧警务工作的角度出发，需满足“围栏”方式建设数据采集的需求。

1. 通信围栏

现代通信网络是社会个体互相联系的重要渠道，其中包括大量的公安情报线索。建立“通信围栏”，依托电信、移动、联通等通信运营企业，全量实时采集用户信息数据、信令等通信数据。通过对通信数据全时空留存，实现对犯罪行为的有效追查和预警。

2. 网络围栏

互联网是当今世界上覆盖面最广、影响最大的数据网络，其数据量巨大，类型繁多。该领域也是各种非法组织进行联络、策划和宣传最重要的渠道之一。建立“网络围栏”，依托电信、移动、联通等互联网信息服务提供商，全量实时采集用户注册、登录、浏览、发布、传输、搜索、交易、电子邮件等网络数据。通过对网络数据全时空留存，实现对犯罪行为的有效追查和预警。

3. 交通围栏

伴随着交通科技的高速发展，民航、高铁、长途巴士、家用车辆、船舶等构成了多元复杂的现代交通网络。建立“交通围栏”，依托民航、海事、公路、铁路等交通运营企业以及交通部等政府部门，全量实时采集乘客购票、航班进出港、高铁线路及实时运行信息、车辆注册、车辆位置、车辆维修、出租车运营、船舶运行信息等交通数据。通过对交通数据全时空留存，实现对犯罪行为的有效追查和预警。

4. 金融围栏

金融是国民经济重点领域，其中蕴含大量国家安全相关信息，一些重大社会事件的发生往往都伴随着金融领域的重要线索发现。建立“金融围栏”，依托中国人民银行、银监会、证监会、保监会等国家金融监管机构以及中国银联、国有或商业银行、证券公司、保险公司、信托机构、民间借贷机构、互联网金融企业，全量实时采集开户登记、交易明细、余额信息等数据。通过对金融数据全时空留存，实现对犯罪行为的有效追查和预警。

5. 其他领域数据采集

(1) 政府管理领域。政府管理部门在依法行使社会管理职能的同时，也广泛收集大量人员、组织和社会活动信息。这些信息从不同侧面反映了社会的运行状态以及社会成员的基本情况，属于数据的采集范围。政府职能领域的数据采集应依托公检法、工商管理、医疗卫生、公用事业等政府管理部门实现对公安机关管控信息、检察院案件侦查信息、法院案件审理和判决信息、工商执照信息、工商处罚信息、卫生信息、水电煤缴费信息、房地产登记信息等数据进行全量实时采集，实现对重点目标的全面了解，以辅助智慧警务中的情报研判和决策分析。

(2) 社会服务领域。社会服务行业机构在经营过程中也收集了大量运营所需人员、组织信息，对智慧警务建设具有重大意义，属于数据的采集范围。社会服务领域的数据采集应当依托国家相关部门对旅游行业信息、旅客信息、寄递渠道信息、零售信息、餐饮从业和服务信息、网吧上网信息等数据进行全量实时采集，全面掌控重点目标对象的社会服务消费信息，以辅助智慧警务中的情报研判和决策分析。

6.4.4 数据采集方式

数据采集按照技术手段划分为网络旁路采集、接口服务采集、物联网感知读取、数据库同步采集、文件同步采集等五种方式。

1. 网络旁路采集

网络旁路采集是指通过分光截取、端口镜像、高阻复接等方式对网络中传输的数据进行采集的方式，主要适用于电信运营商互联网出口和局域网环境互联网出口的数据采集。

2. 接口服务采集

接口服务采集指的是对第三方提供的远程服务接口进行调用，提供相应的参数并获取返回的结果数据信息。也可以由数据采集提供数据接收服务接口，信息提供方对其进行数据推送。

3. 物联网感知读取

物联网数据感知读取主要通过传感器技术、物品标识技术以及短距离无线传输技术来实现。具体来说，物联网感知读取手段综合了传感器技术、嵌入式计算技术、智能组网技术、无线通信技术、分布式信息处理技术等，能够通过各类集成化的微型传感器的协作，实时监测、感知和采集各种环境或监测对象的数据。

4. 数据库同步采集

数据库同步采集方式指在数据源库和目标数据库之间采取实时或准实时的同步措施来获取数据。

5. 文件同步采集

文件同步采集方式指在源文件服务器和目标文件服务器之间采取实时或准实时的同步措施来获取数据。

6.5 智慧警务数据汇聚

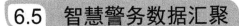

大数据时代背景下，公安机关在数据的总量、数据的形态、数据的服务方式以及数据的关联关系等方面都发生了巨大的变化。该节对云计算、大数据等技术进行探究，运用这些技术，以更高的效率、更低的成本去处理公安大数据中存在的海量结构化和非结构化数据，进而形成高价值、高密度、高聚合的结构化数据。同时将不同需求、不同业务有效整合，为智慧警务平台的上层应用提供个性化的数据定制服务。

6.5.1 智慧警务数据汇聚原则

智慧警务以信息资源为支撑，以综合研判为核心，以“打、防、管、控”为目的，按照“情报主导、手段集成、资源共享、数据整合”的原则，构建情报研判、侦查与预警防范一体化运作的新型警务信息化模式。由于公安业务数据较为分散，各业务系统数据量大小不一，而且互联网数据、社会资源数据和公安业务数据密级有差别，在利用大数据进行智慧警务建设的过程中会遇到很多问题。为了有效解决这些问题，保证智慧警务的建设效果，应按照如下原则实现智慧警务数据的汇聚。

1. 低密级向高密级汇聚原则

根据保密的规定，智慧警务建设所需的数据流动应是由低密级数据向高密级数据汇聚，也就是说由互联网数据向公安网数据汇聚，由视频网数据向公安网数据汇聚，由公安网数据向网安网数据汇聚，且以单向光闸的方式进行。

2. 小数据量向大数据量汇聚原则

智慧警务建设的基础就是公安大数据，为了节约时间和减少成本，公安大数据的建设应当是数据量较小向数据量较大的汇聚。公安业务数据量最大的应该是公安网安部门的互联网大数据(含 3G/4G 数据)，公安真正的大数据应该是建设在网安上，公安大数据中心所需的所有数据必须向网安部门的数据进行汇聚。

3. 设备投入多向设备投入少汇聚原则

当前，在大数据、云计算技术背景下，所有业务系统建设都必须是在云环境上进行，公安机关在建设数据机房搭建大数据中心时应充分考虑各业务部门的实际需求和扩展，充分利用大数据中心资源，各部门建设业务系统时，只需提出建设业务系统所需要的计算资源和存储资源需求，不再需要单独购买一批服务器，所有数据均向警务云中汇聚，从而大大节约设备成本，提高了管理效能。

6.5.2 智慧警务数据汇聚方式

1. 实时数据汇聚

公安警务实时数据主要包括网吧上网人员信息、旅店和宾馆住店人员信息、卡口车辆信息等。实时数据汇聚流向如图 6.4 所示。

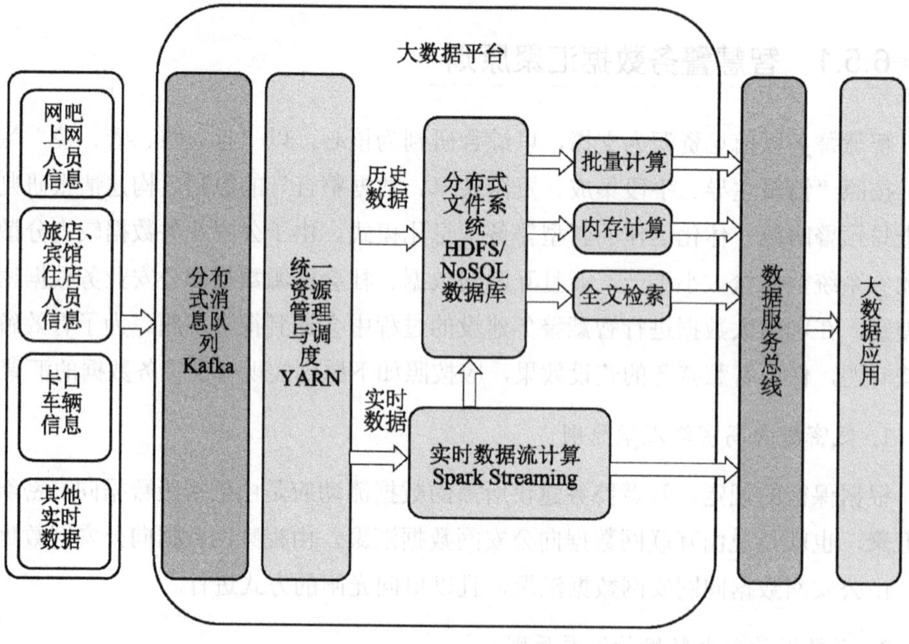

图 6.4　实时数据汇聚流向

实时数据主要通过消息队列(Message Queue)进入大数据平台，消息队列用于将消息生产的前端和后端服务架构解耦，它是一种请求—订阅(Pub-Sub)结构，前端消息生产者不需要知道后端消息消费者的情况，只需要将消息发布到消息队列中，且只用发布一次，即可认为消息已经被可靠存储了，不用再维护消息的一致性和持久化，同时消息只传输一次就可以给后端多个消费者，避免了每个消费者都直接去前端获取消息造成的前端服务器计算资源和带宽的浪费，甚至影响生产环境。

Message Queue 可基于开源软件 Kafka 实现，并进行了一系列的性能优化。Kafka 是一个低延迟高吞吐的分布式消息队列，适用于离线和在线消息消费，用于低延迟地收集和发送大量的事件和日志数据。针对持续不断的流式数据源，如实时信令记录采集。采用 Kafka 采集工具，通过调用 Kafka 提供的 API，数据生产者将数据汇聚到 Kafka 集群，再由数据消费者 Spark Streaming 流式数据处理平台进行计算处理或者 Hbase 实时数据分析平台进行存储处理。适用于公安业务系统中卡口数据的实时采集。

2. 日志文件汇聚

智慧警务平台有大量应用系统，各应用系统每天产生大量日志数据，日志数据进入大数据平台的流向图如图 6.5 所示。

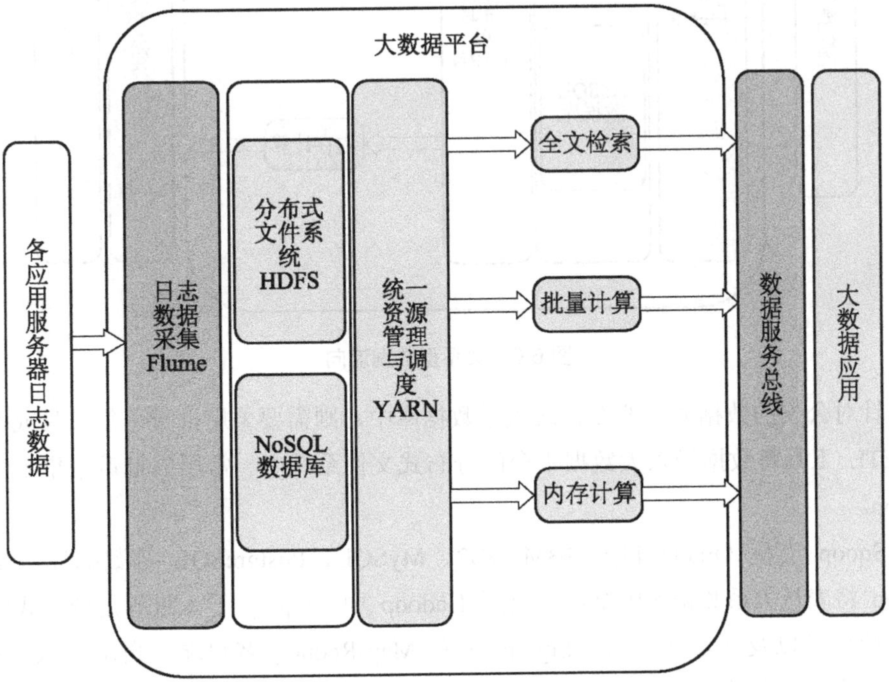

图 6.5 日志数据采集流向

针对数据源作为文件存储传输，大数据平台提供 Flume 日志采集工具，可以支持分布式方式从数百个产生文件的服务器采集文件到分布式文件系统中，如将公安业务系统多个应用服务器中产生的网络日志采集到大数据平台的分布式文件系统中。

3. 关系型数据库数据汇聚

公安各警种业务系统的数据大部分都是结构化数据，因此智慧警务平台的关系型数据进入大数据平台的数据流向如图 6.6 所示。

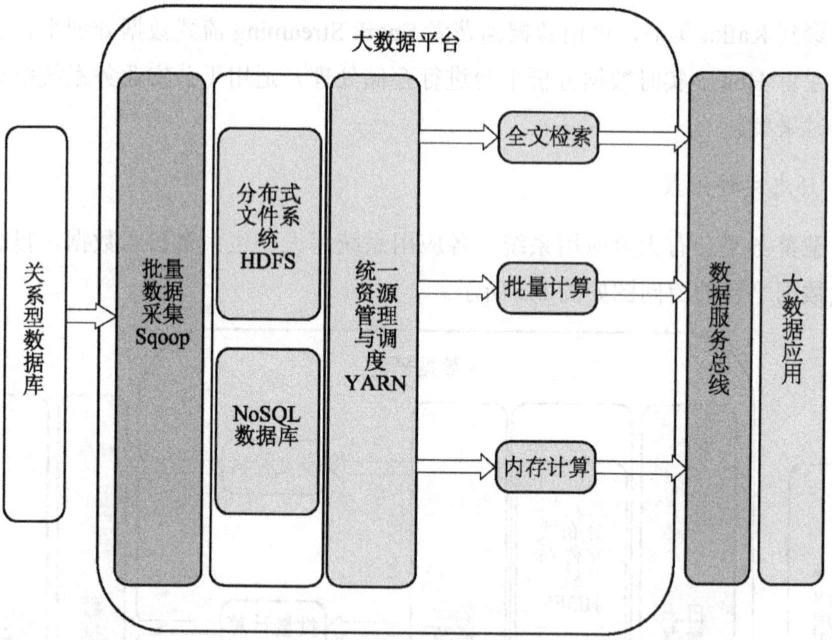

图 6.6　关系型数据流向

针对公安的数据源主要在传统关系数据库中，则需要采用批量采集工具或者其他 ETL 工具将数据导入大数据平台的分布式文件系统中。常用的批量采集工具有 Sqoop。

Sqoop 支持 Oracle 11g、IBM DB2、MySQL、PostgreSQL 等数据库。常用 Sqoop 将表从关系数据库中全部拷贝到 Hadoop 中。Sqoop 导入过程是分布式的，并支持全量以及增量式导入。Sqoop 作为 Map-Reduce 客户端，自动生成 Map-Reduce 任务，提交给 Hadoop 集群进行分布式并行数据抽取。Sqoop 支持将数据导入 HDFS、Spark 内存计算引擎和 Hbase，或者从 HDFS、Spark 内存计算引擎或者 Hbase 中导出到关系数据库。支持同步以及异步形式将文件批量导入数据表中。主要适用于大数据平台数据源数据采集过程中将公安传统关系型数据库中的数据转换到大数据平台中的 HDFS 时，使用 Sqoop 工具进行结构化数据到非结构化数据的转换。

从关系型数据库中将数据导入集群平台后，需要对入库后的数据与原先关系型数据库中的数据进行校验，以保证数据入库后的一致性。

4. 多级数据汇聚功能(全量及增量)

公安的全警数据分布在各个警种的业务系统中，智慧警务平台的数据中心需要对所有的业务系统数据进行汇集、整理、共享和分析等，针对智慧警务平台关系型数据源的汇聚功能，可支持批量模式和增量模式。

(1) 批量模式。

批量模式用于在平台建设完成初期进行历史数据的迁移，将大量的基础数据和历史数据导入平台集群。可通过批量采集等 ETL 工具将数据导入分布式文件系统或列式数据库中；同样可通过 bulkload 工具将批量数据导入列式数据库中；也可以将数据直接传入分布式文件系统中，其后可以通过建立外表的方式对数据进行分析。

(2) 增量模式。

增量模式用于上线后将指定周期时间间隔(如每天、每小时或每 10 分钟)内的数据导入平台，可通过批量工具的增量导入等模式进行。

对于数据的导出，支持 SQL 查询结果导出为文本文件，可以设定文件的格式(分隔符等)、大小、命名。为了保障导出效率，系统内所有节点并行导出。

6.6 数据存储与处理

大数据已成为当前社会各界关注的焦点，但是大数据分析相比于传统的数据仓库应用，具有数据量大、查询分析复杂等特点。大数据存储由于其本身存在的 4V 特征[即大量(Volume)、高速(Velocity)、多样(Variety)和价值(Value)]，传统的存储与处理技术不能满足大数据存储与处理的需要。因此，将以实时计算、离线计算、快速检索、分级存储等四个方面来介绍如何有效地对大数据进行存储与处理，从而为警务大数据平台的应用提供更好的数据服务。

6.6.1 实时计算

实时计算指在海量数据中进行指定类型的计算，在秒级的时间内给出响应的一种计算方式。目前，很多大数据平台都构建了实时计算，如淘宝的实时推荐系统、腾讯的实时计算平台等。下面，从消息队列、计算规则、流计算引擎和数据持久化等四个方面来介绍实时计算。

1. 消息队列

“消息”是在两台计算机间传送的数据单位。消息可以非常简单，如只包含文本字符串；也可以很复杂，可能包含嵌入对象。消息被发送到队列中。“消息队列”是在消息的传输过程中保存消息的容器。在将消息从它的源中继到它的目标时，由消息队列管理器充当中间人。队列的主要目的是提供路由并保证消息的传递，如果发送消息时接收者不可用，消息队列会保留消息，直到可以成功地传递它。

目前主流的消息队列系统有 Linkedin 开发的一个分布式的消息队列系统、Kafka 分布式消息队列。Kafka 构建一个用来处理海量日志、用户行为和网站运营统计等的数据处理框架。在结合了数据挖掘、行为分析、运营监控等需求的情况下，需要能够满足各种实时在线和批量离线处理应用场合对低延迟和批量吞吐性能的要求。从需求的根本上来说，高吞吐率是第一要求，其次是实时性和持久性。

Kafka 的集群由多个 broker 服务器组成，每个类型的消息被定义为 topic，同一 topic 内部的消息按照一定的 key 和算法被分区(Partition)存储在不同的 broker 上，消息生产者 producer 和消费者 consumer 可以在多个 broker 上生产/消费 topic。该消息队列的整体结构图如图 6.7 所示。其中，topics 为某种消息的高层抽象；producers 为消息的生产者；consumers 为消息的消费者；broker 为集群中的每一个节点服务器，多个 broker 组成一个集群。

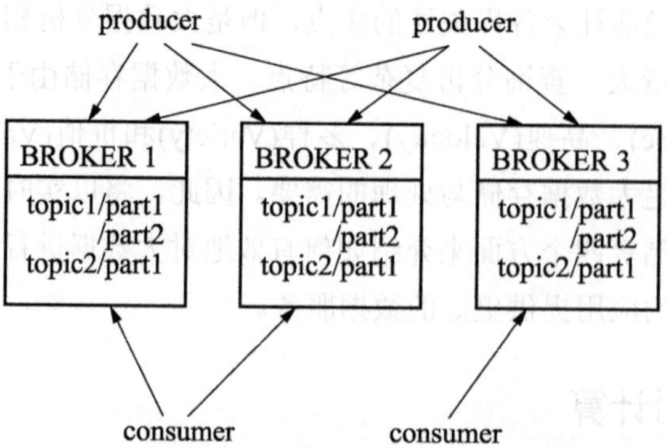

图 6.7 Kafka 消息队列整体结构

Kafka 的核心思想为：消息队列是以日志文件的形式存储的，消息生产者只能将消息添加到既有的文件尾部，没有任何 ID 信息用于消息的定位，完全依靠文件内的位移。因此消息的使用者只能依靠文件位移顺序读取消息，这样也就不需要维护复杂的支持随机读取的索引结构。Kafka broker 是完全不维护和协调多用户使用消息的行为模式，用户自己维护位移用来索引消息。

最小的并发访问单位就是 partition 分区，同一用户组内的所有用户(可以理解为同一个应用的所有并发进程)只能有一个访问同一分区，同时分区的个数是固定的，不支持动态调整。这样最大地简化了多进程/分布式 client 之间对消息处理访问并发控制的复杂度，当然也带来一定的使用模式上的限制(比如最大并发度完全取决于预先规划的 partition 的个数)。

2. 计算规则

实时计算中的数据具有显著的时间特性，即有效时间是短暂的，过时则失效。因此，实时计算在面临海量实时数据的时候，必须要在一定时间内存入数据库。下面将介绍几种在实时计算中常用到的计算规则。

(1) 内存表的文件地址与线性地址转换规则。

该规则表示整个内存表驻留在进程虚拟地址空间里，由操作系统的内存文件映射机制实现地址转换。实时计算中的大量实时事务要求系统能够快速处理，但如果对文件的读写访问采用普通的文件读写操作，那么由此带来的磁盘存取、内外存的数据传递、缓冲区管理、排队等待以及锁的延迟都会使得事务执行时间慢且无法预料。而内存映射文件在进程的虚拟地址空间中保留一段区域，将来自磁盘上的数据库文件提交给该区域，将文件映射到这段虚拟内存之中。此时内存文件映射的物理存储器来自一个已经存在磁盘上的文件，而非系统的页文件，可以用存取内存数据的方式直接操作文件中的数据，保证对实时的数据进行及时的处理和存储。

(2) 磁盘表的文件地址与线性地址转换规则。

当进程访问磁盘表时，实时计算通过缓冲区操作文件中的数据，缓冲区是进程虚拟地址空间的一部分，对磁盘表的操作必须实现文件地址和进程线性地址的转换。缓冲区由 n 个页面组成，页面大小可配置为 4KB 的整数倍。考虑磁盘数据传输特点，文中磁盘表文件空间和进程虚拟地址空间数据交换单位是一页面。访问文件对象时，首先将该文件对象所在磁盘页面复制到缓冲区中，即建立磁盘页面的内存映像。管理缓冲区的数据结构由一单链表、一双链表和一哈希表组成。初始时单

链表由 n 个 PageHeader 组成，双链表由一个 PageHeader 组成，引入哈希表的目的是能快速查询磁盘页面是否驻留在缓冲区中。当建立一磁盘页面的内存映像时，哈希表中必须存储磁盘页面文件地址与分配给该磁盘页面的缓冲区页面编号间的映射关系。当将一磁盘页面从缓冲区置换出去时，必须删除哈希表中该磁盘页面文件地址与分配给该磁盘页面的缓冲区页面编号间的映射关系。

3. 流计算引擎

由于大数据流式计算系统无法确定数据到来的时刻和顺序，因此不进行流式数据的存储，而是采用了流动数据到来后在内存中直接进行数据的实时计算方法。典型的流计算引擎架构有推特(Twitter)的 Storm 和雅虎的 S4。对于这种计算架构，其数据是在任务拓扑中被计算，并输出有价值的信息。对于那种无须先存储数据而直接进行数据计算，实时性要求严格而数据精度往往不太重要的应用场景，大数据流计算引擎具有明显的优势。

在大数据流式计算环境中，数据流具有五个特征。

(1) 实时性。流式数据是指那些实时产生和实时计算出来的数据，其结果反馈往往需要确保及时性。流式数据价值的有效时间往往较短，大部分数据会直接在内存中进行计算并被丢弃，只有少数数据才被保存到硬盘中。

(2) 易失性。数据的使用往往是一次性的、易失的，即使重放，得到的数据流和之前的数据流往往也不相同。

(3) 突发性。数据的产生完全由数据源确定，由于不同的数据源在不同时空范围内的状态不统一且动态变化，导致数据流的速率具有突发性，即前一时刻和后一时刻的数据速率可能会存在巨大差异。

(4) 无序性。各数据流之间、同一数据流内部各数据元素之间是无序的。一方面，由于各个数据源之间是相互独立的，所处的时空环境也不尽相同，使得数据流之间各个数据元素的相对顺序无法得到保证；另一方面，即使是同一个数据流，由于时间和环境的动态变化，也会导致重放的数据流和之前数据流中数据元素的顺序出现不一致。

(5) 无限性。只要数据源处于活动状态，数据就会一直产生并持续增加。可以说，潜在的数据量是无限的，无法预知数据流何时能够结束。

针对具有上述特征的流式大数据，理想的大数据流计算引擎应该表现出低延迟、高吞吐、持续稳定运行和弹性可伸缩等特性。这需要对系统架构、数据传输、编程接口、系统的高可用策略等关键技术进行合理规划和良好设计。

(1) 系统架构。系统架构是指系统中各子系统间的组织方式，分为无中心节点的对称式架构(如 S4 系统)和有中心节点的主从式架构(如 Storm 系统)。大数据流式计算需要选择特定的系统架构进行流式计算任务的部署。

(2) 数据传输。在有向任务图到物理计算节点的部署完成之后，各个计算节点之间的数据传输方式可分为主动推送和被动拉取两种方式。在大数据流式计算环境中，为了实现高吞吐和低延迟，需要对有向任务图以及有向任务图到物理计算节点的映射方式进行更加系统的优化。

(3) 编程接口。编程接口用于通过有向任务图来描述任务的内在逻辑和依赖关系，以及为实现任务图中各节点的处理功能进行编程。用户策略的定制、业务流程的描述和具体应用的实现都要使用系统提供的应用编程接口。良好的应用编程接口可以方便用户实现业务逻辑，减少用户的编程工作量，并降低用户系统功能的实现门槛。当前大多数开源大数据流式计算系统均提供了类似于 Map-Reduce 的类 MR 用户编程接口。

(4) 高可用策略。高可用策略是指状态备份和故障恢复策略。当故障发生后，系统根据预先定义的策略进行数据的重放和恢复。策略可分为被动等待、主动等待和上游备份等几类。

此外，大数据流式计算系统还需要其他关键技术的支持，这些技术包括系统故障恢复、系统资源调度、负载均衡策略、数据在任务拓扑中的路由策略等。

4. 数据持久化

数据持久化就是将内存中的数据模型转换为存储模型，以及将存储模型转换为内存中的数据模型的统称。数据模型可以是任何数据结构或对象模型，存储模型可以是关系模型、XML、二进制流等。狭义的理解，持久化仅仅是指把对象数据永久保存在数据库中，数据在计算机中一般有两个存储地，内存为暂存，数据库可以理解为永存；广义的理解，持久化包括和数据库相关的各种操作，封装了数据访问细节，为大部分业务逻辑提供面向对象的 API。

数据持久化一般包括两个层面：应用层和系统层。应用层：如果关闭应用然后重新启动则先前的数据依然存在。系统层：如果关闭系统(电脑)然后重新启动则先前的数据依然存在。使用数据持久化有以下好处：第一，松散耦合，程序代码重用性强，使持久化不依赖于底层数据库和上层业务逻辑实现，更换数据库时只需修改配置文件而不用修改代码；第二，业务逻辑代码可读性强，在代码中不会有大量的SQL语言，提高程序的可读性；第三，持久化技术可以自动优化，以减少对数据库的访问量，提高程序运行效率。

6.6.2 离线计算

离线计算就是在计算开始前已知所有输入数据，输入数据不会产生变化，且在解决一个问题后就要立即得出结果的前提下进行的计算。与实时计算相比，离线计算具有数据量巨大且保存时间长，在大量数据上进行复杂的批量运算，数据在计算之前已经完全到位，不会发生变化，能够方便地查询批量计算的结果等特点。下面将从数据去重、数据清洗、数据抽取、数据交换四个方面来介绍离线计算。

1. 数据去重

在大数据时代，数据的体量和增长速度大大超过了以往，其中重复数据也在不断增大。国际数据公司通过研究发现在数字世界中有近75%的数据是重复的，企业战略集团(Enterprise Strategy Group，ESG)指出在备份和归档存储系统中数据的冗余度超过90%。因此，对于采集到的数据进行去重可以获得三点好处：第一，节省存储空间。通过重复数据删除，可以大大降低需要的存储介质数量，进而降低成本。甚至可以使基于硬盘的存储系统成本低于磁带库，同时提供更好的性能。因此，支持数据去重技术的存储系统，特别适合用来做数据的备份；第二，提升写入性能。磁盘的写入性能是有限的，通常顺序写入在100 MB/s左右，如果在写入数据的时候就进行数据去重，可以避免一部分的数据写入磁盘，从而提升写入性能；第三，节省网络带宽。如果在客户端进行数据去重，仅将新增的数据传输到存储系统，可以减少网络上的数据传输量，从而节省网络带宽；第四，提高查询、关联速度。数据去重减少了数据的数量，那么在上层应用进行查询和做关联分析时，数据层响应的速度将会提高，从而提高民警的工作效率。

对于不同大小的数据，数据去重的粒度也不同，下面将介绍四种主要的去重粒度。

(1) 文件级别的数据去重。最粗粒度也是最容易实现的一种，通过为文件整体计算一个哈希值，对于相同哈希值的文件只存储一份。缺点是去重效果比较差。比较适合变动不太频繁的文件或者小文件。例如，百度云盘采用这个级别的数据去重。

(2) 固定分块的数据去重。将文件按照偏移切分为固定大小的数据块，如 4 MB、512 KB，然后在数据块的级别做去重。这种方法实现简单，还可以用来实现断点续传和并发传输。缺点是去重效果还是比较差，难以应对在文件中间插入数据的情况。360 云盘采用 512 KB 的固定分块去重。

(3) 可变分块的数据去重。通过对数据的每一个滑动窗口计算 rolling 哈希值，并选取具有满足固定模式的哈希值的窗口作为 boundary，这样就实现了基于内容的数据分块。然后对数据分块计算哈希值，在分块的级别上实现数据去重。这种方式的优点是去重效果好，可以应对数据的各种变化情况。缺点是技术复杂，包括高效的具有好的区分度的 rolling 哈希值、合适的分块大小的选取、性能和存储量之间的折中等。

(4) rsync。类 unix 系统中通常使用 rsync 来做备份，该方法也应用了数据去重技术，它通过在服务器端固定分块，在客户端逐字节比较来实现去重。rsync 的缺点是必须有明确的历史版本才能实现去重，不能实现全局去重。rsync 只能检测到重复数据，并不能减少存储量。要减少存储量还要使用 delta encoding。通过使用类似 rsync 的算法，得到新增文件与其历史文件的变化值 delta，可以不必立即重建这个新增文件并存储，而是只存储这个 delta 数据，在需要的时候重建，进而减少数据存储量。网盘 Dropbox 使用这种方式实现数据去重。

目前，已经有很多种数据去重的系统、软件和算法用于数据去重的工作。在此将通过介绍适用于海量数据去重的算法——Sim 哈希来阐述数据去重是如何工作的。Sim 哈希被 Google 广泛应用在亿级网页去重的 Job 中，作为 locality sensitive 哈希(局部敏感哈希)的一种，其主要思想是降维，如一篇若干数量的文本内容，经过 Sim 哈希降维后，可能仅仅得到一个长度为 32 或 64 位的二进制由 0、1 组成的字符串，这一点与我们的身份证非常相似，试想一下，要在中国超过 13 亿的茫茫人海中寻找一个人，如果不知道这个人的身份证号，可能要提供姓名、住址、身高、体重、性别等维度的因素来确定是否为某个人。从这个例子已经能看出来，如果有一个一维的核心条件身份证号，那么查询则是非常快速的，如果没有一维的身份证号条件，可能综合其他几个非核心的维度，也能确定一个人。但是这种查询则就比较慢了，而通过 Sim 哈希算法，就像是给每个人生成了一个身份证号，使复杂的事物，能够通过降维来简化。图 6.8 通过一个例子来阐述 Sim 哈希的工作过程。

通过图 6.8，该算法的工作流程可以概括为 5 个步骤：第一，准备一篇文本，过滤清洗，提取 n 个特征关键词，这步一般用分词的方法实现；第二，特征加权，这一步如果有自己针对某个行业定义的语料库的时候可以使用，没有的话，就用分词后的词频即可；第三，对关键词进行哈希降维 01 组成的签名(上述是 6 位)；第四，向量加权，对于每一个 6 位的签名的每一位，如果是 1，哈希和权重正相乘，如果是 0，则哈希和权重负相乘，至此就能得到每个特征值的向量；第五，合并所有的特征向量，得到一个最终的向量，然后降维，对于最终的向量的每一位如果大于 0 则为 1，否则为 0，这样就能得到最终的 Sim 哈希的指纹签名。在获得 Sim 哈希的指纹签名后，使用海明距离算法来判断两个指纹签名是否相似，从而实现数据的去重。

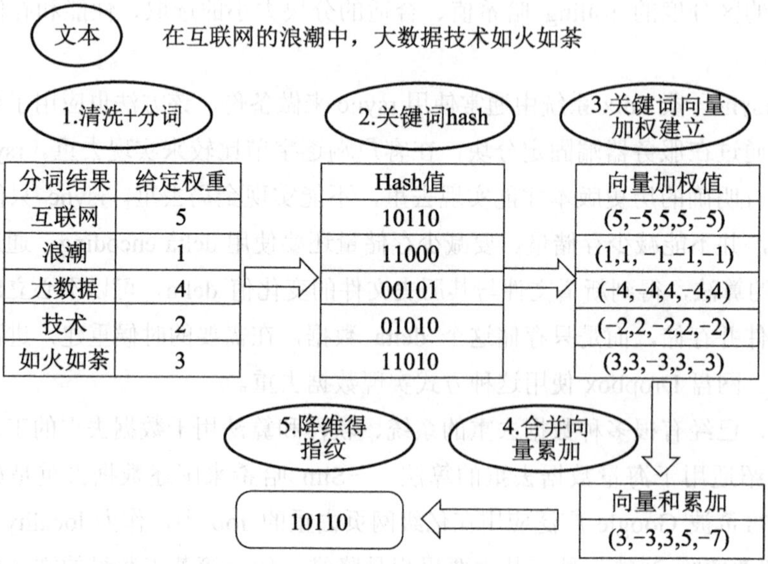

图 6.8　Sim 哈希去重举例

2. 数据清洗

数据清洗(Data Cleaning)的目的是检测数据中存在的错误和不一致，剔除或者改正这些数据，从而提高数据的质量。数据清洗主要在数据仓库、数据库知识发现(也称数据挖掘)和总体数据质量管理这三个领域进行研究和应用。在数据仓库研究和应用领域，数据清洗处理是构建数据仓库的第一步，由于数据量巨大，不可能进行人工处理，因此自动化数据清洗是主要的清洗方式。

迄今为止，数据清洗还没有公认的定义，不同的应用领域对其有不同的解释。

(1) 数据仓库领域中的数据清洗。在数据仓库领域，数据清洗定义为清除错误和不一致数据，并需要解决元组重复问题的过程。当然，数据清洗并不是简单地用优质数据更新记录，它还涉及数据的分解与重组。

(2) 数据挖掘领域中的数据清洗。数据挖掘(早期又称为数据库的知识发现)过程中，数据清洗是第一个步骤，即对数据进行预处理的过程。

(3) 数据质量管理领域中的数据清洗。全面数据质量管理解决整个信息业务过程中的数据质量及集成问题。在该领域中，没有直接定义数据清洗过程。有些文章从数据质量的角度，将数据清洗过程定义为一个评价数据正确性并改进其质量的过程。

数据清洗的对象可以按照数据清洗对象的来源领域与产生原因进行分类。前者属于宏观层面的划分，后者属于微观层面的划分。

(1) 来源领域。很多领域都涉及数据清洗，如数字化文献服务、搜索引擎、金融领域、政府机构等，数据清洗的目的是为信息系统提供准确而有效的数据。

数字化文献服务领域，在进行数字化文献资源加工时，OCR 软件有时会造成字符识别错误，或由于标引人员的疏忽而导致标引词的错误等，是数据清洗需要完成的任务。搜索引擎为用户在互联网上查找具体的网页提供了方便，它是通过为某一网页的内容进行索引而实现的。而一个网页上到底哪些部分需要索引，则是数据清洗需要关注的问题。例如，网页中的广告部分，通常是不需要索引的。按照网络数据清洗的粒度不同，可以将网络数据清洗分为两类，即 Web 页面级别的数据清洗和基于页面内部元素级别的数据清洗，前者以 Google 公司提出的 PageRank 算法和 IBM 公司 Clever 系统的 HITS 算法为代表；而后者的思路则集中体现在作为 MSN 搜索引擎核心技术之一的 VIPS 算法上。

警务大数据也存在“脏数据”。为了能够更好地对公民负责并且能够与全国的其他警察局共享数据，英国 Hum-berside 州警察局使用数据清洗软件清洗大范围的嫌疑犯和犯罪分子的数据。这次清洗的范围庞大，跨越不同的系统，不仅有该警察局内部系统的数据，还有包括本地的和整个英国范围内的外部的数据库。其中有些数据库能够相连和整合，而有些则不能。例如，“指令部级控制”的犯罪记录数据库是用来记录犯罪事件的，该数据库是和嫌疑犯数据库分开的。而嫌疑犯数据库也许和家庭犯罪或孩童犯罪数据库是分开的。

(2) 产生原因。在微观方面，数据清洗的对象分为模式层数据清洗与实例层数据清洗。数据清洗的任务是过滤或者修改那些不符合要求的数据。不符合要求的数据主要有不完整的数据、错误的数据和重复的数据三大类。

不完整数据的特征是一些应该有的信息缺失，如机构名称、分公司的名称、区域信息缺失等。错误数据产生的原因是业务系统不够健全，在接收输入后没有进行判断而直接写入后台数据库，如数值数据输成全角数字字符、字符串数据后有一个回车、日期格式不正确、日期越界等。错误值包括输入错误和错误数据，输入错误是由原始数据录入人员疏忽造成的，而错误数据大多是由一些客观原因引起的，如人员填写的所属单位的不同和人员的升迁等。

异常数据是指所有记录中如果一个或几个字段间绝大部分遵循某种模式，其他不遵循该模式的记录，如年龄字段超过历史上的最高年龄纪录等。重复数据也就是“相似重复记录”，指同一个现实实体在数据集合中用多条不完全相同的记录来表示，由于它们在格式、拼写上的差异，导致数据库管理系统不能正确识别。从狭义的角度来看，如果两条记录在某些字段的值相等或足够相似，则认为这两条记录互为相似重复。识别相似重复记录是数据清洗活动的核心。

此外，由于法人或作者更换单位造成数据的不一致情况、不同的计量单位、过时的地址邮编等其他情况也是数据清洗的对象。

数据清洗的原理为：利用相关技术，如统计方法、数据挖掘方法、模式规则方法等将脏数据转换为满足数据质量要求的数据。数据清洗按照实现方式与范围，可分为以下四种。

(1) 手工实现。通过人工检查，只要投入足够的人力、物力与财力，也能发现所有错误，但效率低下。在海量数据的情况下，手工操作几乎是不可能的。

(2) 编写专门的应用程序。这种方法能解决某个特定的问题，但不够灵活，特别是在清洗过程需要反复进行(一般来说，数据清洗一遍就达到要求的很少)时，导致程序复杂，清洗过程变化时，工作量大。而且这种方法也没有充分利用目前数据库提供的强大数据处理能力。

(3) 解决某类特定应用域的问题。如根据概率统计学原理查找数值异常的记录，对姓名、地址、邮政编码等进行清洗，这是目前研究较多的领域，也是应用最成功的一类。

(4) 与特定应用领域无关的数据清洗。这一部分的研究主要集中在清洗重复记录上。

在以上四种实现方法中，后两种因具有某种通用性及较大的实用性，引起了越来越多的关注。但是不管采取哪种方法进行数据清洗，其操作主要有三个阶段：数据分析、定义；搜索、识别错误记录；修正错误。

在脏数据清洗算法上，一些研究机构提出了脏数据预处理、排序邻居方法、多次遍历数据清洗方法、采用领域知识进行清洗、采用数据库管理系统的集成数据清洗等算法。在此将针对属性和重复记录的清洗分别从检测和清洗两个角度对相关算法展开论述。

(1) 自动检测属性错误的方法。

人工检测数据集中的属性错误，需要花费大量的人力、物力和时间，而且这个过程本身很容易出错，所以需要利用高效的方法自动检测数据集中的属性错误，方法主要有基于统计的方法、聚类方法、关联规则的方法等。表 6.1 给出自动检测属性错误的方法比较。

表 6.1　自动检测属性错误的方法比较

方　法	优　点	缺　点
基于统计的方法	可以随机选择样本数据进行分析，加快检测速度	准确性低
聚类方法	能发现字段在检测时未被发现的孤立点	计算复杂度高，对于海量数据，算法需要大量的运行时间
关联规则	具有较高的置信度和支持度	计算量较大

(2) 属性清洗的方法。

① 空缺值的清洗方法主要有：忽略元组；人工填写空缺值；使用一个全局变量填充空缺值；使用属性的平均值、中间值、最大值、最小值或更为复杂的概率统计函数值填充空缺值。

② 噪声数据的清洗方法主要有：分箱(Binning)，通过考察属性值的周围值来平滑属性的值。属性值被分布到一些等深或等宽的“箱”中，用“箱”中属性值的平均值或中值来替换“箱”中的属性值；计算机和人工检查相结合，计算机检测可疑数据，然后对它们进行人工判断；使用简单规则库检测和修正错误；使用不同属性间的约束检测和修正错误；使用外部数据源检测和修正错误。

③ 不一致数据的清洗方法。对于有些事务，所记录的数据可能存在不一致。有些数据不一致，可以使用其他材料人工加以更正。例如，数据输入时的错误可以使用纸上的记录加以更正。知识工程工具也可以用来检测违反限制的数据。例如，知道属性间的函数依赖，可以查找违反函数依赖的值。此外，数据集成也可能产生数据不一致。表 6.2 给出属性清洗的方法比较情况。

表 6.2 属性清洗的方法比较

方 法	优 点	缺 点
忽略元组	简单方便	当每个属性缺少值的百分比变化很大时，该方法效果不佳
人工填写空缺值	保证了数据正确和数据挖掘的效果	工作量大，当数据集很大且有较多缺失值时，该方法效率较低
使用一个全局变量填充空缺值	简单	可能产生较大的错误结果
使用属性的平均值、中间值、最大值、最小值或更为复杂的概率统计函数值填充空缺值	准确性较高	计算复杂度较大
分箱	减少了每个属性的不同值数量	填入的值可能不准确
计算机和人工检查相结合	比单独使用计算机检查要准确，比单独使用人工检查要快	工作量较大

3. ETL 技术

随着信息化进程的推进，智慧警务对数据资源整合的需求越来越明显。但面对分散在不同地区、种类繁多的异构数据库进行数据整合并非易事；另外，数据的定期更新也存在困难。如何实现业务系统数据整合，是摆在大数据面前的难题。ETL 数据转换技术为数据整合提供了可靠的解决方案。

ETL 是 Extraction Transformation Loading 的缩写，中文名称为数据抽取、转换和装载。ETL 负责将分布的、异构数据源中的数据如关系数据、平面数据文件等抽取到临时中间层后进行转换、集成，最后加载到数据仓库或数据集市中，成为联机分析处理、数据挖掘的基础。它可以批量完成数据抽取、转换、装载等任务，不但满足了人们对种类繁多的异构数据库进行整合的需求，而且可以通过增量方式进行数据的后期更新。

现在越来越多地将 ETL 应用于一般信息系统数据的迁移、交换和同步。一个简单的 ETL 流程如图 6.9 所示。

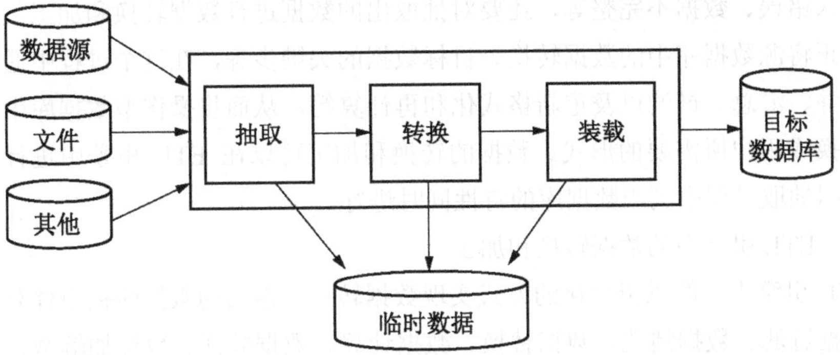

图 6.9　ETL 工作流程图

ETL 过程中的主要环节就是数据抽取、数据转换和加工、数据装载。为了实现这些功能，ETL 工具会进行一些功能上的扩充，如工作流、调度引擎、规则引擎、脚本支持、统计信息等。

(1) 数据抽取。

数据抽取是从数据源中抽取数据的过程。实际应用中，数据源较多采用的是关系数据库。从数据库中抽取数据一般有以下几种方式。

① 全量抽取。

全量抽取指的是 ETL 在集成端进行数据的初始化时，首先由业务人员或相关的操作人员定义抽取策略，选定抽取字段和定义规则后，由设计人员进行程序设计；将数据进行处理后，直接读取整个工作表中的数据作为抽取的内容，类似于数据迁移，是 ETL 过程中最简单的步骤，其简单性主要适用于处理一些对用户非常重要的数据表。

② 增量抽取。

增量抽取主要发生在全量抽取之后。全量抽取之后，对上次抽取过的数据源表中新增的或被修改的数据进行抽取，称为增量抽取。增量抽取可以减少抽取过程中的数据量，提高抽取速度和效率，减少网络流量，同时，增量抽取的实现，对异构数据源和数据库中数据的变化有个准确的把握。信息抽取不仅仅是从大量的文献集或数据集中找出适合用户需要的那篇文献或部分内容，而是抽取出真正适合用户需要的相关信息片段，提供给用户，并找出这些信息与原文献直接的参考对照。

(2) 数据转换和加工。

从数据源中抽取的数据不一定完全满足目的库的要求，如数据格式的不一致、数据输入错误、数据不完整等，还要对抽取出的数据进行数据转换和加工。数据转换是真正将源数据库中的数据转换为目标数据的关键步骤，在这个过程中通过对数据的合并、汇总、过滤以及重新格式化和再计算等，从而将操作型数据库中的异构数据转换成用户所需要的形式。数据的转换和加工可以在 ETL 引擎中进行，也可以在数据抽取过程中利用数据库的特性同时进行。

① ETL 引擎中的数据转换和加工。

ETL 引擎中一般以组件化的方式实现数据转换。常用的数据转换组件有字段映射、数据过滤、数据清洗、数据替换、数据计算、数据验证、数据加解密、数据合并、数据拆分等。这些组件如同一条流水线上的一道道工序，它们是可插拔的，且可以任意组装，各组件之间通过数据总线共享数据。有些 ETL 工具还提供了脚本支持，使得用户可以用一种编程的方式定制数据的转换和加工行为。

② 在数据库中进行数据加工。

关系数据库本身已经提供了强大的 SQL、函数来支持数据的加工，如在 SQL 查询语句中添加 where 条件进行过滤、查询中重命名字段名与目的表进行映射、substr 函数、case 条件判断等。相比在 ETL 引擎中进行数据转换和加工，直接在 SQL 语句中进行转换和加工更加简单清晰，性能更高。对于 SQL 语句无法处理的可以交由 ETL 引擎处理。

(3) 数据装载。

将转换和加工后的数据装载到目的库中通常是 ETL 过程的最后步骤。装载数据的最佳方法取决于所执行操作的类型以及需要装入数据的多少。当目的库是关系数据库时，一般来说有两种装载方式。

① SQL 装载。直接用 SQL 语句进行 insert、update、delete 操作。

② 采用批量装载方法。如 bcp、bulk、关系数据库特有的批量装载工具或 API。大多数情况下会使用第一种方法，因为它们进行了日志记录并且是可恢复的。但是，批量装载操作易于使用，并且在装入大量数据时效率较高。使用哪种数据装载方法取决于业务系统的需要。

4. 数据交换

在智慧警务平台建设过程中，公安不同业务部门的业务系统往往是采用不同技术标准、不同软硬件平台并由不同软件提供商开发的，这些系统是无法直接实现互联的，然而完全替换并由同一软件提供商新建所有业务系统也是不可接受的。如果

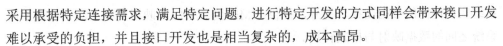

采用根据特定连接需求，满足特定问题，进行特定开发的方式同样会带来接口开发难以承受的负担，并且接口开发也是相当复杂的，成本高昂。

根据上述情况，智慧警务平台迫切需要一个中间件平台，能够用统一的方式实现各系统间不同结构和格式的数据相互转换，并由协调引擎(工作流引擎)根据服务流程的定义统一协调各个部门业务系统间的数据传输和消息通信。

数据交换的关键技术包括XML和Web Service、数据交换引擎、安全管理、系统管理和数据交换代理等。

(1) XML和Web Service。

由于各类应用系统在应用范围、构建方式、系统结构、数据资源等方面存在一定的差异，对整个智慧警务平台平稳、高效的运行存在较大的影响。智慧警务自动化处理过程中要求能够在异构平台、异构环境、异构网络中实现数据交换和业务自动处理，这些必然涉及数据、文档格式的标准化、统一化。因此需要借助一个能够描述数据交换和业务处理流程的规范标准，以减少数据在处理过程中因标准不统一而引起的诸多问题。

数据交换平台中采用的核心技术是XML技术和Web Service技术。这两方面的技术已经较为成熟，并在各种场合被广泛地应用。

目前XML技术通常应用于企业和政府间系统连接、企业和政府内系统连接及文档管理等方面，并有着一系列的标准来支持这些应用的开发，如用于电子商务的ebXML，行业数据交换标准aceXML、MML、DSML等，用于文档表示的XHTML、SMIL、MathML等。这些标准的制定，极大地支持了XML应用的普及，使其成为目前大多数软件产品和项目开发必不可少的技术支撑。

关于Web Service技术，目前同样已经有一整套标准的协议供产品开发使用，包括简单对象访问协议(SOAP)、Web服务描述语言(WSDL)、Web服务发现协议(UDDI)等。SOAP协议提供了在无中心分布环境中使用XML交换结构化有类型数据的简单轻量的机制。WSDL协议定义了服务描述文档的结构，如类型、消息、端口类型、端口和服务本身。DISCO协议定义了如何从资源或者资源集合中提取服务描述文档、相关服务发现算法等。作为软件技术行业的领先者，慧点科技一直相当关注这两方面技术的发展，并在这两方面有了大量的积累。

基于以上分析，在智慧警务平台的开发中采用全新的XML技术，并制定电子文档XML交换的规范和标准，不论数据源是关系数据库、平面文本、视频、音频还是其他形式的二进制文档，都采用统一接口转化成XML格式以便与不同的信息系统实现便捷的数据交换。另外，提供 XML 到 XML 的映射转换工具，实现不同系统之间的数据映射与格式转换。

(2) 数据交换引擎。

数据交换引擎由 XML-RDBMS 中间件、数据模式管理服务、数据访问服务、数据交换服务组成，其结构如图 6.10 所示。

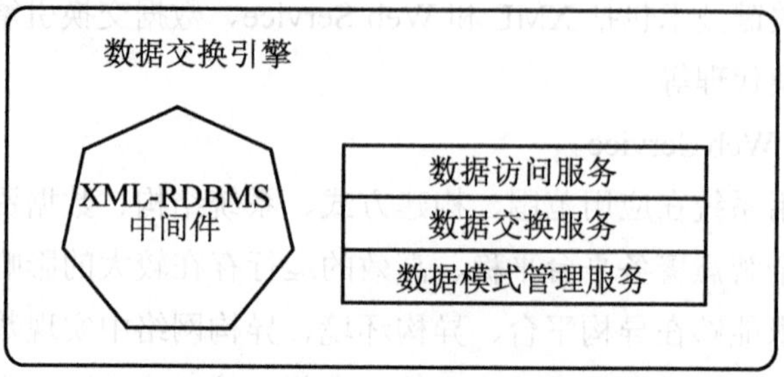

图 6.10 数据交换引擎结构

① XML-RDBMS 中间件。

XML-RDBMS 中间件是协同平台最重要的核心部件，它实现了由 XML 数据到关系数据库的双向映射，即数据从关系数据库中生成并转换为 XML，或将 XML 数据转换到关系数据库中。另外，该中间件还实现了 XML-XML 之间的映射。XML-RDBMS 中间件支持多种数据格式之间的转换，包括 XML、SQL、CSV 和所有主流的数据库系统。引擎所采用的转换算法具有速度快和占用内存少的优点，无论是做大量的数据转换还是大数据文件转换都不会因占用过多资源而使系统性能下降。中间件支持所有 XML 现行标准，包括 Namespace、XPath、W3C schema 等。允许用户自定义数据转换规则，提供用于数据处理的大量系统函数，同时支持用户自定义函数以实现扩展性。

XML-RDBMS 中间件提供了很方便的工具来实现数据之间的映射与转换，通过在源数据和目标数据之间建立连线，即可实现数据的映射，这只需简单的鼠标操作即可完成，另外，还可以利用内置的函数或是自己设计函数来定义转换的格式，实现数据的有效转换。

② 数据模式管理服务。

各应用系统的数据交换代理和数据中心进行数据交换操作时，都指示有数据模式参数，以表明要请求和操作的数据是什么。因此，数据模式的管理就非常重要了。

首先各应用通过数据代理注册需要共享发布出去的数据的数据模式的 XML Schema。数据中心收集各应用发布的 Schema，并按照提供者和类型进行存储。通过映射工具将各子系统的关系型 Schema 合成为一个全局的关系模式，并通过 XML Schema RDBMS 的映射在中心数据库自动生成相应的表结构。以后传递过来的数据也能够自动根据该映射存放到中心数据库的表中。日后数据交换中心可以根据所请求的 Schema 自动路由到提供该 Schema 的子系统中去。

数据中心经过权限配置后，将向各应用代理节点发布已经共享给该节点的所有数据模式，应用代理节点可以使用模式浏览工具浏览数据中心共享出来的数据模式，并日后根据这些模式进行数据交换请求。发布是以 Web Service 的方式进行的。

③　数据访问和交换服务。

数据访问与交换服务主要提供 XML 数据访问和交换的能力，包括数据的发布和订阅、路由数据、在两个数据交换节点间建立虚链路的能力，同时还提供基础的数据查询和更新的能力。

- 数据发布与订阅服务。提供数据的“推送”能力。一个应用节点可以向交换中心发布共享数据，其他应用节点可以订阅该数据，并由交换中心将其“推送”到订阅的应用节点。
- 数据路由与交换服务。提供数据端与端之间的交换能力。有些数据实时性要求高，无法通过数据中心转储到中心数据仓库的方式，或者不希望数据转储，这时数据中心就将作为 Proxy 或 Intermediator，提供实时的数据交换服务。
- 数据链路连接服务。数据交换节点可以通过数据中心与另一个数据交换节点建立一个交换的连接通路。连接一旦建立，就好像两个节点直接连接似的。
- 数据查询服务。对数据交换节点提供查询中心数据仓库转储的数据的服务。
- 数据更新服务。对数据交换节点提供更新中心数据仓库转储的数据的服务。

④　数据交换代理。

数据交换代理代表业务应用系统主动参与数据交换事务。数据交换代理与数据中心相同的是都使用 XML-RDBMS 中间件来实现 XML 数据与关系数据库的双向映射，同时也都有数据模式管理，以管理模式映射，并向外发布。数据交换代理还提供本地接口与本地的应用系统进行互操作，这样本地应用系统就可以访问代理所提供的服务。

6.6.3 快速检索

随着大数据时代的到来，数据开始成为计算的中心。大数据中心能对超大规模的异构数据集进行存储和处理，并发地向大量用户提供全天候服务，这也是大数据充分发挥价值的关键。批量处理是大数据中心重要的计算形态，涉及对超大规模数据集群的精确、深入分析。这就要求首先对数据进行高速、高效、高精度的检索。检索是批量处理的基础环节，制约着大数据的使用价值。大数据中心复杂的数据结构、巨大且不断扩张的集群规模和为大量用户提供全天候服务的需求向检索技术提出了巨大挑战，因此大数据中心的检索关键技术研究已成为提高智慧警务平台工作效率所关注的重点。为减轻大量检索请求对索引系统造成的负担，均衡大数据中心节点间的负载，增强检索系统和大数据平台的可扩展性和可靠性，在此将从以下 4 个方面来阐述如何在智慧警务大数据中进行快速检索。

1. 入库归档

数据入库存档(Data Archiving)是将不再经常使用的数据移到一个单独的存储设备中来进行长期保存的过程。数据存档由旧的数据组成，但它是以后参考所必需且很重要的数据，其数据必须遵从规则来保存。数据存档具有索引和搜索功能，这样文件可以很容易地找到。随着数据库里面的数据逐渐增加，关于恢复和备份的数据库管理的负荷越来越大，系统或数据库升级因为更大的数据库而花费更长的时间。对终端用户的独立记录来说，巨大的系统负荷导致增长的报表和读取数据耗时，从而影响上层应用对数据查询和检索的效率。而对数据进行入库归档则可以在多种格式之间保持数据完整性；实现方便的按需访问存档数据；提供通用连接，并与多种存档平台集成以确保卓越和经济高效的可扩展性；高效存储存档数据以节约存储容量，同时促进快速检索数据。

主流的数据入库归档方案有 Informatica Data Archive、惠普的 ILM(信息生命周期管理)、Isilon 集群等。其中，Isilon 集群方案是一种面向大数据的数据入库归档方案。该方案提供在线存储级性能的归档服务：对大数据归档，Isilon 瞬时访问速度可以扩展到超过每秒 100 GB 的吞吐量；自动管理和自我修复功能：单个 Isilon

集群可以方便地扩展至超过 20 PB 的容量；系统的自我管理和分配功能可以监控系统并自我修复系统内的任何故障；消除数据迁移风险：当新的存储节点、更新或更有性价比(存储效率)的硬盘加入系统中时，可以提供自动迁移功能。它不会有磁带介质退化的问题，使得长期归档服务成为可能。

2. Key-Value

随着互联网技术的发展、互联网用户的增加，智慧警务大数据平台中采集的互联网数据量日渐增多。具备高可靠性及可扩展性的海量数据存储对智慧警务平台的建设来说是一个巨大的挑战，传统的数据库往往很难满足该需求，并且很多时候对于特定的系统绝大部分的检索都是基于主键的查询，使用关系型数据库将使得效率低下，并且扩展也将成为未来很大的难题。在这样的情况下，使用 Key-Value 存储将会是一个很好的选择。

Key-Value 存储指的是一种文件系统，不支持除了主键(Primary Key)以外的操作，仅仅通过 Key 去访问文件，对文件进行读写操作。该类型存储方式具有查询速度快、存放数据量大、支持高并发等优点。典型的 Key-Value 存储包括 Google 的 LevelDB、Mongo、Redis 等 NoSQL 型存储系统。

(1) LevelDB。

LevelDB 是一个嵌入式的 Key-Value 数据库。它的键和关联值可以是任意的字节数组，并且按照键值排序，排序机制是可以被重载的。数据存储机制非常简单，仅仅支持 Put、Get 和 Delete 命令，然后还有前向和后向迭代遍历。LevelDB 优化了批量写操作。它将多个修改请求有序缓存在内存中，在累积到配置文件预设置的阈值之后再写入磁盘中。LevelDB 也有一些局限：不支持 SQL 查询和索引，支持多线程单进程访问，并且可以用于嵌入式设备。

(2) Mongo。

Mongo 是一个高性能、开源、模式自由(Schema-Free)的文档型数据库，它在许多场景下可用于替代传统的关系型数据库或键/值(Key-Value)存储方式。模式自由(Schema-Free)，意味着对于存储在 mongodb 数据库中的文件，不需要知道它的任何结构定义。如果需要的话，可以把不同结构的文件存储在同一个数据库里。存储在集合中的文档，被存储为键-值对的形式。键用于唯一标识一个文档，为字符串类型，而值则可以是各种复杂的文件类型。

Mongo 使用 C++开发，具有以下特性。

① 面向集合的存储：适合存储对象及 JSON 形式的数据。

② 动态查询：Mongo 支持丰富的查询表达式。查询指令使用 JSON 形式的标记，可轻易查询文档中内嵌的对象及数组。

③ 完整的索引支持：包括文档内嵌对象及数组。Mongo 的查询优化器会分析查询表达式，并生成一个高效的查询计划。

④ 查询监视：Mongo 包含一个监视工具用于分析数据库操作的性能。

⑤ 复制及自动故障转移：Mongo 数据库支持服务器之间的数据复制，支持主-从模式及服务器之间的相互复制。复制的主要目标是提供冗余及自动故障转移。

⑥ 高效的传统存储方式：支持二进制数据及大型对象(如照片或图片)。

⑦ 自动分片以支持云级别的伸缩性(处于早期 alpha 阶段)：自动分片功能支持水平的数据库集群，可动态添加额外的机器。

(3) Redis。

Redis 是一个 Key-Value 存储系统，它支持存储的 Value 类型相对更多，包括 string(字符串)、list(链表)、set(集合)和 zset(有序集合)。这些数据类型都支持 push/pop、add/remove 及取交集、并集和差集及更丰富的操作，而且这些操作都是原子性的。在此基础上，Redis 支持各种不同方式的排序。为了保证效率，数据都是缓存在内存中的。Redis 会周期性地把更新的数据写入磁盘或者把修改操作写入追加的记录文件，并且在此基础上实现主从同步。

3. 全文检索

全文检索是信息检索技术的一个重要分支，是指计算机通过自动建立的索引文件搜索原始文本文件的技术，是一种用来处理结构化或者非结构化数据的工具。全文检索技术通过对原始文件进行扫描，并且对每一个存在的词组进行索引，记录词组在原始文件中出现的位置和次数，当用户查询关键字时，再根据事先建立的索引文件将检索结果返回给用户。

全文检索大体分为两个过程，索引创建(Indexing)和搜索索引(Search)。下面将对这两个过程进行详细的阐述。

(1) 索引创建。

索引创建是指将现实世界中所有的结构化和非结构化数据提取信息，创建索引的过程。要建立词索引，首先需要对文档进行自动分词。本系统可以将文本中的中文词、西文词和连续数字组合分析出来，然后对分词结果进行排序，合并相同词的信息，这样就得到一张文档中出现词的列表以及它们出现的位置序列。对于每个词可以根据它们的计算机编码(比如，中文GB2312，西文和数字ASCII)映射到词表中的位置，更新词汇表及索引。下面是详细的流程描述。

第一步，对文档进行自动分词，对结果排序，合并相同词的信息。

第二步，定位词在词表中的位置，得到词索引区在临时文件中的偏移量，如果是以前未出现过的词，就在临时文件的末尾分配一个固定大小的基本空间，对于低频词来说太大的基本空间将造成浪费，所以需要分配合适大小的基本空间。

第三步，如果这个词以前出现过，将文档的读写指针定位到这个词的索引区的末尾。

第四步，写入每个词的索引信息到临时文件。如果此时分配给该词的空间用完，则在临时文件末尾给其分配新的溢出空间，出现次数越多的词分配的溢出空间也越大。索引写完后，将上一索引区的向前指针更新为新分配空间在临时文档中的偏移量。

第五步，对于文档中的每个词，重复步骤第二步到第四步；对于每篇文档重复步骤第一步到第五步。

第六步，所有文档处理完后，对于每个词，将分散在临时文档中的索引信息合并在一起，然后写入最终的倒排文档。

(2) 搜索索引。

搜索索引方法使用了一个索引表以加快搜索速度。索引表中含有数据组的子数据组。搜索从该索引表开始，一旦表中某项匹配上，则搜索继续在有序数据组中进行。搜索索引的方法主要包括以下三种。

第一，在类别中搜索。许多搜索引擎(如Yahoo)都显示类别，如计算机和Internet、商业和经济。如果单击其中一个类别，然后再使用搜索引擎，将可以选择搜索整个Internet还是搜索当前类别。显然，在一个特定类别下进行搜索所耗费的时间较少，而且能够避免大量无关的索引。

第二，使用具体的关键字。如果想要搜索以鸟为主题的索引，可以在搜索引擎中输入关键字“鸟(bird)”。但是，搜索引擎会因此返回大量无关信息，如谈论高尔夫的“小鸟球(birdie)”或烹饪game birds不同方法的索引。为了避免这种问题的出现，可以使用更为具体的关键字，如“ornithology”(鸟类学，动物学的一个分支)。所提供的关键字越具体，搜索引擎返回无关索引的可能性就越小。

第三，使用多个关键字。可以通过使用多个关键字来缩小搜索范围。例如，如果想要搜索有关佛罗里达州迈阿密市的信息，则输入两个关键字“迈阿密(Miami)”和“佛罗里达州(Florida)”。如果只输入其中一个关键字，搜索引擎就会返回诸如Miami Dolphins足球队或Florida Marlins棒球队的无关信息。一般而言，提供的关键字越多，搜索引擎返回的结果越精确。

4. 快速查询

快速查询是指上层应用在对智慧警务的海量数据进行查询时，数据层可以快速响应查询的请求，并及时返回查询结果。如何在海量数据中快速地获得有价值的数据，决定了智慧警务平台的效率。在数据查询的过程中可以通过以下几种方式来提高查询效率。

(1) SQL语句优化。

首先，因为应用程序的操作在数据层中会体现为SQL语句的操作，所以SQL语句执行的效率决定上层应用查询的效率；其次，SQL语句在执行过程中消耗的资源占整个数据库的70%～90%；最后，相同的功能可以用不同的SQL语句来执行，但是不同语句之间的执行效率差别较大。因此，在设计查询SQL语句的时候应该尽可能地设计高效率的查询语句。比如，尽量避免使用select * from table；避免使用一些降低查询效率的操作符(如OR、IN、DISTINCT等)。

(2) 数据预取技术。

数据预取技术的基本思想是：收集历史数据，并依据这些收集到的数据来预计将来的查询请求。预先在空闲时段里完成这些查询请求，将查询的结果存到高速缓存中，这样就可以提高将来查询请求的效率。

(3) 近似匹配查询。

近似匹配查询可以减少查询的数据量，缩小查询的范围。该技术只查询局部或者采样数据，而不是对所有的数据进行查询。

(4) 分布式查询优化。

为了提高查询效率，通常使用分布式数据库来存储海量数据。相比于传统的存储方式，这样可以存储更多的数据；能够有效地执行业务分割；减少I/O传输时间和并行处理数据，提高数据处理的效率。

6.6.4 分级存储

分级存储是根据数据的重要性、访问频率、保留时间、容量、性能等指标，将数据采取不同的存储方式分别存储在不同性能的存储设备上，通过分级存储管理实现数据客体在存储设备之间的自动迁移。数据分级存储的工作原理是基于数据访问的局部性。通过将不经常访问的数据自动移到存储层次中较低的层次，释放出较高成本的存储空间给更频繁访问的数据，可以获得更好的性价比。这样，可大大减少非重要数据在一级本地磁盘所占用的空间，还可提高整个系统的存储性能。

1. 设备管理

分级存储中的设备管理是一种将离线存储设备与在线存储设备融合的技术。它将高速、高容量的非在线存储设备作为磁盘设备的下一级设备，然后将磁盘中常用的数据按指定的策略自动迁移到磁带库等二级大容量存储设备上。当需要使用这些数据时，分级存储系统会自动将这些数据从下一级存储设备调回到上一级磁盘上。对用户来说，上述数据迁移操作完全是透明的，只是在访问磁盘的速度上略有怠慢，而在逻辑磁盘的容量上明显大大提高了。通俗地讲，数据迁移是一种可以把大量不经常访问的数据存放在磁带库、光盘库等离线介质上，只在磁盘阵列上保存少量访问频率高的数据的技术。当那些磁带等介质上的数据被访问时，系统会自动地把这些数据回迁到磁盘阵列中；同样，磁盘阵列中很久未访问的数据将被自动迁移到磁带介质上，从而大大降低投入和管理成本。

2. 存储策略

在分级存储系统中，一般分为在线(On-line)存储、近线(Near-line)存储和离线(Off-line)存储三级存储策略。

在线存储是指将数据存放在高速的磁盘系统(如闪存存储介质、FC磁盘或SCSI磁盘阵列)等存储设备上，适合存储那些需要经常和快速访问的程序和文件，其存取速度快，性能好，存储价格相对昂贵。在线存储是工作级的存储，其最大特征是存储设备和所存储的数据时刻保持“在线”状态，可以随时读取和修改，以满足前端应用服务器或数据库对数据访问的速度要求。

近线存储是指将数据存放在低速的磁盘系统上，一般是一些存取速度和存储价格介于高速磁盘与磁带之间的低端磁盘设备。近线存储外延相对比较广泛，主要定位于客户在线存储和离线存储之间的应用。就是指将那些并不是经常用到(如一些长期保存的不常用的文件归档)，或者说访问量并不大的数据存放在性能较低的存储设备上。但对这些设备的要求是寻址迅速、传输率高。因此，近线存储对性能要求相对来说并不高，但又要求相对较好的访问性能。同时多数情况下由于不常用的数据占总数据量的比重较大，这也就要求近线存储设备在需要容量上相对较大。近线存储设备主要有 SATA 磁盘阵列、DVD-RAM 光盘塔和光盘库等。

离线存储则指将数据备份到磁带或磁带库上。大多数情况下主要用于对在线存储或近线存储的数据进行备份，以防范可能发生的数据灾难，因此又称备份级存储。离线存储通常采用磁带作为存储介质，其访问速度低，但具备价格低廉的海量存储。

3. 数据迁移

数据迁移是一种将离线存储与在线存储融合的技术。它将高速、高容量的非在线存储设备作为磁盘设备的下一级设备，然后将磁盘中常用的数据按指定的策略自动迁移到磁带库等二级大容量存储设备上。当需要使用这些数据时，分级存储系统会自动将这些数据从下一级存储设备调回到上一级磁盘上。

数据迁移的实现可以分为三个阶段：数据迁移前的准备、数据迁移的实施和数据迁移后的校验。由于数据迁移的特点，大量的工作都需要在准备阶段完成，充分而周全的准备工作是完成数据迁移的主要基础。具体而言，要进行待迁移数据源的详细说明(包括数据的存储方式、数据量、数据的时间跨度)；建立新旧系统数据库的数据字典；对旧系统的历史数据进行质量分析；新旧系统数据结构的差异分析；新旧系统代码数据的差异分析；建立新老系统数据库表的映射关系，设置对无法映射字段的处理方法；开发、部署 ETL 工具，编写数据转换的测试计划和校验程序；制定数据转换的应急措施。

其中，数据迁移的实施是实现数据迁移的三个阶段中最重要的环节。它要求制定数据转换的详细实施步骤流程；准备数据迁移环境；业务上的准备，结束未处理完的业务事项，或将其告一段落；对数据迁移涉及的技术都得到测试；最后实施数据迁移。

数据迁移后的校验是对迁移工作的检查，数据校验的结果是判断新系统能否正式启用的重要依据。可以通过质量检查工具或编写检查程序进行数据校验，通过试运行新系统的功能模块，特别是查询、报表功能，检查数据的准确性。

4. 数据分级

分级存储采用存储方式与选择存储设备的依据是数据的重要性、访问频次等多个指标。多指标的数据信息分级策略，是指根据数据的生命周期、上次访问时间、大小、数据信息的关联性等多个参数对数据的价值进行分级；如果数据一创建就能预测其访问特性进而给出相应级别，将能够减少不必要的迁移颠簸。因为数据分级变化意味着数据要在不同级别的存储设备间迁移，以保证合适的数据在合适的时间存放在合适的存储级别上。

在实际应用中，能充分挖掘数据的静态特征和访问的动态特征的分级将能获得更好的效果。如以文件分级为例：第一，文件系统的静态特征，如大小文件的分布；第二，文件系统的宏观访问规律，如大小文件的访问次数分布；第三，文件个体的访问模式，如是否具有访问局部性；第四，文件之间的访问关联特征，如同一作业中的一个文件被访问，另一个文件何时被访问。根据这些文件特征和存储设备的分级情况，确定文件分级标准及文件分级变化的触发条件，从而可以在合适的时间把合适的文件存放在合适的存储级别上。

6.7 智慧警务数据库建设

智慧警务数据库建设以五大基础库，即人口数据库、案件数据库、车辆数据库、视频数据库、卡口数据库为基础。这些基础库中存储的数据包括采集到的各种类型的数据信息。对这些数据进行清洗、对标后的结构化业务数据，通过交换体系整合的文档文件、音视频文件等各种非结构化数据存储到主数据库中。从主数据库中提取具有关联关系的数据存储到关联数据库中为后续的关联分析提供数据服务。再将涉及不同专题的数据(比如涉疆、涉恐等)提取到专题数据库中，为上层专题应用提供数据资源。根据基于“4+X”的智慧警务改革中的“4”公安各职能中心的划分，将相关数据存储到主题数据库。

6.7.1 基础数据库建设

基础库按业务来源对数据进行分类组织管理，并对数据进行标准化和数据清洗。基础库尽量保留完整的原始业务信息，主要解决标准化、时效性、一致性问题，不做复杂数据整合，不对外部应用提供查询服务，主要满足专题库快速批量获取数据的需求。

基础库的数据来源主要包括以下几方面。

(1) 警综平台数据库：由警用综合平台通过多种技术手段共享交换来的警用信息资源，其结构也与警综库保持一致，以便于数据共享交换。

(2) 情报平台数据库：由情报平台获取的案件、重点人员、车辆等相关信息资源。

(3) 各业务警种数据库：从治安、刑侦、人口、国保、技侦等各业务警种的业务系统中获取的各警种业务数据。

(4) 社会数据库：从部门间共享交换平台获取的社会车辆、社保、教育等社会相关信息。

(5) 互联网数据库：从微博、互联网、微信、QQ、SNS 等获取的互联网信息。

6.7.2 主数据库建设

由于前期公安业务系统的建设数据标准不统一，数据分散存储，导致了管理混乱、数据冗余、编码不统一、数据可信度不高等问题，影响了公安打击、管理效能和科学决策。为了解决上述问题，按照公安部“人、事、地、物、组织”五要素数据模型建设主数据库。

主数据是公安数据中的基础性数据，它长期存在并且被各个应用系统广泛使用。主数据管理可以帮助我们创建并维护整个机构内主数据的单一视图，保证单一视图的准确性、一致性以及完整性，从而提高了数据质量，统一了数据实体的定义，简化改进了处理流程并提高了业务的响应速度。通过创建数据整合规则，自动整合各数据来源信息(也可手动合并)，得到“单一真实”的主数据信息，给不同应用和用户提供准确、全面的主数据信息。以“张三”为例说明如何构建主数据。

从表 6.3、表 6.4 和表 6.5 可以看出，在三个系统中姓名为“张三”的人存在血型、户籍地、联系电话不一致，单纯从表中无法判断哪张表中“张三”的信息最真实。但仔细分析不难看出，表 6.3 户政系统中“姓名”“身份证”“户籍地”等三个字段值的可信度肯定比表 6.4、表 6.5 中的要高，表 6.4 刑侦系统中“血型”字段值的可信度比表 6.3、表 6.4 中的要高，表 6.5 教育系统中“联系电话”字段值的可信度比表 6.3、表 6.4 中的要高。根据字段值的不同，其可信度赋予不同的权值，可信度越高其权值也就越高，这样构建的主数据库可信度也高。依据上述方法，由表 6.3、表 6.4 和表 6.5 构建主数据中姓名为“张三”的信息表如表 6.6 所示。

表 6.3　公安户政系统显示的“张三”信息

姓　名	身 份 证	血　型	户 籍 地	联系电话
张三	110102××××	B	朝阳区	13638372495

表 6.4　公安刑侦系统显示的“张三”信息

姓　名	身 份 证	血　型
张三	110102××××	O

表 6.5　教育系统中显示的“张三”信息

姓　名	身 份 证	血　型	户 籍 地	联系电话
张三	110102××××	O	朝阳区	18610233609

表 6.6　主数据中显示的“张三”信息

姓　名	身 份 证	血　型	户 籍 地	联系电话
张三	110102××××	O	朝阳区	18610233609

6.7.3　关联数据库建设

关联库在基础库的基础之上，遵循公安数据元规范进行数据结构设计，按照数据间固有的关联关系进行整合，并以人、地、事、物、组织的公安五要素进行分类。相对于基础库，关联库的数据准确度高、关联性强、结构规范，是支撑一般业务应用的主体资源库。

关联库的设计以人为最重要的主数据，以地、事、物、组织为辅助，将所有数据资源与这些核心的主数据关联，最终在关联库中形成主数据和非主数据两类资源，并为核心的主数据资源的整合、更新、变更、共享等提供完整的管理机制，以确保主数据资源的正确性，从而确保关联库的整体质量。

以关联库的主数据资源为核心，提供针对主数据的分析、梳理、规划设计、整合、管理、服务及监控的完整方案，包括以下内容。

1. 数据资源分析

在数据元的支撑之上，对各业务的来源数据进行分析，与数据元建立关联，并将分析结果形成标准体系导入本地数据标准中。数据资源分析是主数据规划及设计的前提，针对此工作提供本地数据管理软件产品以及相关的数据分析工具。

2. 主数据规划与设计

以系列工具的形式提供主数据规划和设计支撑，包括基础库数据冗余的分析、主数据结构的设计、主数据来源字段的分析、主数据整合模型的定义等工具。

3. 主数据整合

通过在ETL软件上扩展，提供主数据的整合能力支撑。

4. 主数据管理

提供对主数据资源的管理，包括与之相关的数据字典编码、数据元等标准体系的管理功能。

5. 主数据服务

提供主数据的对外服务，支撑主数据资源的高效查询能力。

6. 主数据监控

对主数据的变化建立字段级别的监控能力，将主数据的变化信息推送到数据中心的数据总线上，并由相关的业务系统订阅获取。

6.7.4 专题数据库建设

在专题数据库建设过程中，除了针对各业务警种的实际业务需求，进行数据的再组织和关联挖掘，并且分业务专题进行每个数据专题库的建设外，也会从大数据平台出发，以大数据实战应用为目的，建立一些面向实战的专题库。

1. 车辆人员轨迹库

整合各类定位信息，通过其时序关系，建立围绕某个人员和车辆的运动轨迹库。

2. 视频分析专题库

基于海量视频资源，利用智能化图像分析技术，实时提取动态图像中的人员、车辆、数据等特征数据，建立视频分析专题库。

3. 犯罪分析专题库

整合110指挥中心、刑侦、治安等警情和案件数据，建立宏观警情统计分析和串并案分析比对数据库。

4. 人员关系专题库

从社会关系、通信、物流等数据中，挖掘人员之间的多维度网络关系，形成人员关系专题库。

5. 大数据知识专题库

将大数据挖掘形成的各种规律、关系以知识的形式存储到专题库中，用于辅助决策及数据分析等目的。

专题库的生成方式可以从大而全的基础库中直接筛选抽取而成，也可以按专题数据的抽取加载规则，从关联库中生成。专题库的实现方式结合传统关系型数据库的数据关联能力、分布式数据库的类结构化查询机制(Hive)、内存数据库的实时数据处理能力、基于云计算平台的数据虚拟化能力来构建，专题库的物理存储既可以采用传统的关系型数据仓库，实现常用的、一般性的数据分析挖掘；也可以采用分布式数据库、列式数据库以及内存数据库，实现对性能和时效性要求非常高的数据分析挖掘支撑，如区域案(事)件分析、碰撞比对等。

所有的专题库在创建时统一使用元数据体系进行描述，通过业务元数据描述各数据字段的业务含义，通过技术元数据描述物理存储结构，以数据元数据对数据记录进行个性化描述，并且在对基础数据抽取的同时，提取相应的处理描述数据元数据，添加到元数据库中。

6.7.5 主题数据库建设

以应用性、技术性信息为主，突出“4+X”智慧警务各大中心的应用价值，智慧警务最终落地到应用上来。因此，主题数据库建设方针在内容上应以应用性、技术性的数据资源为主。数据资源应丰富多样，除基础数据外，还应侧重各中心的不同需求。比如，治安防控中心侧重在逃人员信息、涉枪案件信息。主题数据库的建设需要以服务“4+X”智慧警务的各大中心为主，为各大中心实现其独有的职能提供数据存储和支撑。

6.8 本章小结

本章对智慧警务架构中的数据层建设及其相关内容进行阐述。首先，对数据层建设进行概述，并介绍了数据层建设的框架，从总体上对数据层建设的内容及其相关技术进行描述。其次，对智慧警务中的数据来源进行一个全面的说明，并介绍这些数据是通过什么方式进行采集和汇聚的。随后，从数据存储和处理的主流技术的角度出发阐述智慧警务平台中如何对海量数据进行存储和处理，从而达到支撑实战应用的目的。最后，介绍了智慧警务中数据库建设的思路，并通过实例来解释不同类型的数据库在智慧警务中所起到的作用。

第7章　智慧警务服务层

公安业务场景可细分为“治安防控、指挥调度、侦查破案、综合实战、综合运维”五大业务领域，分别服务于基层民警、指挥中心、刑侦、情报中心、科技部门等警种，各警种的业务各不相同，而又具有协同交互需求。本章将对智慧警务服务层的建设目标、智慧警务的服务标准、智慧警务的服务接口、智慧警务的服务管理和智慧警务服务层开发等内容进行阐述，按照智慧警务总体结构采用分层建设，关注智慧警务服务层建设，直接面向公安业务需求，关注公安不同部门不同业务应用的标准化和服务个性化建设。

7.1 智慧警务服务层的建设目标

智慧警务服务层的建设依托公安的信息基础网络，融合集中式和分布式的存储、计算技术，通过整合本地资源，包括数据资源和非数据资源，按照安全可控的要求，建设以请求、服务形式实现的信息资源服务平台，并以此为统一通道对外提供信息服务，其主要作用有以下几方面。

1. 安全方面

实现对资源管、用分离的工作体系，集中管理本地资源，为应用系统提供统一请求入口，减少应用系统对底层数据库的直接访问，提高数据安全性。

2. 应用方面

实现跨应用、跨区域的信息共享，统一规范，屏蔽技术差别，解决协作应用、协作区域间信息服务资源的对等开放。

3. 连接方面

实现上接应用、下接数据、上下级联、横向贯通的信息资源服务体系。纵向上，服务层实现公安部、公安厅、市公安局、区县公安局、派出所、股队之间的服务连接；横向上，实现省与省、市与市、县与县之间的服务连接，以及各系统之间的服务连接。

7.2 智慧警务的服务标准

智慧警务服务标准严格遵循公安部相关标准规范文件精神以及各项有关国标进行设计，保证资源服务总线的可共享价值和易扩展性。同时资源服务总线项目是公安信息资源服务体系的重要组成部分，是提供公安各综合应用系统信息共享的基础，公安各综合应用系统可以利用资源服务总线共享的其他业务部门开放的服务接口等开展应用，并能够利用平台的各类应用系统推进业务工作。

设计服务标准方案需要特别考虑系统的灵活性，公安系统人员众多，计算机应用水平也不相同，易用性可以从界面操作简单、功能贴合实际需求-系统响应速度快等方面给予体现，要做到好学易用，方便快捷。安全服务体系建设应作为信息资源共享工作的重要组成部分，做到同步规划、同步建设、同步运行，要遵守公安部门相关安全管理标准和规范，建立安全接入设施，落实安全保密措施和制度，确保各部门业务共享的安全可靠进行。

7.2.1 WSDL

网络服务描述语言是 Web Services Description Language 的简称，它包含一系列描述某个 Web Service 的定义。WSDL 文档可以分为两部分。顶部分由抽象定义组成，而底部分则由具体描述组成。2001 年 3 月，WSDL 1.1 被 IBM、微软作为一个 W3C 记录(W3C note)提交到有关 XML 协议的 W3C XML 活动，用于描述网络服务。2002 年 7 月，W3C 发布了第一个 WSDL 1.2 工作草案。最新的工作草案发布于 2003 年 6 月 11 日。目前，W3C 的 XML Protocol 工作组正在工作于 WSDL 2.0。

7.2.2 FTP

FTP 是 File Transfer Protocol(文件传输协议)的英文简称，而中文简称为“文传协议”。用于 Internet 上控制文件的双向传输。同时，它也是一个应用程序(Application)。基于不同的操作系统有不同的 FTP 应用程序，而所有这些应用程序都遵守同一种协议以传输文件。在 FTP 的使用当中，用户经常遇到两个概念：“下载”(Download)和“上传”(Upload)。“下载”文件就是从远程主机拷贝文件至自己的计算机上；“上传”文件就是将文件从自己的计算机中拷贝至远程主机上。用 Internet 语言来说，用户可通过客户机程序向(从)远程主机上传(下载)文件。

7.2.3 HTTP

超文本传输协议(Hyper Text Transfer Protocol，HTTP)是互联网上应用最为广泛的一种网络协议。所有的 WWW 文件都必须遵守这个标准。设计 HTTP 最初的目的是为了提供一种发布和接收 HTML 页面的方法。1960 年，美国人 Ted Nelson 构思了一种通过计算机处理文本信息的方法，并称之为超文本(Hypertext)，这成为了 HTTP 超文本传输协议标准架构的发展根基。Ted Nelson 组织协调万维网协会(World Wide Web Consortium)和互联网工程工作小组(Internet Engineering Task Force)共同合作研究，最终发布了一系列的 RFC，其中著名的 RFC 2616 定义了 HTTP 1.1。

7.2.4 JMS

JMS 即 Java 消息服务(Java Message Service)应用程序接口，是一个 Java 平台中关于面向消息中间件(MOM)的 API，用于在两个应用程序之间或分布式系统中发送消息，进行异步通信。Java 消息服务是一个与具体平台无关的 API，绝大多数 MOM 提供商都对 JMS 提供支持。

7.3 智慧警务的服务接口

智慧警务服务层主要包括资源服务总线和接口服务系统。资源服务总线是本地建设的信息共享传输通道，它通过集合本地资源，以请求、服务的形式帮助本地实现跨应用、跨警种、跨区域的信息共享。第三方应用通过总线获得数据，而不直接访问底层数据库。接口服务系统，主要用于为公安信息网上各类应用系统实现应用互访提供代理服务和管理的通用技术支撑程序。将各类对数据信息资源的服务封装为标准服务接口，满足各类应用的数据访问需要，提供 SOAP、XML、KVP、JSON、消息传输服务等接口协议类型。

7.3.1 服务总线

智慧警务资源服务总线不仅仅支持基于本地数据资源进行规范化封装生成的通用型基础数据服务接口，而且支持基于业务需求的应用系统开放的应用服务接口，如 SIS 系统、PGIS 平台、人像比对，以及基于特定业务需求定制开发的专题应用接口。总线支持的服务接口协议包括 JMS、HTTP、SOAP、FTP、JDBC、TCP 等，资源服务总线的体系结构如图 7.1 所示。

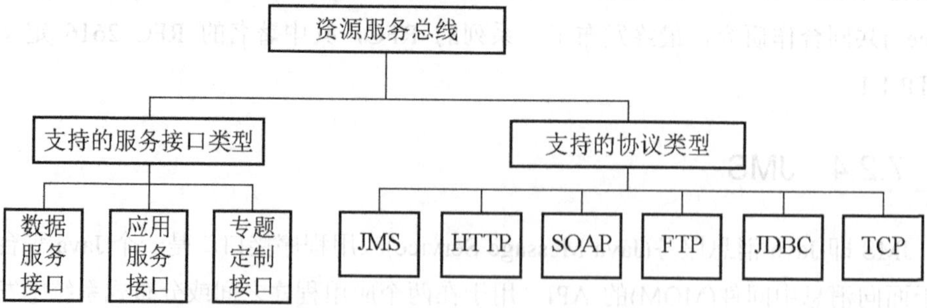

图 7.1 资源服务总线的体系结构

标准服务接口主要包括元数据访问接口、资源目录服务接口、数据搜索服务接口、数据查询服务接口、数据全文检索服务接口、专题数据接口、数据核查服务接口、数据比对服务接口、碰撞分析服务接口、信息布控服务接口等，其部分接口的服务类型和说明如表7.1所示。

表7.1 主要接口的服务类型和说明

序 号	服务类型	说 明
1	数据查询服务	精确查询，要求请求者提交精确的查询条件，总线从服务资源进行查询后返回一定数量的结果
2	数据比对服务	由请求方提供比对源数据，并指定比对目标进行比对
3	信息布控服务	由请求者提交布控对象，布控服务根据设定的频率轮询比对数据，一旦产生布控结果则实时推送给请求者，并提供相应的布控、撤控、续控的功能
4	信息交换服务	请求方和服务方双方进行信息交换
5	全文检索服务	由 SOLR、TRS 等全文数据对象开放的服务，支持关键字的全文检索功能
6	信息订阅服务	信息订阅服务按设定的频率实时轮询订阅资源，及时把新增的数据抽取打包，并以文件的形式发送给订阅者
7	数据下载服务	实现根据请求条件将数据库数据抽取打包为文件的形式发送给请求者
8	应用接口服务	提供第三方应用系统的接口服务

7.3.2 接口服务系统

接口服务系统，用于实现将本地数据资源配置成查询、比对、布控、交换等服务接口，支持基于符合 SQL 标准的结构化数据库的接口配置。通过接口服务系统配置生成的服务接口，可直接发布到资源服务总线上对外提供访问，接口服务系统结构如图7.2所示。

1. 接口构建流程

主要流程有新增数据源、新增数据对象、同步共享数据项集、配置服务方案、服务注册等，构建流程如图7.3所示。

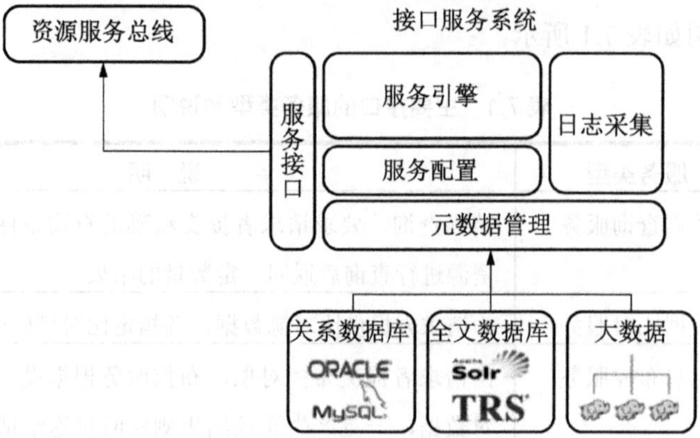

图 7.2　接口服务系统结构

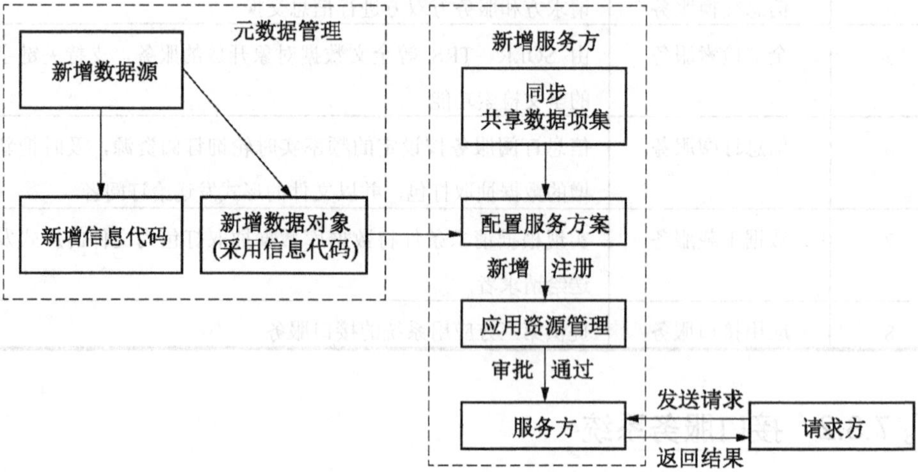

图 7.3　接口构建流程

构建流程说明如下。

(1) 新增数据源：配置接口构建所对应的数据库信息。

(2) 新增数据对象：配置接口构建所对应的对象信息。

(3) 同步共享数据项集：用于同步请求服务上的挂接服务共享的数据项集。

(4) 配置服务方案：配置本地服务接口。

(5) 服务注册：将配置好的服务注册到服务总线或者请求服务系统。

2. 主要功能

(1) 元数据管理。

元数据管理是对拟用于构建和提供服务的数据源、数据对象和信息代码进行的管理操作，包括新增、修改、查询、连接测试、删除等功能。

(2)　数据项集管理。

数据项集管理主要管理从资源服务总线中同步的共享数据项集，共享数据项集主要为服务方案配置时使用。

(3)　各类服务管理。

依据资源服务总线的需要，提供各类型服务的方案配置、服务发布、服务管理等功能。

7.4　智慧警务的服务管理

服务层主要通过数据总线、服务接口、数据服务管理等向各种智慧应用提供相应服务。智慧警务的服务管理内容主要有服务目录、服务管理、总线节点、运行监控、日志分析等。

7.4.1　服务目录

智慧警务的服务目录，以服务资源共享应用为目的，按照公安部确定的“公安服务资源目录编制规范”要求，及时发布和更新服务资源。服务资源目录统一展现了本地管理的服务资源、异地联盟总线的服务资源，提供服务资源编目、服务资源分类、服务资源检索、服务资源访问申请等功能。主要功能说明如下。

(1)　服务资源编目。

以服务资源共享应用为目的，按照公安部确定的“公安服务资源目录编制规范”要求，及时发布和更新服务资源目录。

(2)　服务资源分类。

服务资源目录是根据服务资源的管理单位进行分类管理的。

(3)　服务资源检索。

服务资源检索可按来源、服务类型、管理单位等信息进行检索。

(4)　服务资源访问申请。

提供对无权访问服务资源的访问申请功能，可批量申请，由管理员进行审批处理。

7.4.2 服务管理

服务管理主要实现总线的资源及系统的管理功能，实现服务接口和服务请求方的注册，服务资源访问的授权，服务规约的制定、发布，并及时向总线节点同步路由信息。主要功能说明如下。

(1) 服务资源管理。

服务资源管理主要提供给资源管理员进行服务资源的注册、授权、发布、启/停用、指标设置等。

(2) 服务请求方管理。

服务请求方管理提供给请求方在线注册以及提供给管理者审批注册信息，只有注册审批通过的请求方，才能下载接入资源服务总线的服务和请求方接入许可证文件。管理者在审批请求方注册信息时，可为请求方指定挂接总线节点以及申请的服务资源。

(3) 服务提供方管理。

在线登记注册服务提供方的相关描述信息：包括单位代码、单位名称、管理员、管理员联系电话、管理员邮箱等，其中单位代码、单位名称由单位信息代码进行导入，以及相关注册审批管理。

(4) 服务资源访问授权。

服务资源访问授权实现服务接口对服务请求方、用户群组和具体用户三个层级的授权管理。在授权规则上可以基于授权对象的行政层级、警种、岗位、地域等进行授权，也可以具体指定应用或用户。

(5) 标准规范管理。

服务标准规范管理主要是对各种类型服务的标准规范、共享数据对象、共享数据项等进行集中管理。

7.4.3 总线节点

总线节点是核心支撑系统，是第三方请求应用、服务提供者依托总线实现信息共享交互的运行支撑。实现访问控制、路由调度、数据交换、路由同步以及应用接入适配等功能。

1. 主要功能

(1) 访问控制。

总线对所有服务请求方发出的请求都要进行权限检查，对于越权访问予以拒绝，以此保证服务资源的安全访问。访问控制既可以对请求方进行应用层的权限审查，也支持对访问发起用户，即操作者的权限检查，如图 7.4 所示。

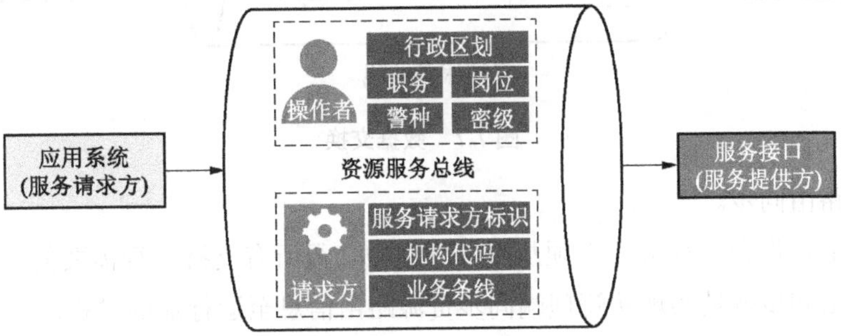

图 7.4　服务总线访问控制

(2) 路由调度。

路由调度主要通过代理访问模式(图 7.5)实现，即将服务请求发往服务接口所挂接的总线节点，由资源服务总线代理访问服务接口，并返回结果；同时也支持直接访问模式(见图 7.6)，就是资源服务总线根据服务请求方权限信息向每次服务请求授予动态授权码，并将服务请求重新定向到服务提供方接口，服务提供方检查授权码，通过后直接向服务请求方提供服务。

图 7.5　代理访问模式

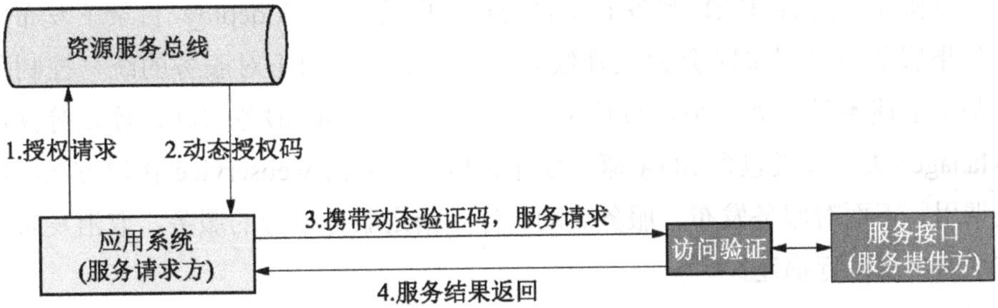

图 7.6　直接访问模式

(3) 数据交换。

利用数据交换平台，实现大文件的传输，更加适用于大批量的数据服务，更加贴近业务需求，如图 7.7 所示。

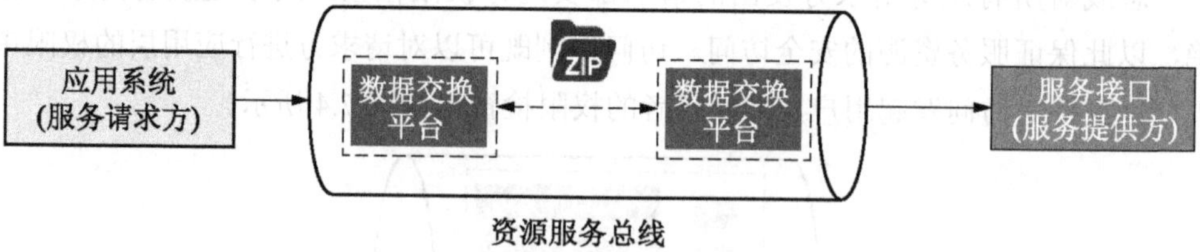

图 7.7 数据交换

(4) 路由同步。

总线节点作为运行端，必须从服务管理中获得所有支持运行需要的资源信息。因此，路由同步就是实现从管理端同步资源路由信息至运行端的过程。

(5) 应用接入适配。

资源服务总线作为面向应用系统的支撑性质的软件系统，除基本功能之外，非功能性的因素，尤其是易用性和可靠性居于重要地位。而其中的易用性则特别体现在应用系统接入的方便性上。为降低应用系统改造和接入的成本，总线提供 Rest、API 等应用接入适配方法，便于服务请求方与总线对接。同时在 API 还根据各类服务资源的标准规范，开发服务调用的适配器功能，实现各类服务资源快速访问的接入。

2. 服务控制实现

服务控制台负责服务的发布、取消发布、启动与停止等功能。将上述操作封装为 Web Service 的统一接口供服务注册中心使用。JBoss ESB 服务发布时，将整个服务工程打包并放在 ESB 服务器的 deploy 目录下，采用这种发布方式需要进行大量的重复操作，而且 ESB 服务器在启动时会自动查找在 deploy 目录下发布的服务，如果服务数量很多时会大大降低系统的效率且不利于对服务的统一控制和管理。基于上述不足之处，平台设计了一个管理 Jbossesb 服务启动、停止等操作的 SoaManager 类，该类包含 SOA 服务发布、启动、取消 webservice 接口方法，供客户端调用。下面对服务发布、服务启动、停止指定服务编号的服务、取消发布服务等方法的实现进行描述。

算法：服务发布

(1) 首先通过服务器查询指定服务路径中是否含有该服务，如果不存在，则返回服务路径未设置配置。

(2) 构建企业服务总线的标识(ID)文件夹。

(3) 如果不是 http 协议，则生成消息队列配置文件、应用程序部署中的数据配置文件、总线标识目录及 config 配置文件。

(4) 否则，生成总线标识目录及 config 配置文件。

(5) 更新数据表标识。

(6) 算法结束。

服务启动的过程是首先查询服务发布路径，如果路径为空则提示服务配置路径未设置信息。然后根据服务编号查找服务，如果查找结果为空也提示相应信息。最后构建服务启动的路径将发布的服务放入启动路径的文件夹下。服务停止是通过根据服务编号参数查询服务启动路径下的文件，找到后将其删除来动态停止服务的启动。服务的取消同服务的停止类似，不同的是服务取消是将该服务的文件夹整体从服务启动路径下删除。

3. 服务调度实现

服务调度负责具体服务的调用，目的是能够对服务进行统一调度和管理。ESB 的内部服务是用 EPR 来映射的。ESB 的内部服务可以是任何一个服务，比如说一个 FTP 的服务、一个基于文件系统的服务等，那么这个时候我们就需要用 EPR 来对这个服务进行描述。在 EPR 这个类里，主要是描述这个服务的 URI，以及所必需的一些元数据。目前在 JBossESB 中提供的 EPR 有 FileEPR、EmailEPR、FTPEPR、HibernateEPR 等。我们在注册服务的时候，是将 EPR 的信息注册到 UDDI 的容器里，但不仅仅是 EPR，还有一些辅助信息，如定义服务的 category-name 和 service-name。下面对常用的 serviceInvoke 方法调用服务算法进行描述。

算法：服务调度

(1) 获取操作用户 IP。

(2) 根据服务编号，获取服务元数据信息。

(3) 如果服务不存在，则显示调用服务不存在的信息。

(4) 服务存在进行参数转换。

(5) 判断服务协议类型，区分是否为 SOAP 协议和其他协议，构建服务调用。

(6) 如果是 webservice 服务，则通过 soaid 和 methodname 确定目标服务。

(7) 如果是其他服务则通过 soaid 和协议来确定目标服务。

(8) 获取返回结果，算法结束。

7.4.4 运行监控

运行监控实现对总线节点、服务接口等重要资源进行运行状态监控、性能监控、负载监控，监测到异常还可实现自动告警。

通过运行监控结果可进行服务资源的运行状态分析、访问情况分析、服务质量分析、总线节点的运行状态分析、负载分析等。方便用户了解服务平台整体运行状态，并对服务资源进行优化调整，提高信息资源服务保障能力。主要功能说明如下。

(1) 资源状态监控。

资源状态监控负责采集总线节点、服务资源的状态信息。系统初始化一个监测方案轮询调用监测对象的接口，进行信息采集。监控方案可定义监控对象(总线节点、服务方)、监控内容(服务资源状态、总线节点状态、总线节点日志)、监控计划、异常告警策略等。

(2) 性能检测。

为实现对服务资源服务性能的掌握，总线提供了在线性能检测的工具，通过模拟发送一定数量级别的请求，检测服务资源的响应时间。

7.4.5 日志分析

日志分析是依据规范对服务资源的注册、授权、访问以及用户的各种操作行为进行日志采集，并以此为基础实现人工日志查询、统计和分析功能。采集的数据项符合《信息资源共享服务系列标准》和《公安应用日志安全审计规范》的相关要求。其主要功能说明如下。

(1) 日志汇集。

汇集总线的一切用户操作日志、请求日志、结果日志等，并以此为基础提供日志查询、统计、分析功能。

(2) 异常请求分析。

通过预先设定的异常请求分析模型，对日志进行统计分析，得出疑似异常的请求，辅助管理员实现总线服务情况的监控。

7.5 智慧警务服务层开发

智慧警务服务层主要采用模块化方式，结合公安业务场景在统一平台下依据各警务工作的统一性和地域差别性采用“标准+个性化”模式，主要模块包括视频联网应用模块、指挥调度模块、案件侦查模块、大卡口布防模块、图像情报应用模块、运维模块、个性化开发模块等，通过不同模块在平台组合关联，灵活地向警务人员提供定制化的业务应用服务。

7.5.1 开发原则

智慧警务服务层采用如下开发原则。

1. 标准化和开放性

严格遵循公安部相关标准规范文件精神以及各项有关国标进行设计，保证资源服务总线的可共享价值和易扩展性。同时资源服务总线项目是公安信息资源服务体系的重要组成部分，是提供公安各综合应用系统的信息共享基础，公安各综合应用系统可以利用资源服务总线共享的其他业务部门开放的服务接口等开展应用，并能够利用平台的各类应用系统推进业务工作。

2. 灵活性和易用性

智慧警务服务层在设计中需要特别考虑系统的灵活性，公安系统人员众多，计算机应用水平也不相同，易用性可以从界面操作简单、功能贴合实际需求、系统响应速度快等方面予以体现，要做到好学易用，方便快捷。

3. 安全性和开放性相结合

公安工作对安全性要求很高，除一般公安数据和应用外，还有一类涉密的数据和应用，在系统构建过程中要体现安全涉密的要求——做到数据隔离、严格授权、应用监控；同时还要满足一般公安业务对数据共享、互通的开放性要求。

4. 安全性和可靠性

安全体系建设应作为信息资源共享工作的重要组成部分，做到同步规划、同步建设、同步运行，要遵守公安部门相关安全管理标准和规范，建立安全接入设施，落实安全保密措施和制度，确保各部门业务共享的安全可靠运行。

7.5.2 总体设计

资源服务总线是本地信息资源服务平台为实现跨应用、跨警种、跨区域的信息共享而构建的传输通道，其通过挂接本地数据服务接口、应用服务接口为应用系统提供丰富的资源服务；是《公安信息资源服务平台建设任务书》规划建设的核心支撑系统，资源服务总线可根据本地管理和应用需求进行定制，满足本地开展大数据服务和其他专题应用服务；可以集中管理本地所有类型的资源服务。

资源服务总线符合《公安服务总线系列技术标准》和《公安应用系统日志审计技术规范》要求，实现代理模式和网关模式访问，支持 API、REST 等应用接入适配方式，支持大数据传输，支持分布式部署和各类主流云数据库，支持 WSDL、FTP、HTTP、JMS 等协议类型，支持通过 Hadoop 架构进行日志信息存储，提升日志处理能力和分析能力等。

智慧警务服务层开发总体结构如图 7.8 所示，主要说明如下。

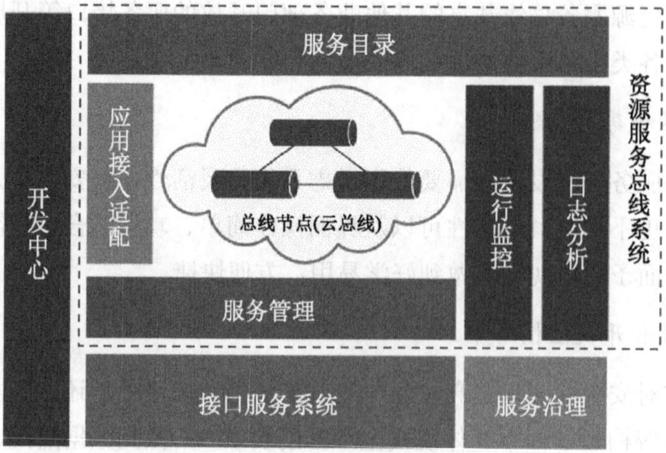

图 7.8　资源服务总线体系结构设计

(1) 资源服务总线：核心系统。

(2) 接口服务系统：与数据层对接，用于实现将本地数据资源配置成查询、比对、布控、交换等服务接口，并发布到资源服务总线上。

(3) 开发中心：该产品针对开发人员设计，提供给服务提供者、请求应用的开发单位使用，该产品为简便应用系统的接入提供全面的开发指导。

7.5.3　架构设计

资源服务总线的总体架构由管理部分与运行部分构成，如图 7.9 所示。管理部分是用户使用的管理功能主体，承担着用户需要登记、管理、监控、查看的所有信息，包括服务目录、服务管理、运行监控、日志分析、接口服务系统等功能；运行部分则是支撑服务请求方、服务提供方依托资源服务总线实现信息共享的功能主体，包括总线节点和应用接入适配。两个部分相辅相成，互相协作实现总线的建设目标。

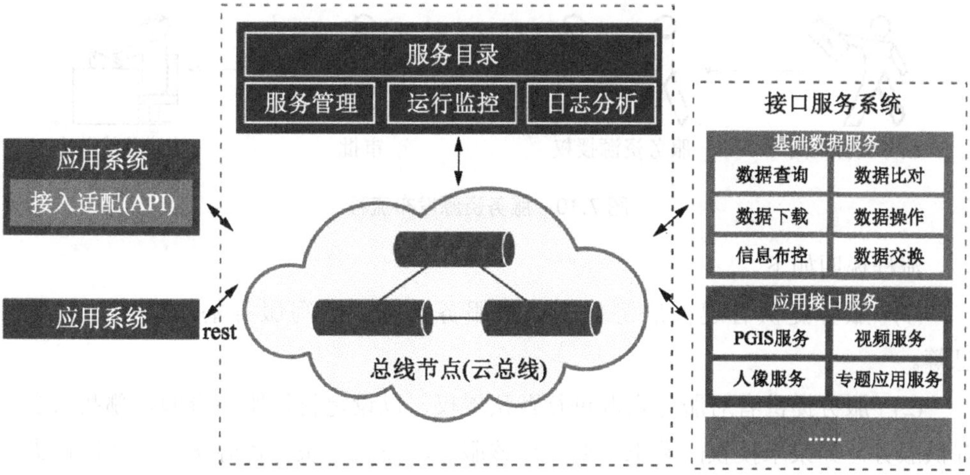

图 7.9　智慧警务服务层总体架构

7.5.4　用户角色设计

使用总线的用户角色分为普通用户、资源管理员、系统管理员和超级管理员。角色职责定义如下。

(1) 普通用户：在资源服务总线中，没有承担工作职责，只需要使用服务的一类用户。

(2) 资源管理员：通常是资源提供者，这类用户需要接入自己的资源，实现提供服务或使用服务的诉求，他们在总线中需要承担注册资源、维护资源信息更新的职责。

(3) 系统管理员：在总线中负责管理所属区域资源的一类用户，承担管理区域所有资源的运维工作，负责审批管理区域资源的发布、接入申请。

(4) 超级管理员：负责总线系统级别的以及对外的一切工作，包括系统参数控制以及与异地总线联盟等事务。

7.5.5 业务流程设计

业务流程介绍总线主要功能的使用流程，包括服务资源发布、请求应用接入和服务资源访问申请。

1. 服务资源发布(见图 7.10)

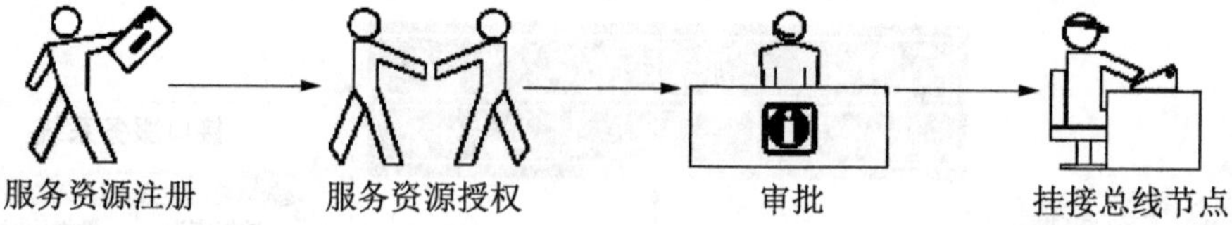

图 7.10 服务资源发布流程

流程说明如下。

(1) 服务提供者遵循服务规约注册服务资源，填写服务基本信息、应用信息等。

(2) 服务提供者对服务资源进行默认授权，以设定将该服务资源给哪些请求方提供服务，如果未授权的请求方要使用该服务，需要走服务资源访问申请流程进行申请。

(3) 总线管理员对该服务资源的发布请求进行审批。

(4) 总线管理员分配总线节点挂接服务资源，至此，服务资源发布完成。

2. 请求应用接入(见图 7.11)

第三方应用系统需要根据总线的要求接入总线才能使用挂接在总线的服务资源。

图 7.11 请求应用接入流程

流程说明如下。

(1) 请求应用的开发商需要在总线先注册一个服务请求方，获得管理员审批认证后即可开始应用改造工作。

(2) 从总线上下载接入适配 API 以及相关接入指南文档。

(3) 根据指南文档的接入要求进行应用改造，改造测试通过后即接入了资源服务总线，可以立即访问服务资源。

3. 服务资源访问申请(见图 7.12)

图 7.12 服务资源访问申请流程

流程说明如下。

(1) 请求方提交服务访问申请，详细列举需要使用的服务，以及使用服务的应用系统。

(2) 管理员对提交的申请进行审批，做出是否授权的处理。

(3) 后台将自动调用服务授权功能实现管理员的处理结果。

7.6 本章小结

为推动传统警务工作的升级，解决目前警务工作中存在的服务方式单一、信息发布滞塞、执法管理技术落后，以及协同管理效率低下等瓶颈问题，本章提出了服务层五个主要内容，即智慧警务服务层的建设目标、智慧警务的服务标准、智慧警务的服务接口、智慧警务的服务管理、智慧警务服务层开发等具体内容。本章的目标旨在在今后公安警务部门工作中，凭借在大数据、云计算等方面的技术优势和高效的用户触达能力，打破时间、办公场地、人力数量及烦琐流程的限制，建立起24 小时“不打烊”的“互联网+警务”服务平台和“以人为核心”的全新服务范式，实现警务服务“智慧”。

第8章 基于“4+X中心”的智慧警务应用

8.1 治安防控中心

通过信息技术将各职能部门功能整合进治安防控中心，利用大数据分析应用构建社会治安管理防控模型，建立社会治安分析评估、警情动态监测预警以及人、车、物、场所一体管控等机制，实现精准预警、精准防控、精准评估、精准倒查。治安防控中心具有的应用如表8.1所示。

表8.1 治安防控中心的应用

序 号	应用模块	序 号	应用模块
1	实名制研判监督	5	关注人员预警
2	重点车辆预警	6	实兵巡防
3	行业场所预警	7	治安防控评估
4	高危地区人员预警	8	重点对象管控

1. 实名制研判监督

实名制研判监督模型是对网吧、旅馆等身份证号码实名制分别建库管理，再加上案件核实登记与监管场所在押人员异常倒查。通过信息化手段分析一证同时多地上网、一证同时多地住宿、在押人员在押期间外出活动等异常情况。

具体包含以下模型。

(1) 一证多地上网。

(2) 一证单日5次上网。

(3) 一证单日上网时长超过24小时。

(4) 证件为45岁以上妇女多次多地上网。

(5) 证件为60岁以上老人多次多地上网。

(6) 一证同时多地住宿。

(7) 一证单日单旅馆开3个房间以上。

(8) 一证单月入住31次以上。

(9) 在押人员身份证上网、住宿、火车、民航、汽车轨迹。

2. 重点车辆预警

重点车辆预警防范是对本市所有的吸毒人员、在逃人员、监控人员以及危爆车辆人员的人员信息与车辆信息进行建库管理。

3. 行业场所预警

行业场所预警防范是对本市旅馆、出租屋、物流、快递企业、废旧金属收购站点、机动车电动车修理店、内保单位等行业场所进行建库管理；再与执法办案平台的刑事案件和行政案件进行匹配，为对重点场所的考核与评分提供参考依据。

4. 高危地区人员预警

高危地区人员预警防范是对全国发案高危地区人员进行建库管理，通过将高危地区人员身份证与全国七类重点人员进行比对，实现高危地区重点前科人员来本市的自动预警。

5. 关注人员预警

对全市的肇事肇祸精神病人、扬言报复社会、非正常上访重点人员等治安类重点人员数据进行建库，通过网吧上网、旅馆入住、车辆行驶、火车票等及比对重点人员的活动轨迹进行预警，从而为责任单位管控提供依据。

6. 实兵巡防

通过对警情和案(事)件进行分析，判断出高发案区域、时段，从而指导、调度实兵巡防区域、时段和警力；实时调度巡逻民警和警车(含电动车，以下同)的巡逻地点、位置信息。

7. 治安防控评估

针对治安巡防工作需求，整合警情、案件、重点人员、重点地区、重点车辆的行为轨迹信息，搭建分析模型，根据研判结果模板自动生成治安县区的治安防控评估、城区治安防控评估、县区治安防控周评估、城区治安防控月评估、城区治安防控周评估等研判分析结果的模型。

8. 重点对象管控

主要实现针对重点对象的比对布控、预警研判、查控指令、查证落实等业务流程的处理和支持，一方面利用大数据技术提高预警研判的效率和效能，另一方面提高查证落实的力度，实现对相关对象的管控需求。

8.2 侦查实战中心

将公安各侦查业务警种力量、资源、手段、线索统一接入中心，建立多资源无缝对接、多手段同步上案、多警种联合作战常态机制，做到“情报联查、线索联侦、对象联管、资金联控、打击联手”，促进信息资源共享、工作手段集成、侦查效能提升。侦查实战中心应该具备以下应用，如表 8.2 所示。

表 8.2　侦查实战中心的应用

序　号	应用模块	序　号	应用模块
1	案件视频资料管理	5	人脸比对
2	视频侦查平台	6	卡口车辆智能检索
3	单兵视频研判	7	轨迹分析
4	模糊图像智能处理	8	串并案分析

1. 案件视频资料管理

案件视频资料管理是对各部门关注的视频图像信息进行整理、分类存储，并建立以图像结构化描述为特征的索引摘要。其主要功能包括案件管理、视频图片管理、特征标注、线索查询、数据统计、案件串并和线索发布。

2. 视频侦查平台

视频侦查平台具备完整的视频侦查业务相关功能，包括案件管理、案件串并统计、GIS 地图摄像头管理、任务分发指挥、视频资料采集、视频研判、影像清晰化、时空分析、汇编标注、线索管理、报告生成等一系列功能，可满足视频侦查工作中指挥员、影像处理员、视频采集员、视频审看等不同人员的多方面需求。

3. 单兵视频研判

单兵作战的视频侦查研判系统，应用于离线研判分析使用。具备视频浓缩、关联搜索、视频增强等智能化功能，可有效提高视频审阅速度。同时有本地案件数据管理、GIS 地图摄像头管理、视频图像管理、视频研判、时空分析、汇编标注、线索管理、报告生成、图像清晰化等功能，具有应用灵活、操作简单、功能强大的特点，可有效提高侦查人员对视频监控的实战应用能力和工作效率。

4. 模糊图像智能处理

视频图像处理分析研判系统针对各种降质影像进行恢复，去除模糊噪声干扰、提升图像质量，突出影像细节，以辅助应用人员更好地挖掘图像中的有用信息，如车辆牌照号、人脸信息、身高信息等。提供人工诊断向导和自动诊断向导，对图像自动提供推荐的处理算法。除了手工设置图像处理参数外，系统可以通过遍历方式，自动寻找最优算法参数，从而达到理想的处理效果。支持照度校正、几何校正、色偏校正、环境问题处理、特定模糊处理、色彩查看处理、色彩增强处理、影像模式转换、任意模糊恢复、噪声处理、高级影像放大、多帧超分辨、多帧融合、色彩分离处理、影像稳定化等。同时系统具有视频浓缩、关联搜索、视频增强等智能化功能，可有效提高视频审阅速度。

5. 人脸比对

借助人脸识别技术，可以在各种事先建立好的人脸库(失踪人脸库、重点人口库、追逃人员库、在逃人员库、暂住人口库等)中进行实时的人脸搜索比对，支持照片比照片、视频流比照片在第一时间对案件相关人员进行快速的身份确认，为破案争取宝贵时间。

6. 卡口车辆智能检索

卡口车辆智能检索子系统是基于海量卡口图像和视频数据，通过智能化的信息挖掘、模式匹配及快速搜索等智能图像处理技术，完成车牌、车型、车身颜色、车辆特征、相似车辆搜索等核心业务功能，极大地扩展了基于治安卡口数据的应用手段。

7. 轨迹分析

分析目标人员在时间范围内的所有详细的轨迹情况，以时间轴和列表的形式来展示，并通过该人员所有轨迹信息的碰撞得到该人员的“同住人”“同行人”“可能工作地”“可能居住地”“常去酒店”“常去城市”等信息。

8. 串并案分析

用户指定人案物特征集，系统将自动根据指定的条件推送出与条件符合的相关案件。用户可对结果再次指定特征继续进行筛选串并。将案件的作案特点、案件类别、发案地点、发案时间、简要案情等关键特征项与前科人员的特征项进行比对，推出可能作案的前科人员，并按推送依据多与少罗列可疑人员。

通过对案件地点、案发时间、人员特征、车辆特征与网吧、旅业、卡口、WiFi 热点进行比对，推出符合时空条件的人员、车辆、手机。将一人或多人的时空轨迹设置容错值与案件库进行比对，推出符合时空轨迹的案件。

8.3 指挥情报中心

当前，社会的信息化技术发展已经进入“云、大、智”时代，推进信息化、智能化建设是现代警务模式改革的必由之路。在这样的背景下，以智慧警务为基础，充分享用当今时代云计算、大数据、人工智能等技术快速发展带来的巨大红利，将先进技术应用于公安实战，从而进一步驱动公安新型情报一体化机制的建设，依靠信息化来打造具有智慧能力的“警务大脑”和触角灵敏、延伸广阔的“神经中枢”，使情报和指挥工作联动响应、一体化作战，真正做到“宏观掌控、把握趋势、服务实战、精确打击”。指挥情报中心具有的应用如表 8.3 所示。

表 8.3 指挥情报中心的应用

序号	应用模块	序号	应用模块
1	勤务管理可视化	9	指挥调度支持
2	辖区人口监控	10	智能卡口分析
3	重点场所监控	11	车辆稽查监控
4	视频监控	12	出警记录回放
5	警情预警	13	警情态势分析
6	预案部署可视	14	历史案件分析
7	应急资源管理可视	15	情报分析
8	警情监控	……	……

1. 勤务管理可视化

基于警务地理信息系统，可以实时查看警力在岗状态、警力分布、应急资源等内容。支持快速定位警员、车辆的位置，查看警力详细信息，调取监控视频画面。支持一键直呼，进行单方调度或多方协同调度。

2. 辖区人口监控

可实现对常住人口、暂住人口、治安重点人口等按照地区分布情况、人员类型、活动情况等要素进行实时监控。

3. 重点场所监控

支持对指定界域内的房屋、公共场所、监所、特种场所等重点场所进行全局态势监控，增强公安部门对重点场所的治安管理和查控能力。

4. 视频监控

支持视频地理空间数据的显示及管理，可在 PGIS 上进行点选、框选操作，支持监控视频的实时调用、回放，秒级检索，实现对视频资源的灵活调用和统一管理。

5. 警情预警

针对各类焦点警情建立预警告警机制，基于历史典型案例的演变链、事件链提炼重大事件的风控模型，为监测预警提供可靠的阈值与依据，自动监控各类焦点事件的发展状态，进行自动预警告警。

6. 预案部署可视

支持将预案的相关要素及指挥过程进行多种方式的可视化呈现与部署，支持对警力部署、资源分布、行动路线、重点目标等进行展现和动态推演，提高交通指挥、作战人员对预案的熟悉程度，增强处置突发事件的能力和水平。

7. 应急资源管理可视

通过整合公安监管和应急保障所需的相关资源，实现应急指挥相关资源的信息化管理，便于应急状态下指挥人员对相关人员、物资、技术、装备的指挥调用，统一协调各联动单位开展突发事件的事先防范和处置工作。

8. 警情监控

基于警务地理信息系统，可实现对报警案件的加载、快速定位，并标示报警内容。同时可查看周边监控视频和警力资源，方便指挥人员对触警位置和周边情况的判定和分析，对报警事件进行前期的处理及分配。

9. 指挥调度支持

支持集成视频会议、远程监控、图像传输等应用功能，具备即时、交互的调度模式，强化指挥中心扁平化指挥调度能力，提升指挥中心处置突发事件力度。

10. 智能卡口分析

通过整合卡口系统，对道路运行车辆进行自动记录，实现对事后车辆图像信息查询、检索、研判、串并分析和关联比对等实战功能应用，增强公安情报、指挥、刑侦等实战部门对违法行为的稽查布控能力。

11. 车辆稽查监控

支持集成稽查布控、过车监控、违法识别等应用功能，实现对嫌疑车辆、布控车辆、涉案车辆、重点车辆等黑名单车辆的查询、实时监控告警和轨迹回放等功能，提高公安机关侦查缉捕效率。

12. 出警记录回放

支持任一时间段的警车、警员历史轨迹回放、监控视频回放，并可对全系统数据进行时刻跳转、事件跳转、倍速变更等交互操作，有助于决策者了解全局数据变化趋势。

13. 警情态势分析

支持对案件进行多角度、多层面的剖析与观察，基于视频监控、地理信息、统计信息等要素，实时监控各类警情的趋势和异常变化，辅助办案人员对警情进行合理评估，为合理调整警力部署提供决策依据。

14. 历史案件分析

对各类型案(事)件、接警数量、接处有效警情数等处理数据进行多维度的分析汇总整合、专题化分析，为实战中的预警研判、常规研判、专题研判提供有力数据支撑，辅助公安部门洞察和把握社会治安发展态势。

15. 情报分析

通过直观的可视、交互手段，辅助情报调查和分析人员挖掘事物之间的关联线索。针对多源异构的海量数据，通过数据处理、存储管理、数据筛选、可视化交互分析等技术，帮助分析人员快速实现多维筛选，聚焦关键线索，实现高效信息发掘，将数据对象之间的相关性以图形化的方式进行描述和展现，同时从宏观和微观层面对线索和情报进行研判，实现图形化情报信息查询、可视化关联分析、证据链和情报线索发掘等功能。

8.4 新闻舆情中心

公安机关是政府进行网络新闻舆情监控的重要部门，进行网络新闻舆情的分析和预警不仅可以有效地打击利用网络进行的各种违法犯罪活动，还可以运用网络传播规律弘扬主旋律，激发正能量，建设和谐安定的网络环境和社会环境。公安机关对网络新闻舆情的研判和危机预警应该充分利用大数据技术，对新闻舆情大数据进行数据挖掘、分析和研判，提高新闻舆情管理的能力和效率。新闻舆情中心的应用如表 8.4 所示。

表 8.4　新闻舆情中心的应用

序　号	应用模块	序　号	应用模块
1	信息采集	4	舆情监测
2	信息提取	5	舆情分析
3	舆情管理	6	舆情预警

1. 信息采集

基于人工智能的自动学习技术，只要输入目标网站的网址就可以自动监测并采集目标网站上最新的资讯信息，自动过滤掉无关的信息(如广告信息、版权信息等)，达到了所采即所得的效果。同时，自动识别与资讯信息相关的图片、附件等感兴趣的媒体资源，并可根据设置自动采集到本地或是建立映射快照。除了满足新闻信息的智能采集外，软件还可以根据业务需求自定义配置相应的业务规则，软件可以满足大数据、多分类、跨网站下的多维度数据采集与数据分类管理等。

2. 信息提取

该应用将采集到的非结构化或半结构化的信息进行抽取、转换为结构化的信息，存入数据库中，使得各种查询和统计、分析舆情信息成为可能。

(1) 基于HTML文档的提取：该类提取技术主要根据抓取的HTML文档的结构特点，制定一套正则表达式，过滤出需要的数据信息。也可采用HTML解析工具，如HtmlParser解析器，通过匹配HTML标签，抽取出网页中所需的信息。该类抽取技术优点是技术简单，抽取准确率高；缺点是通用性差，需要针对各类待抽取网页的特征单独制定抽取模板。

(2) 基于统计特征的提取：该类提取技术是基于网页的文本信息与标签信息的比率关系。如网页中某块中文与HTML代码的比例，正文信息与周围超链接的比例，逗号、句号使用频率等文本特征，判别出该信息是文本信息还是广告导航之类的信息，从而抽取出需要的文本信息。

(3) 基于DOM的提取：该类提取技术是采用DOM文档对象模型，即将HTML或者XML这类文件理解或者说解析成一种文档对象，把XML文档里的各个标签视为节点对象，即DOM树，根据XML的节点信息，解析出所需的文本信息。

(4) 基于机器学习技术的提取：将目前非常流行的机器学习技术应用于网页信息的提取。机器学习是采用机器学习算法进行数据模型训练学习，得到一种模型，再用此模型进行实际检测提取。

3. 舆情管理

(1) 受理留言：网络舆情管理员在政府网公众留言板、论坛、新闻网等网络媒体发现涉及公安部门职责范围内的群众投诉、意见和建议，及时予以下载登记，及时向局领导、政府报送，并在第一时间予以积极回应。

(2) 批办留言：对上报的内容进行审核，确定需回复的留言信息，经局主要领导或分管领导提出办理意见并批转相关单位或人员办理落实；对需要多个单位办理的进行协调，明确牵头领办单位。

(3) 办理回复：相关单位或个人收到批办的意见后，对网民留言所涉及的具体事项要及时进行调查、核实、处置。回复办理情况及回复意见要在 3 日内以书面形式报送局、政府。

(4) 跟踪督办：对批转出去的留言办理件进行跟踪，对未按时办理或不按有关规定办理的承办单位或个人进行督办，确保问题按期办结。

(5) 审定回复：相关单位上报的书面回复意见，经局领导审定后，由指定的网络舆情管理员将答复内容通过网民原留言的网站进行反馈。回复的时限为网民反映事项后 3 日内，确需延长办理时间的不得超过 5 日。

(6) 立卷归档：办公室对网民反映的问题、意见、建议的原始材料，本单位的办理情况，交办回复记录，领导批示件和其他具有保存价值的材料，要及时立卷归档；未及时办理的留言要进行催办，对超过规定期限既未做回复又未做说明的单位将进行通报。

(7) 监督检查：对单位网民留言答复情况进行跟踪登记，对未及时办理的留言要进行催办，对超过规定期限既未做回复又未做说明的单位，将进行通报。

4. 舆情监测

该应用利用独有的爬虫技术，能根据预定的监控关键词在设定时间以内发现一定数量的重点媒体、论坛、博客、微博等网站里的舆情信息，并对敏感信息及时报警。利用中文分词技术、自然语言处理技术、中文信息处理技术，对信息进行垃圾过滤、去重、相似性聚类、情感分析、提取摘要、自动聚类等。

5. 舆情分析

基于海量数据的积累与大数据分析处理能力，提供舆情文本分析、文本观点聚类、事件脉络梳理、传播路径识别等功能，舆情分析，把握时事脉搏。

(1) 舆情文本分析：包含对文本的基本分析，如文本摘要提取、相似文章聚合、舆情情感分析等，通过设置接口中的参数可返回对应的结果。

(2) 文本观点聚类：对用户观点进行分类，掌握一批用户发言中用户持有的不同观点类别及各自占比，提升用户评论管理效率，更好地把握传播态势及用户声音。

(3) 事件脉络梳理：帮助舆情服务商、企业开发者梳理舆情传播时间和传播节点，并按新闻发布时间进行排序，辅助客户快速了解事件发展脉络。

(4) 传播路径识别：通过对传播路径的分析，帮助客户获得所关心的舆情专题中微博数据的传播关系，数据以嵌套 JSON 的形式提供。

6. 舆情预警

根据舆情事件的影响力，一般分为重大、较大、一般三个等级。舆情预警等级的判定主要考虑内容敏感性、渠道影响力、传播态势三方面指标。其中，内容敏感性指舆情事件或现象涉及内容的重要或敏感程度；渠道影响力指舆情首发媒介和传播媒介的自身影响力；传播态势如前所述，是预警事件或现象在全媒体平台的传播情况。与预警等级对应，这三方面指标也需相应进行分级。以三个指标的三个等级交叉组合获得综合预警等级。

8.5 执法监督中心

根据执法监督现状，智慧警务执法监督模块可以提供的服务有三类。第一类是通过对执法过程的视频数据分析，自动识别各种违规行为，及时告警或提示，确保民警执法过程的规范化和执法公正；第二类是通过智慧警务平台强大的日志记录和审计功能，自动识别公安各类业务系统的正常、合法使用，对发现的各类违规或违法使用系统的异常行为，及时提醒或告警，做到执法过程的全程监管，从而提高警务规范化和办案质量；第三类是对执法过程中的法律流程进行监管、告警和咨询。执法监督中心具有以下应用，如表 8.5 所示。

表 8.5　执法监督中心的应用

序　号	应用模块	序　号	应用模块
1	执法记录仪数据监督	7	可疑倒查追踪
2	日志监督审计	8	数据异常告警
3	权限角色分配与管理	9	系统异常访问检测
4	数据接口监测	10	运维实时展现
5	异常操作行为告警	11	报表统计分析
6	安全名单审查	12	执法法律流程监管服务

8.6 智慧政工中心

以满足现阶段人事管理需求，为公安机关其他信息系统建设提供标准的警力资源和组织机构信息库，并深入分析、综合考量该警力资源管理系统的实施给队伍管理、管理模式及优化警力资源配备等方面带来的积极影响和挑战。同时从中长期的角度展望基于海量警力资源数据的深度挖掘应用，并考虑推进人岗匹配、推荐系统、优化班子成员配备模型和干部考评、考核相关功能建设以及进一步优化改进的方案。

该功能包括两大模块，一是基础信息管理模块，建立包括人员基础信息、岗位管理和组织机构的标准警力资源信息库。二是基础应用模块，主要包括政工日常工作流、各业务部门人事相关工作应用和专业管理模块。智慧政工中心主要的功能模块如表 8.6 所示。

表 8.6　智慧政工的功能模块

序　号	功能模块	序　号	功能模块
1	警力资源管理	7	出国境管理
2	基础信息管理	8	表彰管理
3	警力资源数据深度挖掘	9	教育培训
4	考评考核管理	10	工会工作
5	综合管理	11	决策支持
6	表彰奖励	12	警务协作管理

1. 警力资源管理

警力资源管理是对公安民警、辅警以及文员、临聘人员、组织资源进行管理和维护，通过日常的采集维护和政工业务流程办理结果的数据回填，构建市级公安政工警力数据资源中心。系统管理的功能主要包括警力资源管理、组织资源管理、异动管理、专家库管理。

2. 基础信息管理

民警、辅警及编办审批的临聘人员的基本信息录入是基本需求，也是警力资源管理的基石。系统要能够全面记录人员基本信息，支持对人员信息的快速维护跟踪，记录各类人员参加工作到离职(离退休)的闭环管理，支持对人员信息异动的管理。

3. 警力资源数据深度挖掘

(1) 人岗匹配定量分析模型。通过对岗位的深入分析，在建立岗位信息库的基础上，对接警力资源信息库构建人才与岗位匹配度测算指标体系，使用层次分析法(AHP)和模糊评价法建立模型定量地对人岗匹配度做出判断。

(2) 人才推荐系统。面对庞大的警力资源信息数据资源库，传统的信息检索技术在搜索效率、搜索准确度和反馈互动上均存在不足，不能有效准确地推荐人才以供决策者用人时做参考。

4. 考评考核管理

考评考核管理是组织人事部门领导干部考核、考评业务数据的处理应用系统，其目标是通过采用新技术手段实现对各级领导干部考核、考评系统数据的采集、分析处理，主要业务功能包括干部测评、专项测评、绩效考核、考勤管理、综合考评、测评业务智能检索、测评数据挖掘与分析。

5. 综合管理

综合管理是基于政工数据资源中心，实现公安机关各级组织政工业务部门日常审批业务、民警人事业务处理及相关专业管理。能支持各类业务审批结果数据、业务办理结果数据向政工数据资源中心的数据回填。

6. 表彰奖励

建立专门表彰信息管理模块记录表彰信息，表彰奖励信息管理模块可对不同部门的不同奖励信息分别进行管理，建立字典项。根据各部门对应的表彰奖励信息类型，由相关部门分别维护表彰奖励信息。

7. 出国境管理

实现对全市警务人员的出国境信息的管理，包括证件信息登记录入、持证情况一键查询、全年民警出国境情况、根据出国境目的地情况统计等。

8. 表彰管理

实现各业务部门对奖励信息的维护和管理；支持按获奖人及奖励进行数据统计；实现表彰审批相关业务流程处理；回填民警表彰奖励数据。

9. 教育培训

实现对公安警力人员教育培训进行管理，包括民警个人教育培训数据、教育培训活动登记等。

10. 工会工作

实现对公安警力人员的请休假进行管理；实现对公安辅警的相关工作进行管理；实现工会信息、劳模信息、困难民警、工会奖励信息的维护与管理；实现工会审批相关业务流程处理。

11. 决策支持

决策支持是基于政工数据资源中心，利用数据挖掘技术，通过分析模型和模型算法，为领导提供岗位分析、人岗匹配分析、干部胜任力分析、警力配备分析、主题分析等辅助决策分析，并采用报表中间件技术，对智慧政工综合服务平台中不同子系统及业务模块的数据进行整合、分析、展示，方便用户快速获取统计信息。

12. 警务协作管理

警务协作管理需要对这些工作中接触到的相关领导及单位的信息进行记录和管理，并根据业务需要和短信平台进行对接，发送相关的问候短信和消息等，增进相互感情，强化协作效果。

8.7 智慧监管中心

“智慧监管”是基于物联网、大数据、人工智能、移动互联网等现代技术的综合集成而形成的一种未来监所信息化新形态。其核心理念就是用人的智慧和科学技术来智慧地规划、管理监所，高效地配置、调度监所人力、设备、信息等所有资源。具体来讲，就是实现以通信网络、数据中心等为基础的资源合理组合及利用，强化监管中心管理中枢职能，推动跨系统信息资源共享及业务协同，全面提高监管改造能力和执法管理水平。

智慧监管利用大数据、物联网、云计算等信息技术手段，建立广泛覆盖和深度互联的信息网络和物联网，把监管场所内的各种记录、文字、图像、多媒体等信息通过信息处理、网络通信、生物识别等多个学科的先进技术进行传输和处理，实现监管系统内信息采集数字化、信息传输网络化、信息管理智能化、信息分析集约化。对监管场所对象的活动情况、警力分布、物力资源、场所警戒、所政管理等要素进行全面感知，实现监管中心更科学、更公正、更规范、更安全、更节约、更高效地履行其执行职能。智慧监管中心主要的应用如表 8.7 所示。

表 8.7　智慧监管中心的应用

序　号	应用模块	序　号	应用模块
1	三维可视化指挥	7	应急处置
2	物联网人员定位	8	监所服务
3	人工智能重点管控	9	移动执法办公
4	大数据安全预警	10	电教管理
5	就医安全管控	11	自助提审会见
6	监所执法管理	12	统一门户

1. 三维可视化指挥

三维可视化平台把监管中心真实场景以三维 GIS 建模和所外二维 GIS 相结合，整合看守所业务应用软件和安全防范系统，形成看守所信息化智能联动。一旦有突发事件发生，通过三维可视化平台软件可以快速启动应急预案，以图文并茂的形式及时、直观、形象、准确和智能化地为决策者提供全方位科学的信息资源，供监管领导决策使用。

2. 物联网人员定位

通过物联网技术的应用，对在押人员佩戴电子腕带，实现动态定位管理，包括越界、非授权离位、超限等，可立即报警；在押人员位置可在二维、三维地图上动态显示，实现对在押人员管控的全覆盖。同时通过 GPS、RFID、警务通技术的融合，实现对在押人员监外活动的实时监控和警务人员的执法监督。

3. 人工智能重点管控

该模块功能包括 3 个部分：第一，采用人脸识别技术，实现监所实时监控、路人捕获抓拍、布控与查询、路人库检索等。系统既能提供事中处理的重点人员布控，也能提供事后的路人检索、报警信息查询等，帮助看守所控制重要点位的人员出入情况；第二，对入所在押人员采集声纹信息，建立人员专业声纹库，与公安部打击处理过的人员声纹库进行实时比对，发现其真实身份、深挖犯罪线索；第三，采用视频行为分析及视频生物识别技术，对监所发生的非法闯入、离开，滞留徘徊，物品遗留，周界防范，攀高攀爬，非法停车，逆行检测，监所对象夜晚起床，值班人员脱岗等行为实时分析并及时报警，大幅提高监所的安全监管水平。

4. 大数据安全预警

利用大数据技术对监所进行智能分析评估，采用综合指标数据模型评估安全系数，根据未处理事件、监所近期事件、案件库、技防物防硬件完善性、完好率，存在问题、重点对象、警力配备等信息要素进行综合智能评分，评估监所、监区、对象当前的安全系数，预测潜在风险。

5. 就医安全管控

整合民警 4 G 单兵图传系统、车载图传系统和 350 M 数字电台定位系统，做到对在押人员出所就医轨迹、就医地点和就医时间全管控。

6. 监所执法管理

集成现有监所执法管理信息系统，实现系统的单点登录。获取管教执法管理系统数据，深挖犯罪线索、购物消费管理、医疗电子档案、在押人员报表等数据，开展深度应用，实现通过系统软件来达到以情报信息指导看守所业务的目的。

7. 应急处置

安防系统与各业务系统数据融合为一体，警情发生时，立即启动应急预案及调度安防资源，以及时、直观、形象的方式为指挥长提供全方位的事件相关信息。三维 GIS 地图转到警情点位置，显示发生警情的时间、地点、类型，并弹出警情点附近的监控图像。同时，在发生紧急情况时，平台自动向值守武警推送应急预警信息，实现两警联合作战。

8. 监所服务

监所服务系统主要服务对象为在押犯家属、律师及公检法办案人员，系统部署在互联网上，可实现以上人员的网上预约、信息查询、业务咨询，同时也是看守所对外执行阳光执法宣传和信息互动的平台。

9. 移动执法办公

以公网移动通信网络无线通信平台传输为基础，综合集成成熟的集群对讲技术、定位技术、GIS 地理信息技术、数据传输技术、可控通信技术、RFID 射频识别技术和编解码识别技术、综合智能虚拟网技术，并按看守所业务需求定制综合管理平台和警务通专用终端，提供给看守所内外指挥调度、集群对讲(PTT)、终端可控通信、一键报警、多媒体取证、人员区域管控、电子巡更等多种应用，并可通过和安防、综合业务、人事管理等其他看守所在用的系统平台对接，实现更多的扩展功能及数据共享和同步。

10. 电教管理

电教管理模块支持播放节目的统一控制。对各个监所电教的播放情况进行实时监控与检查，可远程控制监所进行统一播放同一节目或不同的节目信息，可直播、录放，也可进行协查通报、亲情关怀信息的发布。电教的视频资源可以存储在计算机的存储设备中，也可以通过编码设备以社会电视信息、DVD、直播等视频作为视频源。

11. 自助提审会见

提供自助提审服务，使用户在进行提审时，可在自助设备中进行登记获取排队号码，系统根据登记情况，自动提醒相关民警和在押人员，减少监所管理功能。

12. 统一门户

实现看守所内网用户使用信息化系统的统一门户，统一身份认证、统一信息门户以及统一办公入口。

8.8 便民服务中心

按照“集中建设、统一运维、分级运用”的建设原则，采取垂直型的方法，自上而下规划、自下而上梳理，整合服务资源，构建以市局便民服务大厅为中心，集各县、区分局及派出所的便民服务大厅为一体的公安网站群。该服务大厅通过信息统一报送、信息审核采用、投稿自动统计、实时信息更新、群众提交的各类诉求件可在全市各级公安机关内部进行流转等方式来实现“数据多跑路，群众少走路”的目的，切实做到便民服务。便民服务中心主要的应用如表 8.8 所示。

表 8.8 便民服务中心的应用

序 号	应用模块	序 号	应用模块
1	公安警讯	6	个人主页
2	办事大厅	7	图像线索
3	警民互动	8	交通事故“快处快赔”
4	办事指南	9	网上挪车
5	警务地图	10	E 键报警

1. 公安警讯

包含公安新闻、警方提示、警情通报、警队风采等，市民通过该应用可以随时了解最新社会治安动态，掌握最新犯罪手法的防范措施，并为辖区群众提供可定制、多媒体、个性化的警讯服务，实现公安部门面向每一个管理和服务对象的公安资讯定向推送。

2. 办事大厅

共设置了派出所证明、表格下载、户政业务、交管业务、法制业务等模块，在公安行政审批网上办事方面，提供公安业务的网上申报或预审批服务，涉及户政、交警、出入境管理、禁毒、消防等部门的公安办事服务项目。办事群众通过网上申报或预审批办理相关公安业务，可以节约大量的办事时间与成本，提高办事的成功率。

3. 警民互动

设置了局长信箱、网上信访、在线咨询、民意调查、民意征集、意见建议、在线访谈、微博微信等互动栏目，进一步为群众咨询办事提供便捷服务。

4. 办事指南

市民可详细了解各项公安业务的办事指南，下载办事表格，对办事过程中遇到的问题进行在线咨询，对办事方面存在的不足提出意见建议。

5. 警务地图

全面收纳了全市公安机关、社区警务室及流动人口服务站等机构信息，并将这些信息在地图上直观地进行展现。市民可以利用“警务地图”功能，查询到各级公安机关的地址、联系电话、外观照片等信息，了解各社区警务室地址、社区民警的姓名及联系方式等情况。社区民警如果开通了网上警务室，市民还可以通过社区警务室信息链接登录网上警务室与社区民警进行在线交流。

6. 个人主页

在提供多项便民应用的基础上，便民服务中心还具有“个人主页”及提醒推送功能，注册用户通过绑定个人信息(如车牌和驾驶证等资料)，就可以一屏看到三类提醒(交通违法、办事进度、业务到期)，还可进入个人信息一站式查看到自己的车辆、驾照、出入境、户政等基本和动态信息，包括自己的违法提醒、业务办理进度、证件到期提醒等，除此之外还可收藏关心的高速、市区路况快拍、区域路况，方便快捷地查看关心路段的拥堵状态，合理规划线路，节省出行时间，给广大车主带来了实实在在的帮助，同时还可通过微博、微信将实时路况等分享至自己的朋友圈。更可定制所需提醒服务，收到免费短信提醒，实现更主动、更贴心的便民服务。

7. 图像线索

打造第四类摄像头，构建群众自发摄录报送罪案影像的图像线索情报平台，实现全民参与、群防群治、震慑犯罪。

8. 交通事故“快处快赔”

通过手机客户端，力争实现快速撤出事故现场、快速恢复交通、线上定责、线上定损、即时赔付。首先，事故任何一方当事人注册登录公安 APP，绑定名下车辆后，选择“快处快赔”服务，根据应用程序的提醒，拍摄符合要求的现场照片，至少 6 张，包括事故全景的前方、后方、侧方，擦碰点及对方驾驶人的驾驶证、行驶证。其次，上传照片至快处快赔系统平台，等待远程审核，预设远程审核时间为 3 分钟。事故责任可由双方自行协商，也可由交警根据上传的事故现场照片远程协助定责。快处快赔适用于本省道路上发生的机动车之间，仅造成车、物损失且车辆能够移动的交通事故，简单来说就是“人未伤、车能动”。但事故任意一方存在无证驾驶、无牌照或者涉嫌酒驾、毒驾等情况的必须等交警到现场才可以处理。

9. 网上挪车

借助图像识别 OCR 技术，采用拍照智能识别车辆信息，提交挪车请求，系统将根据公安掌握的各类数据信息，自动分析出车主经常使用的手机号码并向其发送短信提醒。同时，系统将在 10 分钟内将被挪车车主反馈情况及时通知用户，并且短信通过平台发送双方均不能互相查看到对方号码。

10. E 键报警

为报警群众提供及时、准确的定位服务，为民警及时到场处置提供最大化信息支持，从而精确调度警力、快速到场处理施救，提高接处警工作效率。

第 9 章　××市级智慧警务平台设计与实现

本章按照湖南省公安厅“4+X 中心”的机制改革思路，以××市公安局智慧警务平台建设为例，介绍智慧警务平台的设计思路和实现效果。

9.1 总体架构

××市公安局智慧警务平台总体架构设计遵循面向业务需求的设计思路，以云计算、大数据、物联网、人工智能和移动互联网等关键技术为支撑，以服务实战应用为根本目标，构建统一的智慧警务 IT 基础设施资源池，为××市智慧警务应用系统提供敏捷、可靠、安全、弹性的 IT 基础设施服务。平台架构具备良好的可扩展性，可保证数据中心业务动态扩展和新业务快速上线。同时，为保证现有业务系统平滑迁移到新数据中，设计方案中提供了严谨、科学、规范的应用迁移服务方案。

××市公安局智慧警务平台遵循“业务主导、先进实用；统一规划、分步实施；规范管理、保障安全”的建设原则，以可扩展的融合架构、云操作系统、大数据技术、分布式云数据中心架构，构筑智慧警务平台的架构，实现对高智慧、高性能、高可用、弹性、敏捷、安全数据中心的支撑。总体框架如图 9.1 所示。

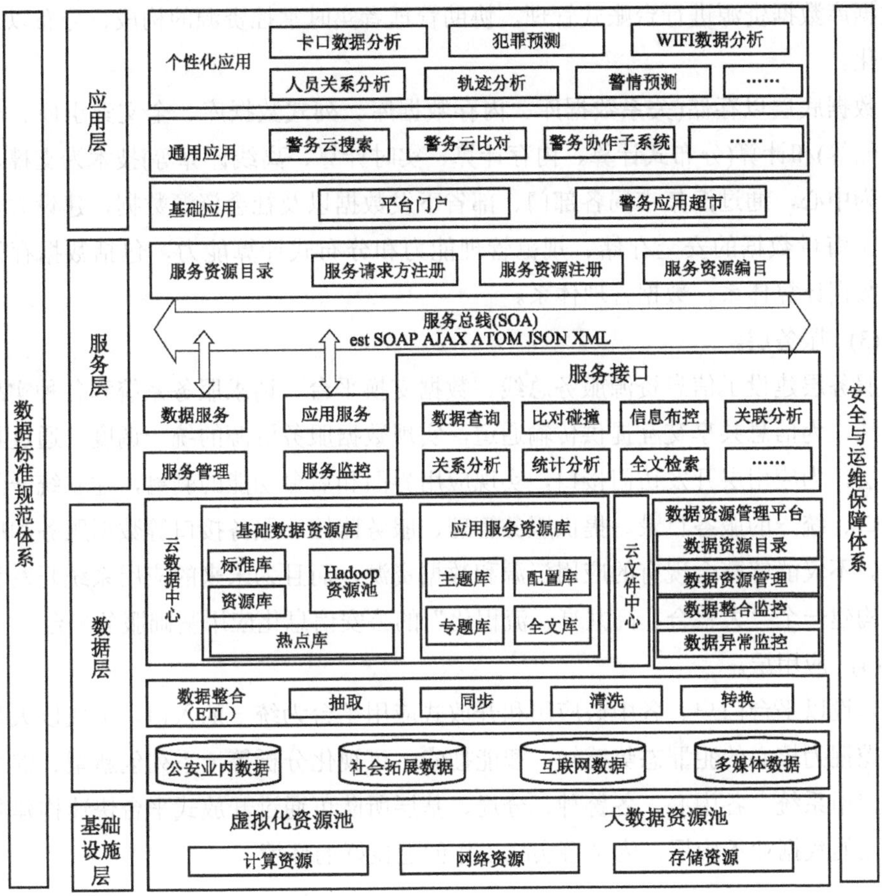

图 9.1 ××市智慧警务平台总体架构

××市公安局智慧警务平台主要包括基础设施层、数据层、服务层和应用层 4 个部分，以及数据标准规范体系和安全与运维保障体系两套支撑体系。各部分详细介绍如下。

(1) 基础设施层。

基础设施层包括机房动力与环境、计算资源池、存储资源池、网络资源池、交换机、路由器、硬件服务器等，为数据层提供足够的存储空间，为服务层、应用层提供可靠的计算服务和响应服务。

(2) 数据层。

数据层通过智能 ETL 工具按照公安部的数据标准对公安基础数据库进行数据抽取汇集、对标与清洗，形成统一标准基础数据资源库与应用服务资源库。同时对各数据库数据资源进行台账式管理，协助管理者实时掌控资源的构成、分布以及动态变化。

数据底层以存储(关系数据库、内存数据库、列式数据库、全文索引库、分布式存储等)和计算(分布式计算、内存计算、实时计算、离线计算等)技术为支撑，以市局为中心，通过汇集市局各部门、部省下发数据以及社会资源数据，建设大数据环境下海量数据的安全存储、规范管理能力和分布式计算能力，包括数据存储体系、数据计算体系、数据管理体系。

(3) 服务层。

服务层建设了信息资源服务总线、数据交换平台、请求服务系统和各种实战模型算法，为信息共享交互提供传输通道，实现数据服务资源的统一调度。通过封装数据层，为应用层开发访问接口，实现应用界面和后台功能的剥离，建立统一的服务接口、统一的服务目录。提供服务管理、服务监控、服务接口等数据服务和应用服务。不仅能够整合现有的应用资源和数据资源，而且为未来的应用系统开发和接入，构建一个“大整合、高共享、流程化”的公安信息化应用基础服务平台。

(4) 应用层。

建设以平台门户、各中心应用和开放式应用平台为统一的入口，形成以大数据分析挖掘为核心的犯罪态势感知、智能搜索、可视化分析等一系列创新型、综合性实战应用系统。各中心、各警种、分局、基层所队可通过开放式平台快速构建和运行自己的数据业务应用，为全警实战工作创造良好的环境。

9.2 大数据平台

智慧警务中的大数据平台主要由数据中心、服务中心、应用中心三部分组成。其中，数据中心负责数据采集、处理、存储，为服务和应用中心提供数据服务；服务中心的主要功能是一方面将数据层的数据资源构建成各种服务接口并发布，形成服务目录，另一方面还需要与应用系统实现衔接，尽可能减少应用层对数据层的直接访问，使公安大数据中心统一以服务接口的方式提供各种响应性服务；应用中心的主要功能是为公安民警提供具体的实战应用，如风险排查管控、决策分析、视频监控、轨迹分析等。大数据平台总体框架如图 9.2 所示。

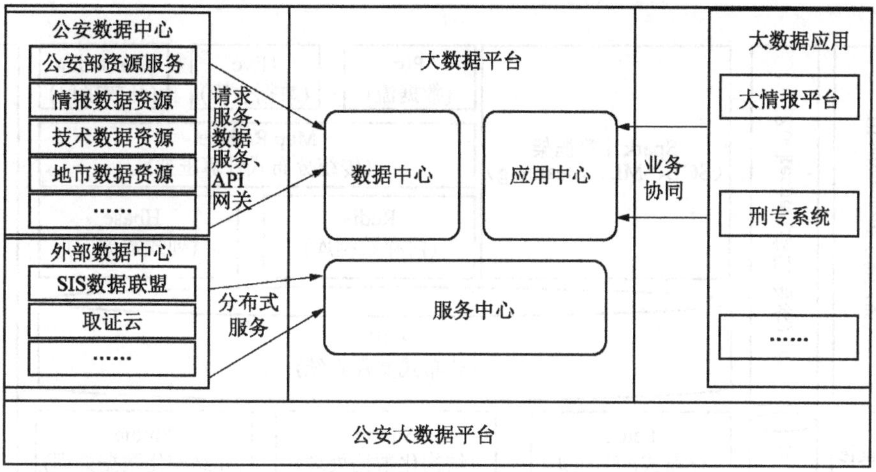

图 9.2　大数据平台

9.2.1　数据中心

数据、信息与线索等构成智慧警务决策与研判分析的资源基础，需要全方位汇集内外部数据信息，并以物理建库模式实现数据信息的大集中，为信息整合、提炼及价值萃取提供基础资源。因此，××市公安局智慧警务平台的数据中心实现对不同分布、不同结构、不同形态数据的汇集与有效整合，按照统一标准对数据进行过滤清洗、映射转换、整合加工等一系列标准化、规范化治理作业。此外，数据中心提供对来源数据的整合，包括对结构化数据、非结构化数据、半结构化数据的清洗、转换、加载入库，并提供对数据的整合管理、运维监控和资源管理等功能。

由于数据中心的数据资源几乎涉及公安所有的数据资源类型，既包括市局各部门、各专业警种等业务系统数据，又包括各种社会数据资源和部省资源；既涵盖各种结构化数据，又包括视频、图片、音频、文档、互联网数据、电子笔录等半结构化、非结构化数据。因此，该数据中心通过 Hbase 分布式列式数据库、Hive 数据仓库、MPP DB 数据库、关系型数据库集群、内存数据库、全文索引库、HDFS/GFS/FastDFS 相结合的方式设计数据资源存储结构来解决不同类型数据资源存储的问题。

××市公安局智慧警务大数据平台的数据中心主要由大数据处理和大数据整合两部分组成。其中，大数据处理主要针对不同类型的数据进行采集、处理、计算等。大数据处理的整体架构如图 9.3 所示。

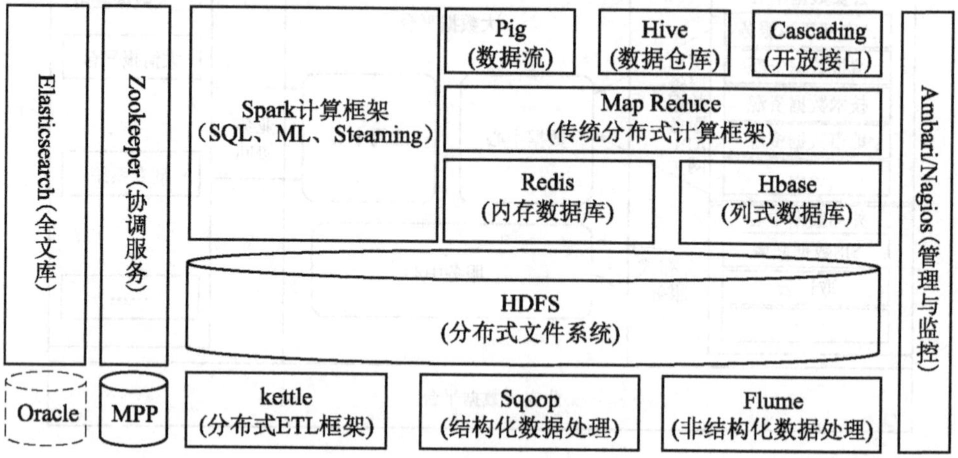

图 9.3　大数据处理整体架构

大数据整合主要针对数据源进行抽取、对标、整合与存储，实现对数据资源的统一规划和管理。大数据整合整体架构如图 9.4 所示。

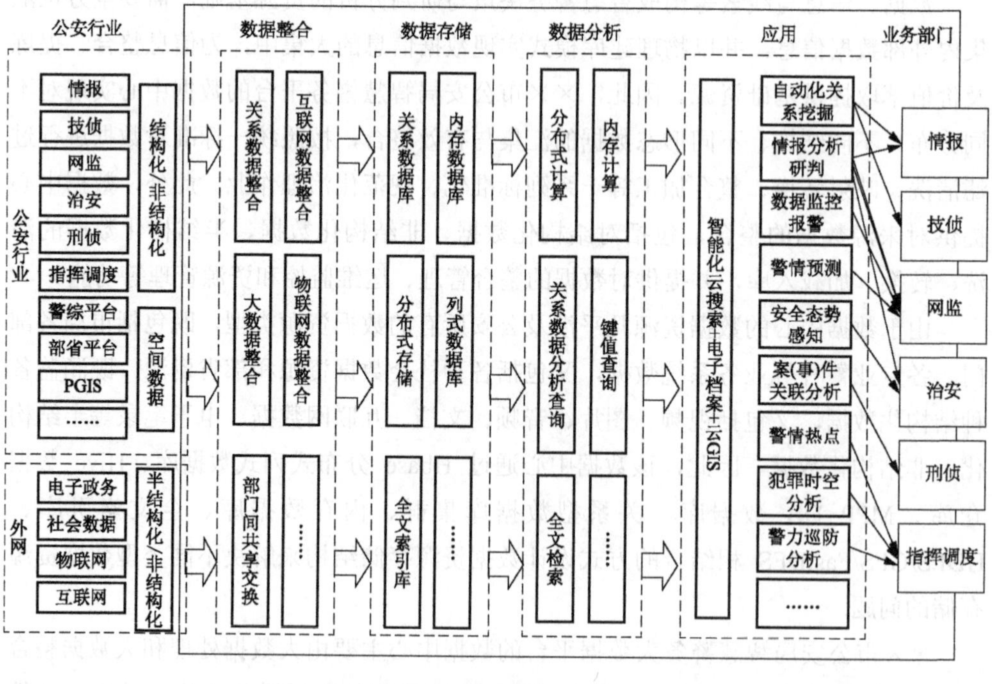

图 9.4　大数据整合整体架构

9.2.2 服务中心

服务中心在智慧警务大数据平台的层次架构中，属于在数据中心和应用中心之间承上启下的中间层次，一方面将数据中心的数据资源构建成各种服务接口并发布，形成服务目录，可以通过全国信息资源服务体系和请求服务系统实现全国联动、联盟和共享，服务目录包括了公安部资源服务平台的全国资源服务目录和依照省公安厅、××市公安局的规范建立的资源服务目录；另一方面还需要与应用中心实现衔接，尽可能减少应用层对数据层的直接访问，使公安大数据中心统一以服务接口的方式提供各种响应性服务。

服务中心的整体架构如图 9.5 所示。整个服务中心由服务管理部分与运行部分构成。管理部分主要包括服务目录、服务管理、运行监控、日志分析等功能；运行部分可实现服务的构建、路由调度、访问控制以及资源同步等功能。在运行部分，通过接口服务系统对基础数据资源库、应用服务资源库、SIS 资源库以及应用系统进行服务接口的构建和封装，为智慧警务云平台提供各种响应性服务。应用中心的前端应用，如云搜、超级档案、轨迹专题分析等，将通过总线提供的接入适配功能接入总线，并通过调用服务资源的方式使用数据，而不直接对数据层进行访问。

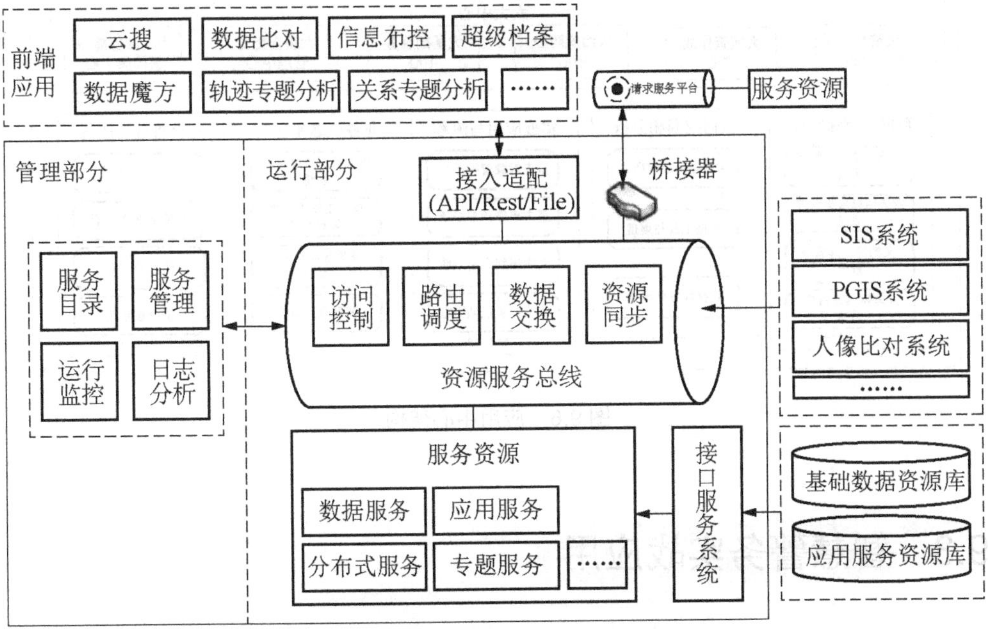

图 9.5 服务中心整体架构

9.2.3 应用中心

大数据平台的应用中心是××市公安局各应用系统的集合，应用系统均依托大数据平台架构建设。应用中心由数据采集和管理、数据挖掘和分析、实战应用与流程、业务统筹和管理、社会管理与服务5类应用组成。各应用系统基于PKI/PMI体系实现统一的身份认证，用户使用传统PC、云桌面及移动数字终端等登录云门户，通过授权及鉴权机制访问对应内容。通过应用中心来支撑情报指挥中心、侦查作战中心、治安防控中心、执法监督中心等“4+X”智慧警务机制。应用中心架构如图9.6所示。

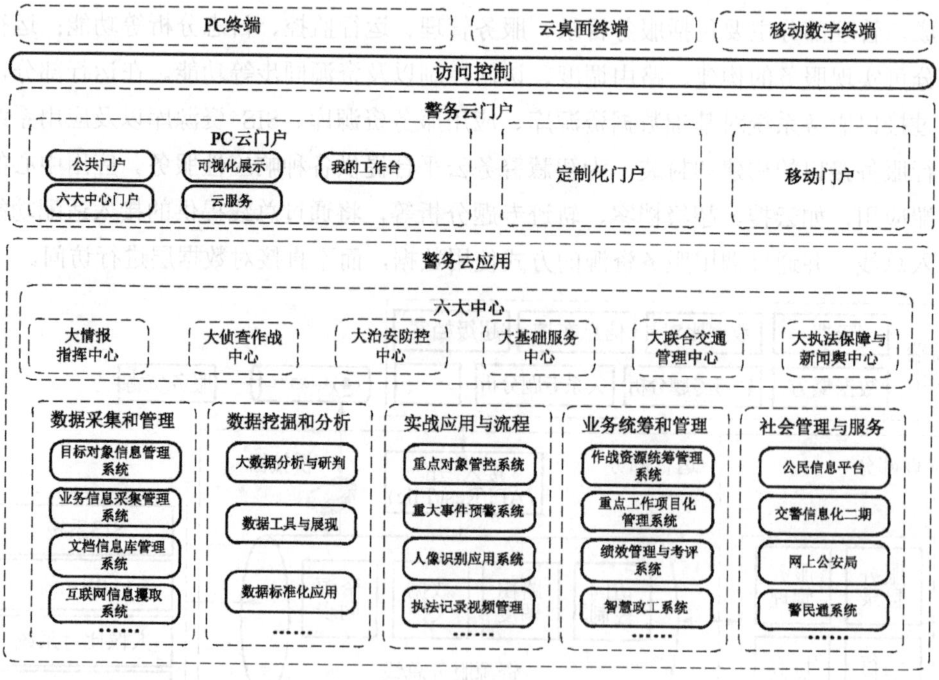

图9.6 应用中心架构

9.3 智慧警务实战应用

本小节将对××市公安局智慧警务平台中典型的实战应用进行介绍。首先，展示了××市公安局智慧警务平台的登录页面，如图 9.7 所示。

图 9.7　××市公安局智慧警务平台登录页面

首页提供两种登录方式，用户名/密码登录和证书登录。在登录后，平台跳转到智慧警务平台的首页，如图 9.8 所示。首页包括了四大中心的实战应用，分别是情报指挥中心、侦查实战中心、治安防控中心和执法监督中心。

图 9.8　××市公安局智慧警务平台首页

分别点击不同中心的图标就可以进入不同中心的页面，页面包含了属于该中心的实战应用，如图 9.9～图 9.12 所示。

图 9.9　情报指挥中心页面

图 9.10　侦查实战中心页面

图 9.11　治安防控中心页面

图 9.12　执法监督中心页面

9.3.1　慧搜

慧搜搜索采用“云”计算技术，对大数据进行高性能处理，对资源检索目标达到秒级。与传统搜索引擎相比，该搜索引擎并不是对关键词信息的简单罗列，而是通过“云”计算技术，内置大数据深度挖掘、统计分析工具，实现对海量信息服务资源的横向关联、毫秒查询、批量比对，满足于各专业警种的应用。

慧搜搜索对平台各资源按照五要素的分类方式进行归类，并且结合应用资源专题库，实现人、案、物、信息的无缝对接和立体展现，打破了警种界限，为警务指挥、警种联动、合成应用、高端应用提供了全方位、多层次、广覆盖的应用检索工具。慧搜搜索支持第三方数据接入和服务接入，实现部、省、市联动搜索应用，打破地域限制，从而形成一个分布式应用的云搜索环境。慧搜的页面如图 9.13 所示。

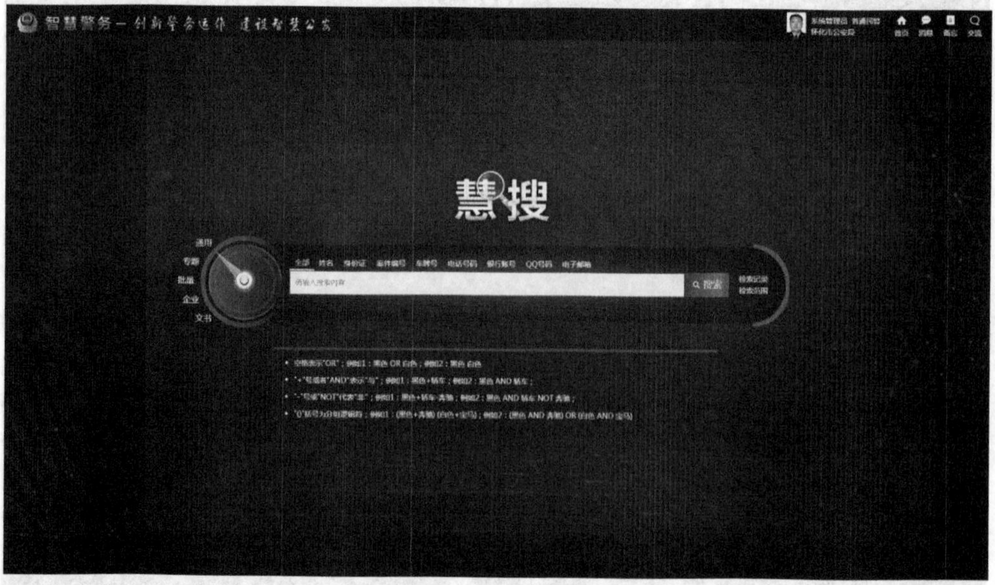

图 9.13　慧搜页面

从图 9.13 可以看出，慧搜具有综合检索、分类检索、高级检索等检索功能，同时自定义了一些检索语法。详细介绍如下。

(1) 综合检索。

综合检索为民警提供一个非常简洁的界面环境，在检索内容输入框中，民警只需要简单填入自己要搜索的目标关键信息，便可以从信息检索获得相关的结果。

① 关键词检索。

首先，关键词可以是某人的姓名，或姓名的同音字，或别名，或绰号，或身份证号，或身份证号的部分号码，或出生日期，或年龄段，或手机号，或手机号的某几位数字，或车牌号，或车牌号的某几位号码，或车型，或车辆颜色，或某地点的简称，或某地点的门牌号等，只要有“只言片语”即可开始对信息进行全方位的检索。

② 组合检索。

通过输入多个关键词进行组合检索，而无须指定条件的逻辑关系，即系统通过一定的算法，将民警输入的“只言片语”进行重组然后再进行检索，“只言片语”越多则信息检索命中率越高。

③ 关键词语义解析。

平台通过词库翻译功能还提供关键词语义解析功能，即实现基于语义解析的智能检索功能，如输入关键词为“张三 背景”，则实现对姓名为“张三”的人员背景信息检索；“张三 北京”，则实现对姓名为“张三”且地点为“北京”的人员的相关信息检索，包括户籍地为“北京”、案发地为“北京”、居住地为“北京”等情况；输入“张三 轨迹”，则实现对姓名为“张三”的人员活动轨迹信息检索；输入“张三 关系人”，则实现对姓名为“张三”的人员关系人信息检索；输入“张三 抢劫”，则实现对涉及“抢劫”案件且人员姓名为“张三”的相关案件信息检索。

④ 焦点推送。

即民警所检索的信息若检索次数、浏览次数达到一定频次时，平台将向该民警进行推送和提醒，表示“该人某处也正在关注”“该案某处也正在关注”“某处查找某人数次，仍没有结果”等。

⑤ 信息范围控制。

提供信息范围的选择功能，即可以选择信息种类、信息地域范围、信息时间范围等条件，该功能主要适用于民警所要的精确检索需求。

⑥ 服务接口。

该功能将集成公安部搜索引擎系统(调用接口)、请求服务系统(调用接口)，实现对相关网页信息、异地信息的同步检索。

⑦ 结果展示。

综合检索结果根据人员、物品、案(事)件、地址、组织维度进行分类展现，默认先展示人员相关信息，物品、案(事)件等信息默认不展现，点击相应分类后再显示内容，检索结果支持按信息类别、地域、时间等条件筛选。

(2) 分类检索。

“分类检索”功能，即系统根据“人员”“物品”“案(事)件”“地址”“组织”等五要素对所有数据进行分类组织，并相应设立五个检索频道对指定范围信息提供检索。为了方便民警对网页信息的检索，还将集成公安部搜索引擎系统(调用接口)，并相应设立网页检索频道。

(3) 高级检索。

该功能不仅提供信息种类、信息地域范围、信息时间范围的任意组合，还提供了检索词的逻辑组合功能，即可以指定检索词之间的“与、或、否”关系，该功能主要面向高级信息分析人员。

整个信息检索功能由三部分组成，即检索条件、摘要信息和详细信息。检索条件是信息检索功能的入口，提供检索词的输入和信息范围的选择，根据信息内容的扩展，系统将设立不同的栏目进行分类检索，如可分为基础信息、动态信息、图片信息、网页信息等栏目；摘要信息是系统将检索条件涉及的信息进行分类展示，可按信息资源涉及的主体进行分类，如人、案(事)件、物品、地址、组织等要素，也可按信息资源目录进行分类，如治安人口、刑侦案件、吸毒管控、银行核查、民航订票等一、二级类别。详细信息是将对信息涉及的主体进行封装，以“档案”的形式进行“全貌”展现，如信息涉及的主体为人，则详细信息将人的身份、背景、活动轨迹、涉案信息、物品信息、关系人信息等进行分类分栏展示，整个展示力求直观、简洁、完整。

(4) 图片检索。

该功能实现“以图搜图，以图搜视频”，用户只需提供想要查找人的证件照片、生活照片或衣着照片就可以在所有卡口图片库、视频图像库中进行检索，寻找人的轨迹。也可以实现对车辆的“以图搜图和以图搜视频”，实现对车辆轨迹的回放。

(5) 检索语法。

慧搜采用了百度、Google 搜索中的一些语法及搜索规则，使其易操作易理解，在检索框中支持空格分词，因此在多个词之间必须加入空格，否则多个词会被当成一个词进行检索，空格数目没有限制。同时支持逻辑运算符检索，支持多类词组合检索。

9.3.2 风险排查管控

风险排查管控功能扩展了重点人员管控功能，把重点场所、重点车辆、重点企业、重点组织、重点案(事)件也纳入风险排查管控。将风险排查管控定位于一个业务处理系统，同时可对风险排查管控对象的各种线索进行布控和预警，实施大数据分析，做到精准排查管控。风险排查管控主要是以人的管控为核心，只要管住了人也就管住了重点场所、重点车辆、重点企业、重点组织、重点案(事)件。下面主要介绍风险排查管控系统中重点人员的动态管控模块。

重点人员动态管控主要是针对公安部下发的七类重点人员进行管控，在社会综治工作中重点人员具有一个共同的特征，即对他人或社会有潜在危害性，容易走向极端、造成负面社会影响，甚至走向犯罪深渊。

重点人员动态管控以支撑情报部门动态研判和民警动态管控为出发点，以“一人一档”的方式，整合资源建立反映重点人员动态管控全过程的“电子档案库”，集中展现重点人员的基础信息、动态信息、管控信息、现实表现信息、积分信息、关系人信息、关联信息、文本情报信息、人工研判信息、流程控制信息等，清楚地体现研判过程，直观、准确地展现出重点人员在不同时间节点、不同地域范围的行为轨迹、活动规律和可能异常动向，有效筛选违法犯罪嫌疑度高和对社会稳定危害性大的重点人员，以便采取针对性的分类管控措施，提高重点人员积分预警的科学性、高效性，满足重点人员积分升降、颜色变化的要求。图 9.14 展示了风险排查管控页面。

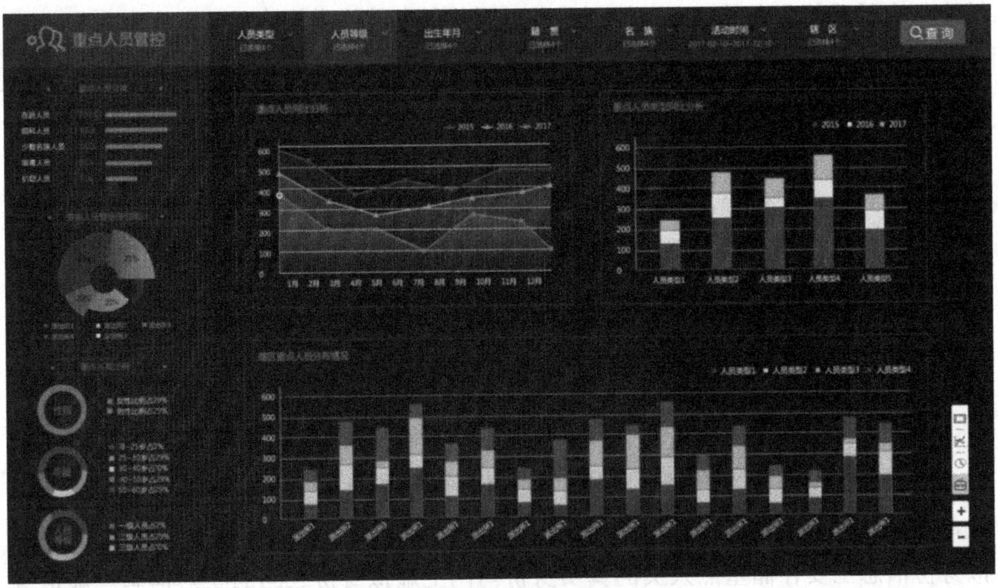

图 9.14　风险排查管控页面

该应用具有的功能包括关注人员动态档案、关注群体动态档案、重点阵地动态档案、关注人员动向监测、虚拟身份电子档案、关注人员轨迹分析。下面将对这些功能进行详细介绍。

(1) 关注人员动态档案。

对本地(常住、临住)以及流入的重点国家和地区人员，按照观察级、关注级、涉私级三个递进层级，建立人员动态档案。利用人员的基础信息与数据库动态信息碰撞比对，及时掌握人员动向、轨迹和异常情况，从中发现可疑人员和可疑群体。

(2) 关注群体动态档案。

“物以类聚，人以群分”，任何一个人都不可能脱离社会关系而存在，特别是从事犯罪活动的人，更离不开一个团体或群体。分析一个人的资料很难发现异常情况，但是，如果将多人的资料关联起来分析，就有可能发现一些重要情况。这个模块的目的，就是根据关注人员的家庭关系、朋友关系、团体关系、宗教信仰关系、工作关系、经济往来关系等组建群体，建立群体档案，掌握关注人员社会关系网络，整个群体的动向、相关事件，从中排查犯罪线索。

(3) 重点阵地动态档案。

建立重点防范目标单位、关注场所、危险品及涉源单位动态档案，收集基本信息、互联网信息、人员资料、平面图和重大事件等，实现相关单位信息化管理，监控安保人员或从业人员活动，特别是有犯罪前科人员关联的情况。

(4) 关注人员动向监测。

每个城市符合关注条件的人员很多，除了做好基础的信息收集资料外，情报人员还需要实时掌握这些人员的活动情况，如出入境、到外市旅业住宿、违法犯罪或离开本地到外市居住等，设计此功能的目的就是通过柱形图这种直观的方式，使情报人员很快掌握每天都有哪些关注人员从事了什么活动，发生了什么事件，有哪些活动和事件需要引起我们的关注，有哪些关注人员离开了本市等，从而达到对关注人员“动知去向、行知轨迹”的全天候监控目的。比如，发现本市多个关注人员到某旅业住宿，可以发出预警信息，提示其采取相关的管控措施。

(5) 虚拟身份电子档案。

虚拟身份信息包含网络账号(即时通信、社交网站、网络论坛、网络邮箱、网盘、网购账号等)、金融资产账号(银行、保险等)以及电话号码(手机、固话)等。虚拟身份信息主要存储重点人员的真实身份与网上虚拟身份之间的映射信息。虚拟身份信息的数据主要来源于网安系统、SIS 系统、网络线索分析导图系统等。网安系统中包含了大量的网上身份、网站实名制登记之间的对应关系，是虚拟身份库中数据的重要来源。

(6) 关注人员轨迹分析。

对关注人员行踪轨迹进行监测，通过对采集的交通、旅业、网吧、卡口、检查站等数据进行可视化分析，及时发现涉重点可疑人员。轨迹分析利用专网的 NGIS 服务器，通过建立相关的图层，展示人员活动轨迹。在线时通过调用 NGIS 服务器动态生成地图，展示人员活动轨迹；展示时用户可以存储到本地，在离线时以图片方式展示。

9.3.3　专题分析

该应用针对各业务警种的实际需求，进行数据的关联分析与挖掘应用，既可以分业务进行相关专题分析，也可以针对具体实战背景对指定的数据进行关联挖掘，还可以从大数据平台出发，以大数据实战应用为目的，建立一些面向实战应用的专题分析模型。如话单分析模型、账单分析模型、通信录分析模型等。专题分析页面如图 9.15 所示。

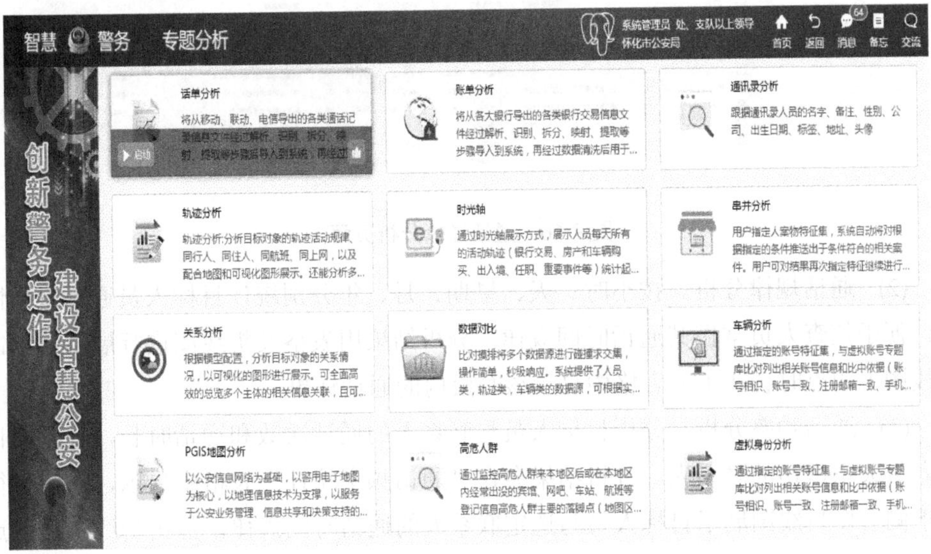

图 9.15　专题分析页面

图 9.15 显示了该应用具有多个专题分析模块，下面将对话单分析、账单分析、轨迹分析模块进行介绍。

1. 话单分析

主要是通过对嫌疑人话单的多方面分析，了解嫌疑人的社会关系、生活规律与活动轨迹。

(1) 通话详单分析。如图 9.16 所示，分析目标人员的详细通话情况并可通过地图定位的方式展示具体位置，便于侦查人员掌握目标人员的基本通话情况。可根据时间段、通话时长、归属地、时段、通话地点、对方号码等条件进行检索。点击地图列分析结果以地图形式显示。

图 9.16　通话详单分析页面

(2) 通话规律分析。按小时、天、星期、月、年分别统计目标人员通话次数情况，便于侦查人员掌握其通话时间规律。分析结果用表格及折线图进行展示，点击折线图上的点时会在下方表格中显示该时段内的通话详单。

(3) 通话频率分析。分析目标人员与联系人的通话次数和通话时长，找到与目标人员关系密切的联系人。分析结果会在“通话频率统计”表格中显示，选定一行后下侧会以折线图展示目标人员与选定联系人的通话时间规律，点击折线图上的点时会在“通话明细”表格中筛选该时段内的通话详单。

(4) 居住地分析。根据目标人员的通话情况，分别从非工作时间、隔天早晚、当天早晚三个角度分析目标人员的可能居住地。分析结果根据地址用列表形式显示并支持查看地图及明细。

(5) 异常号码分析。分析目标人员联系人中的异常号码，通过分析某一时间段之后出现的号码或者消失的号码来找出该目标人的异常号码。分析结果用列表直观地显示，点击查看详情列时会弹出页面显示具体的通话详单。

(6) 通话归属地分析。分析目标人员通话对象的归属地分布情况，便于侦查人员掌握目标人员的关系圈地理分布。分析结果用折线图直观地显示，点击折线图上的点时会在下方表格中显示该归属地内的通话详单。

(7) 通话基站分析。根据基站位置分析目标人员的通话情况，便于侦查人员掌握目标人员经常出现的地方及偶尔出现的地方，结合地图能直观了解目标人员的活动轨迹，掌握目标人员的主要活动地点以及团伙聚散地点。分析结果以表格和地图的形式显示，点击“+”号展开目标人在该小区内每天的通话情况，双击一行会显示当天通话详单，点击表格右键可以选择导出到 Excel 文件。

(8) 相互通话分析。对多个话单进行分析，得到目标人员之间的相互通话次数、通话总时长，用关系图的方式直观地显示出他们之间的关系。此处可选择不同案件的话单，进行跨案件分析。分析结果会同时用表格和关系图的方式展示，联系人之间的蓝色数字表示通话次数，双击数字会显示通话详单。

(9) 共同联系人分析。分析多个话单寻找他们共同的联系人，挖掘目标人员的社会网络。此处可选择不同案件的话单，进行跨案件分析。分析结果会同时用表格和关系图的方式展示，联系人之间的蓝色数字表示通话次数，双击数字会显示通话详单，如图 9.17 所示。

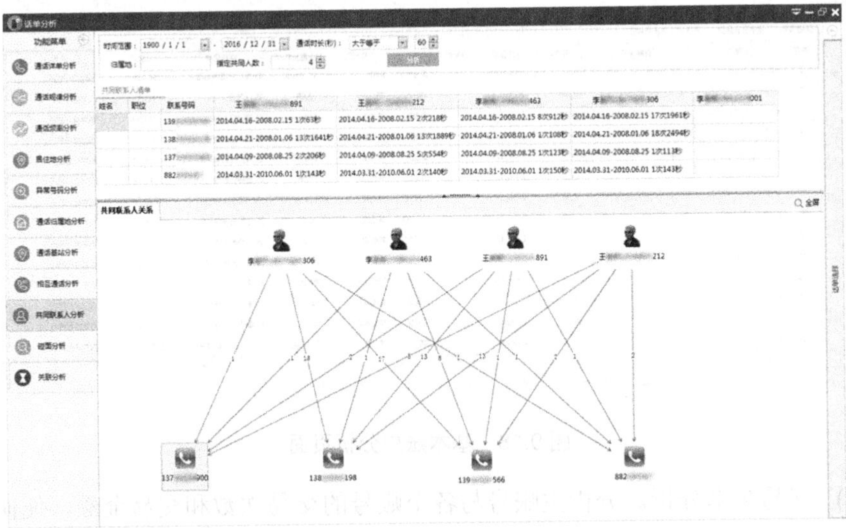

图 9.17　共同联系人分析页面

(10) 时空碰面分析。选择多个话单，分析目标人员在某个时间、地点的相互碰面情况。便于侦查人员掌握目标人员间经常聚会的地点及碰面情况。分析结果以列表形式展示，点击可查看地图及明细情况。

(11) 关联分析。结合账单、话单记录，分析目标人员每次通话前后的银行转账情况，便于侦查人员找出可疑通话对应的可疑交易情况。

2. 账单分析

(1) 基本账户分析。分析账户在特定时间段内的支出总额、支出总次数、收入总额、收入次数等基本信息。分析结果会在“账单信息统计”表格中显示，点击一行会在下侧显示账单的详细交易信息，如图 9.18 所示。

交易类型：包括转存、转取、现存、现取、全部。

摘要：资金的用途或来源，如工资、利息。

对方账号：与目标账户进行资金交易的账号。

额度：交易的金额大小区间。

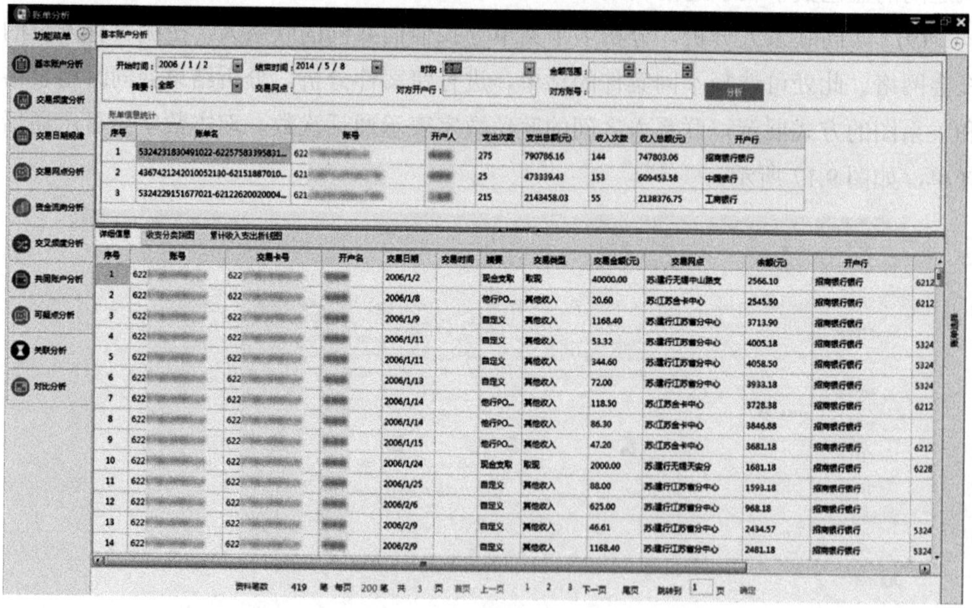

图 9.18　基本账户分析页面

(2) 交易频率分析。分析主账号与各个账号的交易次数和交易金额，使侦查人员可以快速找到与主账号交易最频繁的账号及交易金额最高的账号。分析结果会在“交易频率分析”表格中显示，点击一行会在右侧显示与指定对方账号的详细交易信息。

(3) 交易日期规律。按不同的周期(年、月、星期、日)分析主账号的交易次数和交易金额，便于侦查人员掌握目标对象的交易周期规律且可以快速找到主账号交易最频繁及交易金额最高的日期。分析结果会在“交易日期规律”表格中显示，点击一行会在右侧显示指定交易日期的详细交易信息。

(4) 交易网点分析。分析主账号在各个网点的交易次数和交易金额，便于侦查人员掌握目标对象的经常交易及异常交易网点且可以快速找到主账号交易最频繁的网点及交易金额最高的网点。分析结果会在“交易网点”表格中显示，同时在下侧分别以折线图、柱状图的形式显示在各网点交易的金额、次数；点击一行会在右侧显示指定交易网点的详细交易信息。

(5) 资金流向分析。选定多个账号后，设置源账号和目标账号两个账号，分析出它们之间的各级流转账号及各个账号之间的关系，并查获所有账号之间的交易次数、交易金额大小。此处可以选择不同案件的账号，进行跨案件分析。分析结果会以表格及关系图的方式显示，关系图中联系人之间的蓝色文字表示账号之间的交易金额及次数，双击会显示交易详情。

(6) 交叉频度分析。分析多个目标账号的相互交易情况，便于侦查人员掌握目标账号相互间的资金交易情况且可以快速找到交易最频繁的两个账号及交易金额最高的两个账号。此处可以选择不同案件的账号，进行跨案件分析。分析结果会以表格及关系图的方式显示，关系图中联系人之间的蓝色文字表示账号之间的交易金额及次数，双击会显示交易详情。

(7) 共同账户分析。分析多个账号之间的共同交易账号，得出它们在某个时间段内的交易次数、交易金额等各种交易情况。此处可选择不同案件的账单，进行跨案件分析。分析结果会以表格及关系图的方式显示，关系图中联系人之间的蓝色文字表示账号之间的交易金额及次数，双击会显示交易详情。

(8) 可疑点分析。分别从短时间内多次转账、短时间内多次提款、短时间内多次存款、当天多次存取款四个角度进行分析，便于侦查人员掌握目标账号可疑点，如图 9.19 所示。

(9) 关联分析。结合账单、话单记录，分析目标账号每次交易前后的通话情况，便于侦查人员找出可疑交易对应的可疑通话情况。

(10) 对比分析。分析目标账号交易前后对应的其他账号的可疑交易情况。便于侦查人员找出与目标账号本次交易资金来源(或去向)关联的可疑账号信息。

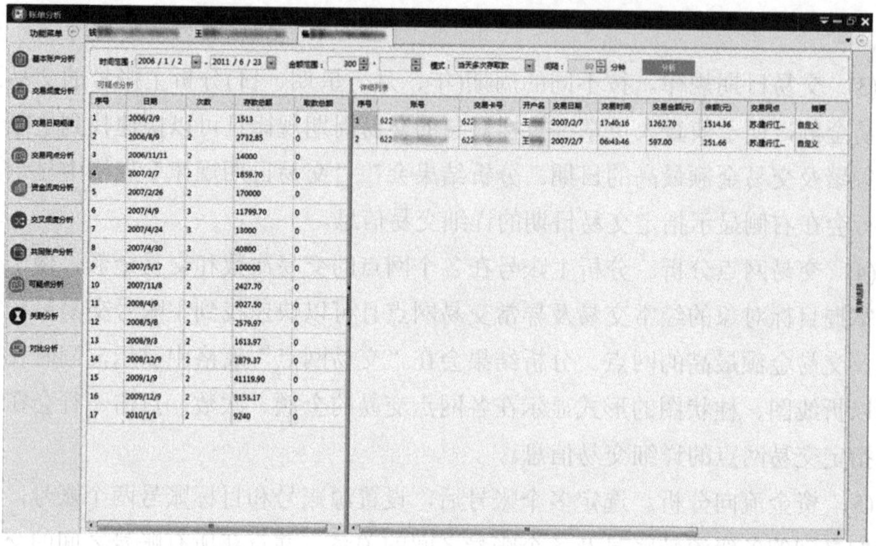

图 9.19　可疑点分析页面

3. 轨迹分析

(1) 轨迹基本分析。分析目标人员在时间范围内的所有详细的轨迹情况，以时间轴和列表的形式来展示，并通过该人员所有轨迹信息的碰撞得到该人员的“同住人”“同行人”“可能工作地”“可能居住地”“常去酒店”“常去城市”等信息，如图 9.20 所示。

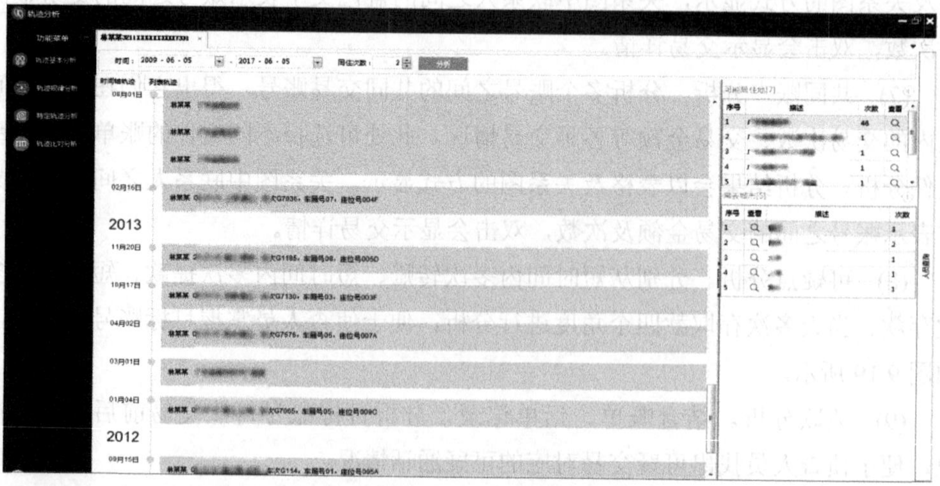

图 9.20　轨迹基本分析页面

(2) 轨迹规律分析。对目标人员时间范围内的所有轨迹信息进行统计分析，找到目标人员常去的地方(轨迹)及特殊时段常去的地方(轨迹)信息。分析结果会在“停留次数”表格中显示，选定一行后下侧会以折线图展示目标人员在不同地点(轨迹)的停留信息，点击折线图上的点时会在“轨迹明细”表格中筛选该时段内的所有轨迹信息，如图 9.21 所示。

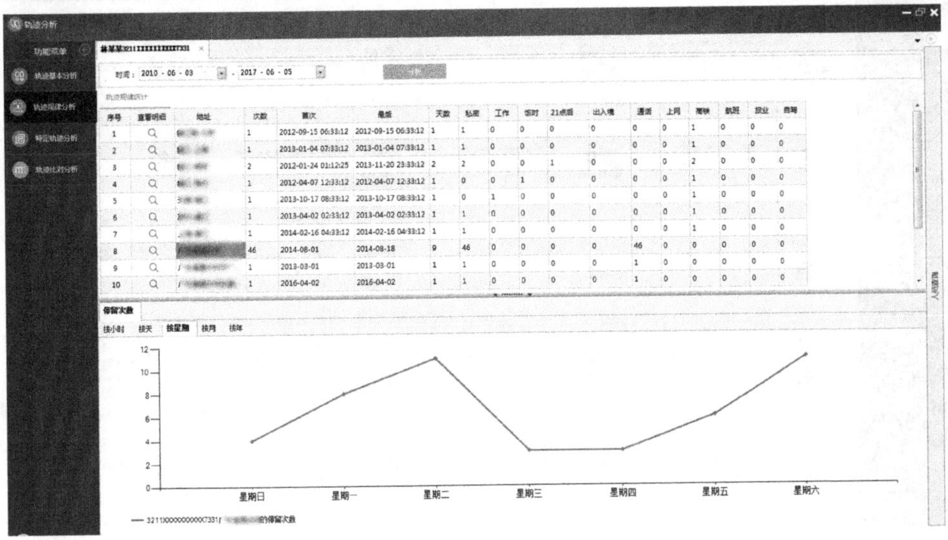

图 9.21　轨迹规律分析

(3) 特定轨迹分析。通过设定某一可疑的特定位置信息，分析在该特定位置方圆(M)范围内多次出现(两次或者两次以上)的人员信息，并以地图的方式展示该人员的最新轨迹信息。

(4) 轨迹比对分析。通过选择多个目标人员在设定的时间范围内进行多方位的碰撞，分析各个人员的轨迹重叠、交叉情况，来判断所分析人员之间是否存在特殊关系(是否同住，是否同行，伴随，碰面等)。

9.3.4　战法市场

在办案侦查工作中，各地公安机关积累了很多行之有效的技战法，这些技战法在实战中发挥了巨大的作用。但目前这些技战法还是侦查员的个人知识，没有固化形成相应的工具，也难以推广，这就需要智慧警务平台的研发工作者协助将这些优秀的、先进的技战法利用计算机程序实现，转化为公安警务生产力，让更多民警学习、使用，培养更多的实战专家，总结更多的技战法，发挥最大的警务实战效能。

因此，应该在智慧警务平台战法市场中，汇集容纳不同来源技战法的工具，侦查人员可以根据自己情况判断，根据个人习惯选择不同的技战法工具。战法市场页面如图 9.22 所示。

图 9.22 战法市场页面

9.3.5 布控预警

按用户权限和既定流程，将目标数据提交智慧警务平台并按照预设的规则，在指定数据范围内进行数据比对和轮询，当有比中结果时自动通知用户。与比对功能类似，平台提供“集中式”与“分布式”相结合的信息布控应用，通过实时比对、增量实时比对、递进比对、碰撞比对等技术实现方式，全库全网动态搜索布控目标。平台可根据目标数据的级别和类型设定不同的布控范围和信息传递方式，布控结果信息存入数据库，提供查询统计等功能。同时，提供信息布控管理功能，用户可自定义布控任务执行周期，并根据实际情况进行撤控、续控操作。布控预警页面如图 9.23 所示。

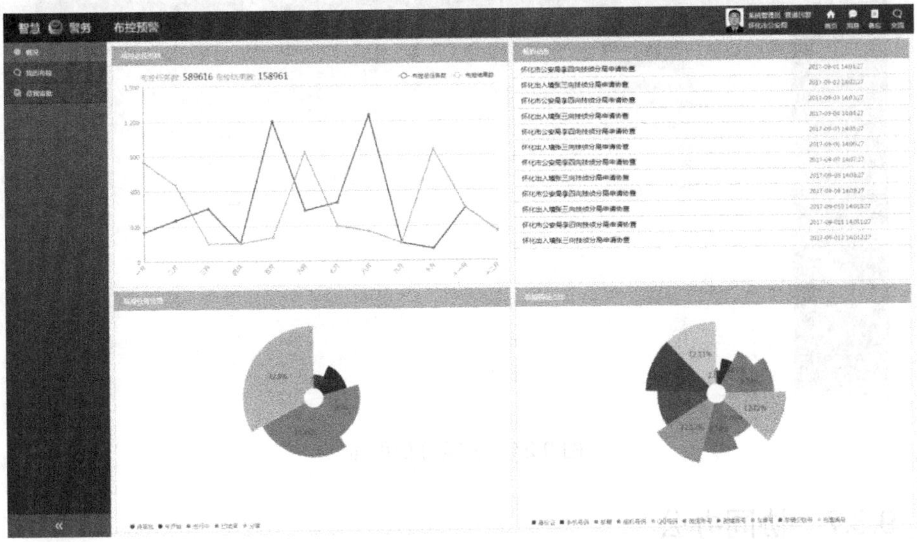

图 9.23　布控预警页面

9.3.6　决策分析

大数据分析就是通过捕捉、挖掘、分析各类数据，揭示背后隐藏的规律和趋势。大数据是互联网时代揭示社会规律、研究问题的重大技术，人们可以根据新媒体技术带来的大数据，在一定程度上较为准确地揭示社会发展的规律，把握事物的发展态势。

与其他调查方法相比，大数据的统计分析具有数据大、干扰性少、反映面广的特点，而且真实、客观、可靠、准确，更能反映事物的真实情况。相比以往通过人为简单的统计分析，它更加真实、更加客观、更加全面、更加深入、更加直观、更有代表性。可见，大数据并不仅仅意味着字面意义上的“海量数据”，而是有了更多的维度。因而它超越了现有技术手段的处理能力，并给政法机关带来了巨大的决策创新机遇。

智慧警务云平台决策分析系统基于大数据思维对公安机关多年来积累的办案、线索、移送起诉判决、办公、队伍管理等各类业务数据进行挖掘分析和利用，形成核心数据展现、业务监督、态势预测、线索发现等模块。通过建立数据仓库，从绩效、案件、时间、人员、空间、行业等多个维度为公安领导提供决策分析支持。决策分析页面如图 9.24 所示。

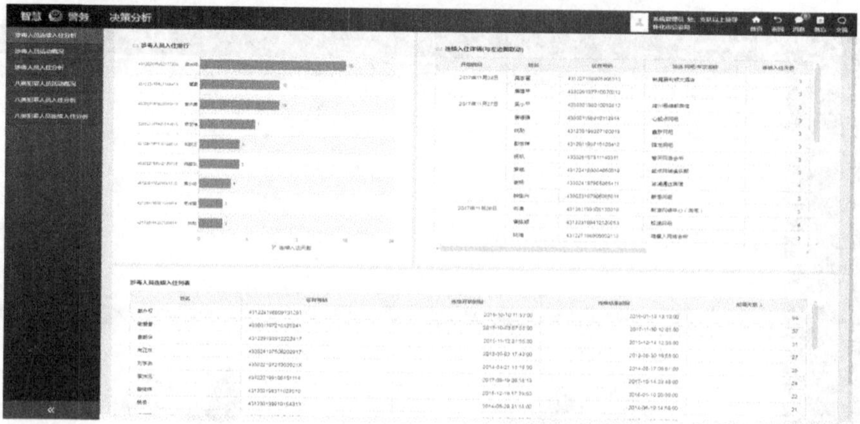

图 9.24　决策分析页面

9.3.7　协同办公

协同办公是为实现公安机关网络办公、协同工作和知识管理，帮助用户建立一个内部高效的协同工作及资源管理平台，真正实现公安机关内部各部门、上下级单位的知识共享、完美协作。遵循先进性、实用性、易用性、稳定性、安全性和可扩展性的设计原则。通过科学的管理，采用模块化、标准化，将个人办公、日常管理、基层管理以及系统维护等知识化管理模块有机地集成，实现信息资源共享化、信息传输网络化、办公管理便捷化和领导决策科学化的管理目标。协同办公页面如图 9.25 所示。

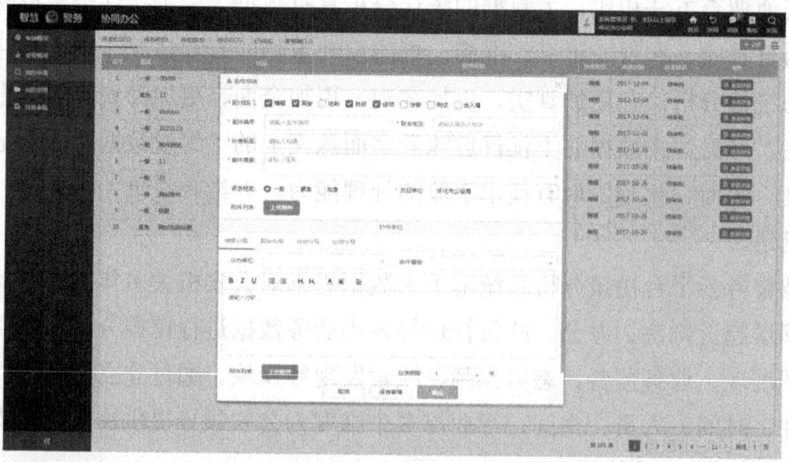

图 9.25　协同办公页面

9.3.8　系统直通车

公安机关经过多年的信息化发展，各部门、各警种为了满足自身实际业务的需要，从公安部、省厅到市局，先后建立了大量的各种信息化系统，据不完全统计，到市一级单位，应用的系统达到近百个。这对于基层民警来说是个灾难，不知道哪个系统是做什么的，办一个案子需要登录好多个系统，不仅麻烦而且也很费时，很容易导致工作出错。为了解决上述问题，××市公安局智慧警务平台推出类似于 HAO123 的公安网址大全，将各类系统分类展示，同时将每个系统的作用、联系人和申请方式都列在上面，且与本平台实现单点登录，实现高效无缝集成，为民警解决了系统繁杂、多次登录的问题。系统直通车页面如图 9.26 所示。

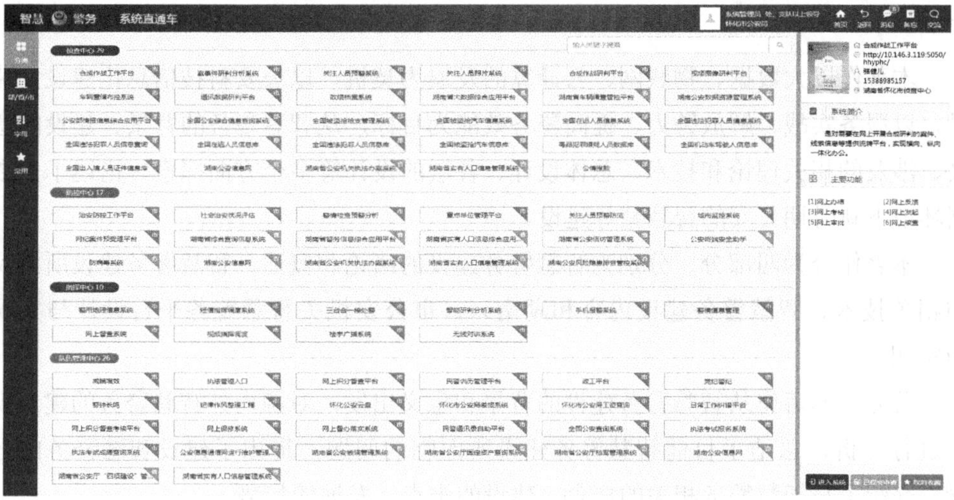

图 9.26　系统直通车页面

9.4　本章小结

本章以××市智慧警务平台为例，从总体架构、大数据平台、典型实战应用三个方面介绍了智慧警务平台在公安实际工作中的应用，以信息化应用平台支撑了湖南的警务机制改革，目前，该智慧警务平台已成功上线，将解决困扰基层民警多年的问题。

第 10 章　总结与展望

10.1　总结

本著作以大数据、物联网、云计算的发展为契机，以公安科技信息化建设为背景，以服务实战、解放警力、提高警务效能为目标，从智慧警务的背景、建设的意义、涉及的相关理论和技术、总体设计、各层的设计等多个方面探索、论述了大数据环境下新时期公安的智慧警务建设。

本著作分为四部分，分别为智慧警务建设的绪论和概述、智慧警务建设所涉及的相关技术、智慧警务建设内容和湖南××市公安机关智慧警务平台设计与实现的实例。

首先，本著作从智慧警务建设的背景和意义出发，对国内外智慧警务的建设现状进行分析，总结了目前智慧警务建设所面临的问题，提出了建设智慧警务的理念，介绍了与智慧警务相关的概念、建设的难点、发展的趋势。

其次，从云计算、大数据、数据挖掘、物联网和人工智能这五个方面介绍了智慧警务建设过程中涉及的相关理论和技术。同时，对这些理论和技术分别从基本概念、体系结构、关键技术等方面进行介绍，帮助基层公安民警进一步了解和熟悉。

再次，从智慧警务总体设计开始论述，介绍了智慧警务建设的总体要求、总体架构、具体内容和保障体系；从统一身份认证平台、数据层、服务层、应用层这四个方面阐述了智慧警务平台的详细建设思路。

最后，以××市公安局智慧警务平台的设计与实现为例，从实战的角度重点介绍了八大典型实战应用。

10.2 展望

目前，智慧警务在全国公安机关迅速发展起来，不少地方取得了较好的建设成果。随着科技的迭代更新、警务流程的升级改造、公安民警信息化意识的增强，本著作对智慧警务未来的发展给出以下三点展望。

1. 数据夯实智慧警务基础

目前智慧警务建设中通过数据采集、治理、对标等方式对公安内部数据、社会数据、互联网数据进行了整合。然而，随着大数据的发展，未来的数据及其种类会越来越多，做好数据采集、治理、对标等工作是未来智慧警务首要解决的问题。针对这些问题，首先，要利用物联网、感知技术等高科技手段提升民警的数据采集效率和准确率；其次，对于整合的数据要进行严格的去重、清洗、数据质量评估、数据来源追溯；最后，根据公安部发布的数据标准对数据进行对标，没有标准的数据要根据数据的特点、自身的情况进行标准制定工作。只有做好、做实、做牢了数据这一层面，才能夯实智慧警务的基础，更好地进行智慧警务的应用建设。

2. 体系保障智慧警务发展

对智慧警务在线运行的系统，需要建立完整的运维保障体系，保障整个 IT 体系的稳定运行。安全保障体系采用自顶向下的设计原则，涉及六个层面的范畴：物理安全、网络安全、系统安全、用户安全、应用安全、数据安全。充分考虑容灾与备份策略、内网和外网安全策略、传输安全策略、防入侵与反病毒策略、审计安全策略、用户角色认证与用户管理策略、用户权限与应用访问策略、数据加密策略等一系列安全策略。标准规范体系包括信息标准体系和技术标准体系。

3. 科技助力智慧警务腾飞

智慧警务的发展离不开科技手段的支撑，大数据、云计算、数据挖掘等技术为智慧警务的发展带来了巨大的推动力，未来的智慧警务发展要更加紧密结合前沿科技手段。通过新的技术手段来解决智慧警务中存在的不足，如通过虹膜识别技术更加精准地对人进行识别和管理；通过深度学习算法更加精准、快速地建立各种复杂的战法模型等。因此，新科技理论的落地能为智慧警务带来更强的动力，实现智慧警务真正的腾飞。